JN098485

Minerva Shobo Librairie

入門
メディア社会学

井川充雄/木村忠正
[編著]

ミネルヴァ書房

は じ め に

「メディア社会学」とは

　メディア社会学とは，古くて新しい学問だといえる。「メディア社会学」という言葉が日本でいつ頃から使われるようになったかを確認するために，試みに，国立国会図書館の OPAC や，国立情報学研究所が提供する学術情報データベース CiNii で，標題に「メディア」と「社会学」が含まれている図書や論文を年代順に検索してみると，図書では津金沢聡広『マス・メディアの社会学——情報と娯楽』（津金沢 1982），渡辺潤『メディアのミクロ社会学』（渡辺 1989），吉見俊哉『メディア時代の文化社会学』（吉見 1994），それに井上俊ほか編『メディアと情報化の社会学』（井上ほか編 1996）などがヒットしてくる。そして「メディア社会学」を標題にふくむ図書としては，佐藤卓己編『戦後世論のメディア社会学』（佐藤編 2003）が最初のようである。

　また，論文では，門部昌志「中井正一研究とメディア社会学の視点」（門部 1998）や吉澤弥生「レイモンド・ウィリアムズとメディア社会学」（吉澤 2001）などが最初期のようである。つまり，「メディア社会学」とは，日本においては1980年代～2000年代初頭にかけて成立した学問だといえる。欧米に目を転じると，ジュレミー・タンストール（Tunstall, Jeremy）によって編集された *Media sociology ; a reader* という図書が1970年に刊行されている（Tunstall ed. 1970）。

「メディア社会学」の源流

　しかし，「メディア」と「社会」の関係性が学問の対象となるのは，けっして1980年代以降のことではない。例えば，カナダのハロルド・A・イニス（Harold A. Innis）は，1950年に『メディアの文明史——コミュニケーションの

i

傾向性とその循環』という本を著している。この中で，イニスは，人類の文明史を俯瞰した上で，各時代や社会で主流となったメディア（科学技術）に注目し，粘土板や石のように重くて移動が困難なものは時間を超えた知識の伝播に適し，紙のように軽くて容易に移動できるものは空間を超えた知識の伝播に適するというように，メディアにはバイアス（傾向性）があると論じた。そして，ある時代，ある社会において，特定の民族や階級があるメディアを独占することによって，知識や権威も独占される。しかし，違った傾向性を持つメディアが登場することによってそうした知識や権威は新たなものに取って代わられる。歴史においては，こうした独占と循環が繰り返されてきたのだとする（Innis 1951＝1987）。

　そして，イニスの研究を継承したマーシャル・マクルーハン（Marshall McLuhan）は，メディアとは人間の五感を拡張したものだという着想から，1964年に『メディア論――人間の拡張の諸相』を著した。その中で，彼は「メディアはメッセージである」という有名な命題を提示した。私たちは通常，メッセージといえばメディアによって伝えられる内容を指すと理解している。しかし，マクルーハンは，「いかなるメディアの場合でも，それが個人および社会に及ぼす結果というものは，われわれ自身の個々の拡張によってわれわれの世界に導入される新しい尺度に起因する」（McLuhan 1964＝1987: 7）と言う。そしてさらに「いかなるメディア（つまり，技術）の場合でも，その『メッセージ』は，それが人間の世界に導入するスケール，ペース，パターンの変化に他ならないからである」（McLuhan 1964＝1987: 8）と述べる。すなわち，新しいメディアが登場し普及することによって，そこでやりとりされる内容以上に重要なのは，スケール（規模），ペース（早さ），そしてパターン（様式）の変化を社会にもたらしたことなのである。だとすれば，そうした新しいメディアの登場が，個人や社会にどのような変化をもたらしたのかが問われなければならない。

　このように，人類の歴史を俯瞰する文明史的な観点からメディアを軸に人間や社会のあり方が論じられてきたのである。さらに遡れば，新聞が社会におけ

る主流メディアとなった19世紀後半以降，「新聞学」と称する学問があらわれた。ここでの「新聞」とはメディアとしての「新聞紙」のことであるとともに，その字義の通り，「ニュース」のことでもあった。総力戦となった第一次世界大戦，第二次世界大戦期にラジオや映画がプロパガンダに用いられると，宣伝学（ドイツでは公示学）の研究が急速に推し進められた。そして第二次世界大戦後の「平和」の時代になると，それらは「マスコミュニケーション学」や「広報学」へと衣替えが図られた（佐藤 2018）。こうしたものすべてを源流とし，現在の「メディア社会学」に大きなうねりとなり，注ぎ込んでいる。

　ただ，1980年代〜2000年代初頭にかけて「メディア社会学」という呼び名が率先して用いられて，学界に定着してきたのは故なきことではない。この時期に，人びとが用いるメディアに大きな変化が生じたからである。日本では，1987（昭和62）年に携帯電話サービスが始まり，当初は一部の富裕層の持ち物でしかなかった携帯電話は，今や国民全員が1台ずつ保有しているほどの台数となり，現代人にとってもはや手放すことのできないツールとなった。また，1960年代にアメリカの軍事ネットワーク（ARPANET）として始まったインターネットは，一般に開放されると1990年代後半には瞬く間に世界に普及していった。そして両者は，今やスマートフォンに融合して，誰もがいつでもどこでも簡単にインターネット上の膨大な情報にアクセスできる環境になったことは改めて指摘する必要もないだろう。こうした新しいメディアは，それまで主流の座に君臨してきた新聞や図書・雑誌などの活字メディア，ラジオやテレビなどの電波メディアを飲み込みつつある状況を，私たちは目の前にしている。

　こうしたインターネットや携帯電話といった新しいメディアの登場と急速な普及は，イニスの言葉を借りれば，そのバイアス（傾向性）により社会のあり方を変えつつある。そうした状況に対応すべく，「メディア社会学」が意識されるようになったのだと言える。

　したがって，「メディア社会学」は，インターネット登場以降の急速なメディア状況，情報環境，そして社会のあり方そのものの変動をあつかう，極めて現代的な学問であるとともに，人類がその昔からメディアを用いて他者とコ

ミュニケーションをとりながら，社会を構成してきたという，極めて長いタイムスパンを内包した歴史社会学的な学問であるともいえる。

「メディア社会学」の射程

　このように，イニスやマクルーハンに代表される文明史的な「メディア論」や，「新聞学」，「マスコミュニケーション学」や「広報学」といったさまざまな学問分野が合流したものとして「メディア社会学」が成り立っているが，そこには2つの含意がある。すなわち，「メディア―社会学」としての「メディア社会学」と，「メディア社会」の学としての「メディア社会学」の2つである。

　前者の「メディア―社会学」としての「メディア社会学」は，社会学の一領域としての「メディア社会学」である。社会学は広範な領域を扱っており，「都市社会学」「地域社会学」「教育社会学」「家族社会学」等々，その主領域に応じて多くの連字符社会学が存在する。このように捉えれば「メディア」を主領域とする社会学が「メディア―社会学」である。社会学とは何かを簡単に述べることは難しいが，ごく単純化して言えば，社会はいかにして成り立っているのかを問うのが社会学である。すなわち，人は，他者と関係性を持ち，空間の中でバラバラにならず社会を築いている。そうした他者とのコミュニケーションをする際の仲立ちとなるものがメディアである。メディアは，メッセージをありのままに伝える，いわば透明な存在のように思われがちであるが，実は，メッセージのありようやその伝わり方はメディアによって規定される。したがって，「メディア―社会学」は，メディアのありように注目して，そこから社会の様相を描写し，考察する学問である。

　他方で，前述のように，1980年代以降，人びとが用いるコミュニケーション・メディアには大きな変革が進み，社会において「情報」の持つ価値が増大した。こうした社会は，それまでの狩猟社会，農耕社会，工業社会に続くものとして「情報社会」とも呼ばれ，それまでの人びとのコミュニケーションのあり方に大きな変化が見られる。すなわち，それまで主流だった一方向的な，な

いしは上意下達的なコミュニケーションに対し,「情報社会」においては誰もが発信者となり得る。それにより固定的なコミュニケーションの枠組みは崩れ,縦横無尽に見知らぬ他者同士がつながり,新たなネットワークが形成されるようになる。それにともなって人びとの生活様式や意識も変容する。

　しかし,「情報社会」には光の部分だけでなく,影の部分もある。例えば,度を超した中傷とそれによる社会の分断,個人情報の漏洩やプライバシーの問題,情報格差の創出など,新たな問題は枚挙に暇がない。したがって,メディアに焦点を当て現代社会を「メディア社会」と捉えるとすれば,そうした現代社会のさまざまな諸問題にメディアの視点からアプローチする学問が,「メディア社会」の学としての「メディア社会学」である。その射程は,狭義の社会学に留まらない。政治学,経済学,心理学,法学,歴史学,文化学等々の人文社会科学のみならず,情報科学などの自然科学の諸領域を動員して,今日の社会が抱える諸問題への処方箋を示そうとする,きわめて学際的な学問領域として「メディア社会学」が登場したのである。

本書の構成

　こうした観点から,本書は,縦軸にメディアの歴史的な変遷を置き,横軸にメディアの理論と方法や,現代社会における諸問題を配置した。これによって,「メディア社会学」をこれから学ぼうとする人にとって,できるだけ網羅的に学習することができるように意図した。

　具体的には,以下の3つの部から構成される。まず,第Ⅰ部「メディア社会学の歴史的視点」では縦軸として,印刷・出版,新聞,ラジオ,テレビ,それにインターネットの登場と,それにともなう知の変容をたどる。第1章「『コミュニケーション革命』とメディアの変遷」では,人類史における文字や印刷術の発明をコミュニケーション革命ととらえ,それがもたらした意義を明らかにするとともに,現在進行している第三のコミュニケーション革命の意義を捉える。第2章「ニュースの誕生とニュースという知」では,西洋や中国,そして日本における「新聞」というメディアの登場と,「ニュース」という概念の

誕生を説明するとともに,「新聞学」という新しい学問の誕生と変遷をたどる。第 3 章「ラジオとプロパガンダの理論」は,20世紀に誕生したラジオが対象である。ラジオは国家間のプロパガンダに利用されるようになり,ドイツやアメリカではプロパガンダ研究が積極的に展開され,それが第二次世界大戦後には冷戦下においても継続された。第 4 章「日常に溶け込むマスメディア──テレビの普及と効果研究の進展」では,ラジオに続いて登場したテレビをあつかう。第二次世界大戦後にテレビが普及するなかで「マスコミュニケーション研究」が盛んになる。その中から議題設定理論,培養効果理論,知識ギャップ仮説という代表的な 3 つの理論を紹介する。20世紀後半に登場したインターネットは急速に普及し,社会に大きな影響を及ぼしている。そこで,第 5 章「インターネットがもたらした社会変革」では,「技術決定論」と「社会決定論」の 2 つの観点から,そうしたインターネットと社会との関係を俯瞰する。

　第Ⅱ部の「メディア社会学の理論と方法」では「メディア社会学」の主要な理論と方法を順に取りあげる。第 6 章「オーディエンス・エンゲージメント──オーディエンス研究の歴史的展開と有効性」は,メディアの利用者は受動的なのか,それとも能動的なのかという問いを軸としたオーディエンス研究の歴史的展開について解説するとともに,今後の可能性を論じる。第 7 章「わたしの中のわたしたち──相互行為としてのメディア・コミュニケーション」では,さまざまなメディアを用いたコミュニケーションがどのようにして成り立つのか,相互行為という視点から論じる。第 8 章「メディア・イベント論の新たな拡がり──デジタルメディア環境における社会的『統合』と『分裂』」では,現代の社会にあふれているメディア・イベントの社会的意味がどのように論じられてきたかをたどり,現代社会におけるメディア・イベントの多面性を論じる。第 9 章「メディア社会学における調査分析の基礎──メディアに関わる現象をいかに捉えるのか?」では,メディア社会の実態を把握するための方法について,量的調査と質的調査の両面から学ぶ。

　第Ⅲ部は「メディア社会学の現代的展開」とした。すなわち,音楽,ジェンダー,労働,地域,技術と倫理というトピックからメディアと社会の今とこれ

からを論じる。第10章「メディアの発達と変化する音楽実践」では，「音楽〔を伝える〕メディア」の変遷から音楽のあり方をたどるとともに，「音楽〔という〕メディア」の社会的意義について論じる。第11章「メディアにおけるジェンダー表象」では，ソーシャルメディアやマスメディアの中のジェンダー表現の現状とそれを作り出すメカニズムに注目し，偏見や不平等を解消する方向を探る。第12章「情報技術と社会の再設計——労働からみたメディア社会の変容」では20世紀後半からの情報化の促進による社会のあり方の変容の一つとしての労働のあり方を論じる。第13章「地域とメディア」では，地域やコミュニティにおける情報化が，地域そのものを変えるとともに，従来の地域の概念や組織の枠をも変容させているという視点から地域とメディアの関係を論じる。第14章「メディアとしての最先端技術と倫理」では，倫理の観点から最先端技術の今後のあり方を考える。

　人類史において，さまざまなメディアの登場は，革新の歴史と捉えることができる。メディアの発展は人びとの生活にとって便利さをもたらしてきたからである。他方で，新しいメディアの登場はつねにさまざまな問題を社会にもたらしてきたも事実である。今後も，さらに新たなメディアが登場し，それにともなって社会もつねに変容して行くであろう。そうした現代社会に生きるすべての人にとって，本書が，その学びの第一歩となれば幸いである。

参考文献

Innis, Harold A., 1951, *The Bias of Communication*, University of Toronto Press.（＝1987，久保秀幹訳『メディアの文明史——コミュニケーションの傾向性とその循環』新曜社。）

井上俊ほか編，1996，『メディアと情報化の社会学』岩波書店。

門部昌志，1998，「中井正一研究とメディア社会学の視点」熊本学園大学社会関係学会『社会関係研究』編集委員会編『社会関係研究』4(2)：69-95。

McLuhan, Marshall, 1964, *Understanding Media : the Extensions of Man*, McGraw-Hill.（1987，栗原裕・河本仲聖訳『メディア論——人間の拡張の諸相』みすず書房。）

佐藤卓己編，2003，『戦後世論のメディア社会学』柏書房。

佐藤卓己，2018，『現代メディア史　新版』岩波書店。

津金沢聡広，1982，『マス・メディアの社会学——情報と娯楽』世界思想社。

Tunstall, Jeremy ed., 1970, *Media sociology ; a reader*, University of Illinois Press.

吉見俊哉，1994，『メディア時代の文化社会学』新曜社。

吉澤弥生，2001，「レイモンド・ウィリアムズとメディア社会学」日本社会学会編　『社会学評論』52(1)：118-132。

渡辺潤，1989，『メディアのミクロ社会学』筑摩書房。

2022年 8 月

編者として　井川充雄

入門メディア社会学

目　次

第Ⅲ部　メディア社会学の現代的展開

第Ⅰ部　メディア社会学の歴史的視点

第 1 章

「コミュニケーション革命」とメディアの変遷

井川充雄

[1] コミュニケーション・メディアの源流

動物のコミュニケーション

　人類に限らず，動物もコミュニケーションを行っている。例えば，鳥のさえずりは仲間の鳥へ何らかのメッセージを伝えている。また，ザトウクジラが水中で仲間へ伝える音声は，ある種のメロディのように聴こえることから「クジラの歌」として知られている。

　これら動物のコミュニケーションは，求愛行動であったり，仲間に異変を警告する行動であったり，縄張りに侵入する敵に対する威嚇行動であったり，そのほかさまざまな目的からなされている。そのように考えれば，人類も太古の昔から，親子間であったり，種族内であったり，あるいは敵対する者に対して何らかのメッセージを伝えるためにコミュニケーションを行ってきたことは想像に難くない。そして，そこではコミュニケーションのために，音声をはじめとする何らかのメディア（媒体）が用いられてきたはずである。

最古のメディア

　イギリスの動物学者・遺伝学者であり，科学・数学・言語についての啓蒙書を多く執筆したランスロット・ホグベン（Lancelot T. Hogben）は，『洞窟絵画から連載漫画──人間コミュニケーションの万華鏡』（Hogben 1949＝1979）で，人類のコミュニケーションの歴史をたどっている。その出発点となっているのは表題にもあるように洞窟絵画（洞窟壁画）である。

　洞窟壁画として名高いのは，1879年にスペイン・カンタブリア州で発見された アルタミラ洞窟や，1940年にフランス・ドルドーニュ県で発見されたラス コー洞窟であるが，このほか世界には有史以前の壁画がいくつも見つかって いる。これらは，概して，狩猟の対象となった大型の野生動物や，狩りをする人 間の姿が描かれているが，より抽象的な文様のものも見つかっている。これら が狩りの成功を祈念した呪術的なものであるとすれば，それは彼らが自分たち の願望を彼らの神に伝えるものであったと言える。

　そもそもメディア（media）という単語は，medium の複数形であるが，そ の語源をラテン語にさかのぼれば「霊媒」の意味を持っていた。すなわち，目 に見えない世界と交信する存在が，medium であったのである。そう考えれば， 洞窟壁画もまたメディアであったと言える。残された手がかりは少ないが，何 万年も前から人びとは，さまざまなメディアを用いて，コミュニケーション行 為をしており，それが時を超えて，現代にも伝わっているというのは，驚くべ きことである。

　他方，フランスのマーケティングやコミュニケーションの専門家であるジャ ン・ノエル・カプフェレ（Jean-Noël Kapferer）は『うわさ──もっとも古いメ ディア』（Kapferer 1987＝1993）を著しているが，ここで最古のメディアとされ るうわさは，口頭コミュニケーション（オーラル・コミュニケーション），すなわ ち音声によるコミュニケーションである。今日，私たちはメディアというと， 新聞・テレビなどのマスメディア，インターネット，携帯電話などを思い浮か べるだろう。しかし，人そのものも情報を伝えるメディアである。そして太古 から今日に至るまで，人びとのコミュニケーションの多くは，音声による言葉 によってなされてきたことは忘れるべきではない。イヌ，鳥，クジラなどの動 物たちも音声コミュニケーションを行っているとはいえ，それらに比べ，人類 は，はるかに複雑な音声言語の体系を作り上げながら進化してきた。しかし， 録音技術が発展した今日においても，すべての口頭コミュニケーション（会話, 口コミュニケーション）を記録することはできず，わずかに口承文化として伝え られるのみである。

② 文字の発明
―― 「第一のコミュニケーション革命」 ――

文字の発明

その後，人類のコミュニケーション史上，第一の革命ともいえることが起きた。文字の発明である。文字は紀元前4000年紀後半，今から約6000年前に生まれたと考えられている。メソポタミア文明で使用されていた楔形文字の最古の出土品は紀元前3400年頃のもので，水で練った粘土板に，葦を削ったペンで刻み込まれている。一方，中国では，甲骨文字と呼ばれる亀甲や獣骨上に文字が刻みつけられた文字が発見された。これは，実在が確認されている最古の王朝である殷代（紀元前1600年頃～紀元前1028年頃）のものと推測され，占卜（占いの意）に用いられたと考えられる。

今日の文字は，一つひとつの文字が音素や音節を表す表音文字，意味を表す表意文字に大別され，表意文字のうち，漢字のように一字が一語を表す文字を表語文字と呼ぶ。古代の文字のうち，エジプトで発見されたロゼッタ・ストーンのヒエログリフは，一見，絵または象形文字のように見えるが，表意文字よりも表音文字のほうが多いという。

ここでは文字そのものに加え，それが書かれた媒体にも注目したい。ここまで述べたように，最古の文字は，粘土板，亀甲や獣骨，獣皮，それに石などに刻み込まれている。日本などでは，木簡・竹簡なども使われていたことがわかっている。

そうしたなか，古代エジプトでは，パピルスが登場する。これは，カミガヤツリという植物の茎の皮を剝いで，薄くのばし乾燥させたものである。これにより，軽量で持ち運びやすく，またペンを用いることで文字を簡便に記入することができるようになった。ただ，パピルスには破損しやすいという欠点があった。そこでそれに代わって用いられたのが羊皮紙（パーチメント）である。記録媒体がパピルスの巻き物から耐久性のある羊皮紙の綴じ本へ転換したこと

により，キリスト教文書の集成典が作られたり，また本に装飾が施されたりした（Innis 1951 = 1987）。

「パピルス」は，英語の「paper」などの語源ではあるが，製法からすれば現在の紙とは異なる。現在のような紙の製造法を確立したのは，後漢時代の紀元105年，中国の蔡倫によるものとされる。当初は，樹皮のほか，アサのぼろ，漁網などが原料として用いられたが，唐時代（8世紀）になると，樹皮を主原料としたもの以外に，竹や藁なども原料として用いられるようになるなど，さまざまな改良が加えられた。また，中国で生まれた紙は東は日本へ，西はイスラム世界を経由しヨーロッパへと伝播していった。ヨーロッパでは800年頃に紙の製法が伝わると，しだいにパピルスに取って代わった。

パピルスや羊皮紙，それに紙が社会に定着するようになると，そこに記されたさまざまな知識あるいは文芸作品が価値を持つようになり，売買されるようになる。すなわち，ギリシア・ローマ時代にはすでに出版業が成立している。そうした出版物を蓄積する図書館も登場する。最古の図書館は，紀元前7世紀のアッシュールバニパル図書館にまで遡ることができるが，ここには粘土板の文書が保存されていた。さらに，ソクラテス（Socrates）やプラトン（Plato）等が活躍した古代ギリシアのヘレニズム時代（紀元前4～紀元前3世紀）においても歴代皇帝等が図書館の設置を支援し，紀元前3世紀のアレクサンドリア図書館では，ありとあらゆる文献が収集され，学問研究の拠点となった（Casson 2002 = 2007）。

ただ留意すべきなのは，古代～中世における本は，今日とちがって単一の筆者によって書かれたものではないということである。複数の人が筆写作業に関わるなかで一つの作品が完成し，またそれが写本として流布するなかで，一部が削除されたり，改変されたり，追加されたりしながら世の中に広まっていったのである。

一般に，文字が使用されるようになってからを歴史時代または有史時代と呼び，それ以前を先史時代と呼ぶ。これは歴史学において，文字史料が重用されてきたことを意味する。歴史時代においては，人間の営為が，文字の形で表現

され，それによって，今に伝えられているからである。ただ，文字を使用でき
たのは，その社会において権力を持つものに偏っていたことは忘れるべきでは
ない。すなわち，史書はその時の為政者によって編まれ，それが後世に受け継
がれていったのである。

　こうした文字の発明と，それを書き記すためのパピルスや紙の発明は，人類
のコミュニケーションに一大変革をもたらしたが，文字によるコミュニケー
ションが音声によるコミュニケーションを駆逐したわけではないことはいうま
でもない。そもそも数千，数万の言語のなかで，文字を持つ言語はわずか百い
くつにすぎない。日本国内でも，アイヌ民族は無文字文化であるが，伝承歌や
詩を語り継ぐことによって，その文化を脈々と継承してきたのである。

オングの『声の文化と文字の文化』

　「書く」という行為の誕生は，私たちの思考様式に変化をもたらすことにな
る。アメリカの宗教家でもあり英文学者でもあるウォルター・J・オング
(Walter J. Ong) は『声の文化と文字の文化』のなかで，「声の文化」から「文
字の文化」へと発達してきた過程を明らかにしながら，そうした移行が人間の
意識にどのような変容をもたらしたかを論じている (Ong 1982＝1991)。かつて
文字が発明される以前には，「話し言葉」だけが世界を占めていた。声や音は，
それが口から発せられるたびに，消えていってしまう。したがって，聞いてい
る者は，つねに発話される言葉に集中しなくてはならない。また語り部は，記
憶に残りやすい言葉や詩句を用いる必要があった。他方，「書く」という行為
は，言葉を保存することを可能にする。読者は，読み返したり，文書を一覧し
たりすることが可能となる。

　オングは，ホメロスの『イーリアス』と『オデュッセイア』などの口承で伝
えられる叙事詩を例に引きながら，「声の文化」と「文字の文化」の特徴を以
下のように考察している。まず，「声の文化」では，「そして」にあたる接続詞
が多用され，文章が累加的に進んでいく。また，「美しい皇女」，「勇敢な兵士」
といった定型句，対句，スローガン的な言葉が多用され，冗長ないしは多弁的

になる。また，聴き手の興味を惹き続けるために闘技的な口調（トーン）が用いられ，感情移入的になりがちである。また声に出して繰り返していないと消えてなくなってしまうため，内容は保守的，伝統的となり，具体的なものに限られる。そして，大事なことに「声の文化」に生きる吟遊詩人たちは，毎回つねに正確に同じように言葉を繰り返したわけではなく，状況に依存しながら内容を変えていく。それによって，徐々に変化をしながら伝えられていったのである。

それに対して，「文字の文化」においては「分析的で推論的な従属関係」をあらわす語（英語で言えば，when, then, thus, while といった従属節を招く接続詞）が多く用いられることにより分析的な文章となる。冗長性や闘技的なトーンは抑えられ，抽象的なものも表現されるようになるのである。印刷技術によって同じ本を複数生産できるようになると，正確に同じものを繰り返すことに意味が生じたのである。

総じていえば，「書く」という行為と「話す」という行為には，聴き手の存在が大きく異なっている。「声の文化」では，目の前にいる聴き手の存在が絶えず意識されており，その反応を見ながら「話す」という行為が行われる。それに対して，「書く」場合は，かりに読者を想定しているとしても，目の前にいてすぐに反応を返してくるわけではなく，読者の反応を書き手が想像しているに過ぎない。したがって，「書く」ことは孤独な行為であって，つねに虚構としての読み手を想像する内省的行為なのである。そして，そこから論理的，分析的，構造的，あるいは内省的思考といったものが生まれてきたのである。

だからと言って，オングが，「文字の文化」と比較して，「声の文化」を非論理的なもので遅れたものであると結論づけているわけではない。むしろ，「文字の文化」が全盛となる中で，「声の文化」の意義を再発見し，その復権を目指していると解するべきであろう。

今日においても，例えば，政治家の演説が民衆の心を捉えることがある。その演説を文字に起こせば，繰り返しが多く冗長であったり，過度な誇張や客観性を欠く表現が用いられたりして，きわめて読みにくいものになるかもしれな

い。また，演説の際の激しい口調や興奮はそぎ落とされてしまい，その熱量を伝えることはできなくなってしまう。同様に，日本には落語や漫才といった話芸と言われる笑いの文化があるが，演者は，話の内容だけでなく，声色，音量，抑揚，間，表情，身振り・手振りなどを駆使しながら，笑いを生み出していく。そこには文字では表しきれない表現の奥深い領域がある。

③　活版印刷の登場
──「第二のコミュニケーション革命」──

グーテンベルクの『42行聖書』

　以上のような書かれた「文字」によるコミュニケーションに，さらに大きな変革をもたらしたのは，活版印刷であると言えよう。活版印刷を発明したのは，ドイツ・マインツの職人ヨハネス・グーテンベルク（Johannes Gutenberg）とされる。グーテンベルクの詳しい経歴は不明だが，1398年頃，商人の子として生まれ，金銀細工師として生計を立てたようだ。グーテンベルクは，資産家ヨハネス・シェーファー（Johannes Schafer）から資金を借り，弟子のピーター・シェーファー（Peter Schafer）とともに，印刷に取り組んでいく。そこには，すでに中国から伝来した紙の生成技術以外にも，絵画用のインクの応用，活字を作るための合金の生成やその彫造など先行する技術があった。これらを総合して，1455年頃に，『42行聖書』の印刷・刊行に成功した。1ページが2段に分かれ，その名の通り1段が42行となっている。約180部印刷され，約150部は紙に，残りの30部は羊皮紙に印刷された。現存する『42行聖書』は単色印刷ではない。これは中世の写本が，黒いインクだけでなく青や赤のインクでも文字が書かれていたのでそれを再現しようとしたもので，グーテンベルクは赤色印刷を試みたが，うまくいかなかったため，その部分は手書きで仕上げた。そのほか，ページの外側には植物の絵も描かれたりしており，装幀にも装飾が施されている。今日の私たちから見れば，実用的な書物というよりは，高級な調度品のような仕上がりである。グーテンベルクは，『バンベルグ聖書』，宗教辞典

の『カトリコン』など，宗教的な出版物の印刷にも従事した。こうして，今日，活版印刷＝グーテンベルクとして記憶されているが，香内三郎が指摘するように，同時代，グーテンベルクの周辺にいた人物，例えばイギリスに活版印刷術を伝えたウィリアム・カクストン（William Caxton）や，ヨーロッパ各地で多数の印刷物を刊行したクリストフ・プランタン（Christophe Plantin）といった印刷業者たちの功績も大きかった（香内 1982）。

　こうした印刷業者は，ヨーロッパ各地を転々としたので，その技術は急速にヨーロッパに普及していった。金属活字により印刷され，印刷年が1500年以前のものを，とくに「インキュナブラ（揺籃期本）」と呼ぶが，その総数は4万点に及ぶという。そのうち約2万6000点が現存しているが，それらのうち68％はイタリアかドイツで印刷されており，ヴェネツィア，パリ，ローマ，ケルン，リヨン，ライプツィヒ，シュトラスブルク，ミラノ，アウグスブルクの9都市で全体の56％を占める。また，ラテン語で書かれたものが72％に及んでいる（国立国会図書館 2020）。

　活版印刷により，これまで写本によって製作されていた本の製造時間が大幅に短縮された。また写本の際は，多かれ少なかれ，原本との異同があったが，活版印刷は同一性を維持しつつ，大量に複製することが可能となる。こうした印刷技術の登場が，人類のコミュニケーションにとって，大きな変革をもたらすこととなった。

宗教改革と印刷技術

　ところで，グーテンベルクやカクストンといった印刷業者は，一枚物の印刷も行っているが，その中には当時教会が発行していた「免罪符」（贖宥状）もあった。この「免罪符」が，その後，中世ヨーロッパのキリスト教の世界に「宗教改革」をもたらした。

　1515年，教皇レオ10世は「サン・ピエトロ大聖堂建築資金」の名目で免罪符を発行し，大々的に発売した。しかし，金銭による免罪符の購入のみによって償いが行えるという考え方には批判も少なくなかった。なかでも，アウグス

ティヌス会修道士でヴィッテンベルク大学神学教授のマルティン・ルター（Martin Luther）は，1517年に免罪符を批判する内容の『95ヶ条の論題』をヴィッテンベルク城の教会門扉に貼り付けた。これが，宗教改革の引き金となった。さらにルターらは，自らの考えをパンフレットにまとめて印刷し，各地で販売した。これにより免罪符批判はさらに大きな反響を呼び，もともと教会権力に批判的であった諸侯，騎士，市民，農民からの支持を拡大していった。他方，ルター派の運動に対して，それを批判する反宗教改革派も同様に大量のパンフレットなどを印刷し対抗していく。こうして，宗教改革は，大量の印刷物を使った宣伝戦の様相を呈していった。そして，ついには，キリスト教会は，従来の立場を維持しようとするカソリックと，それに抗議するプロテスタントに分裂した。

　さらに印刷技術が宗教改革にとって重要な意味を持ったのは，世俗言語による聖書の印刷である。当時の聖書はラテン語で書かれていた。ラテン語は当時のヨーロッパでは共通語ではあったが，それを用いることができるのは聖職者をはじめとする一部のものに限られていた。そこで，プロテスタント側は，日常用いている言語で読めるように新約聖書の世俗言語への翻訳作業を進めた。そうすることで聖書に立ち返って，キリスト教の教義を確認できるようにしたのである。こうした聖書の世俗言語への翻訳は，フランスやイギリス国王にも支持されたが，これはそれぞれの地域の独自言語を確立することにより，国王の統治を強め，ローマ教会の統治からの脱却を図るという側面も持っていた。こうして，次第にヨーロッパの諸国は絶対王政の時代を迎えることとなった。

アイゼンステインの『印刷革命』

　こうした15〜16世紀にかけての印刷技術の発明・普及に注目した人物の一人にアイゼンステイン（Elizabeth L. Eisenstein）がいる。彼女は，「プロテスタンティズムはまた，宗教的と世俗的とを問わず，公然たる反体制の宣伝や煽動に新しい印刷術を利用した運動として最初のものでもあった」（Eisenstein 1983＝1987: 158）と述べ，宗教改革における印刷術の利用に着目している。アイゼン

ステインが指摘するように，ドイツの一人の貧しい修道士ルターによる教会批判が宗教改革の引き金となったことの背景には，ラテン語，そして世俗言語のドイツ語による宗教的パンフレットの印刷や聖書の翻訳があった。

　ところでアイゼンステインが注目する革命的な社会の変化は，宗教改革だけではない。自然科学，なかでも天文学の近代化に印刷技術が果たした役割についても論じている。印刷物が普及する以前の天文学においては，天文学は一地点からの観測結果に基づいて天体の動きを推測するしかなかった。しかし，そうした観測結果が記録され，印刷されるようになると，離れた地点の記録や古い記録も利用できるようになる。例えば，ティコ・ブラーエ（Tycho Brahe）というデンマークの天文学者は，自ら印刷所や製紙工房を設置し，印刷された資料を多数備えた書庫のある天文台で長い期間，観測を続けた。「十六世紀の天文学者たる彼らがそれまでの天文学者と際立って違う点は，彼らは何らかのルネサンス思想の影響を受けていたということより，むしろ彼らが書写や暗記から解放されて新しい紙製の資料や印刷されたテキストを利用できたことである」(Eisenstein 1983＝1987: 231)。こうすることで，彼はそれまでの左右対称の均整美や太陽崇拝といった考えから脱却することができたのである。ケプラーの時代にはさらに多くの印刷された資料が用いられた。こうして，観念的な科学に代わって，観測や実験にもとづく近代的な自然科学が生み出されていった。

　アイゼンステインは，こうした印刷技術によって引き起こされた一連の現象を「印刷革命」と名付けているが，ここでは，前述の文字の発明に続く，「第二のコミュニケーション革命」と理解することができよう。

4　近代への胎動

マスメディアの萌芽と規制

　ところで，印刷技術がもたらしたものは，聖書などの宗教的な出版物や，自然科学のさまざまな書籍にとどまらない。イギリスでは，印刷技術の普及した

15世紀後半には，事件，戦争，災害などに関するリーフレットが広く出まわる。時事的な刊行物という意味では，のちの新聞の原型ともいえる。しかし，これらは定期的な刊行物ではなく，また，必ずしも事実を掲載したものでもなく，フィクションもまじえた一種の読み物であり，現代的な意味での「報道」ではなかった。

　しかし，印刷技術によって，たくさんの刊行物が登場するようになると，宗教的支配者だけでなく，その後の絶対主義体制にとってもそれらの刊行物は脅威と捉えられるようになる。そのため，力を持つようになった絶対君主は，印刷を制限しようとする。その際に用いられた手段が特許制度と検閲制度である。特許とは，君主に好意的な人物のみに独占的に印刷を許可するというものであり，検閲は，その反対に反体制的な印刷物を取り締まるものである。

　例えば，イギリス・チューダー朝のエリザベス女王（Elizabeth I）のもとで星室庁（スター・チェンバー。国王大権のもとで貴族を取り締まるための裁判所）が1586年に発した「印刷に関する星室令」では，特許制度により，全ての印刷機を登録させ，印刷できる地域や印刷業者数に制限をかけている。そして，これに反した非合法出版や秘密出版を禁止したのである。

　しかし，17世紀にはいると，富を蓄積した地主や商工業主などの市民層（ブルジョア層）が台頭し，自由な経済活動を抑制する絶対主義体制と対立し，政治的権利の拡大を求め始め，出版の自由も主張される。1642年，王党派と議会派の間の対立から生じた清教徒革命の際には，国王の権力が一時的に低下したことから，出版への統制が弱まり，王政復古（1660年）までの約20年間に３万ものニュース刊行物が生まれたという。また，ヨーロッパとアジア・アメリカなどの植民地との交易が盛んになり，金融・商品に関するニュースへの関心が高まっていった。こうして市民たちは，ニュースへの関心を高めていったので，イギリスをはじめとするヨーロッパでは新聞が早くから発達していった（新聞については第２章参照）。

「言論の自由」の確立

　ヨーロッパでは，いくどかの内乱や戦争をへて，革命も頻発した。その結果は，最終的に「市民革命」に結実する。封建的・絶対主義的な国家体制は解体され，市民（ブルジョワ）による民主主義社会，資本主義社会が到来した。それにともなって，「言論の自由」という考え方も確立してくる。そうした動きは，例えば，フランス人権宣言（1789年）の第11条「思想および意見の自由なる交換は，人間の最も貴重な権利の一つである。ゆえに市民は，自由に話し，書き，かつ著作出版することができる」という条項に結実した。アメリカの独立戦争に際しても，ヴァージニア州憲法（1776年）の権利章典第12条には「言論出版の自由は，自由の有力なる防塞の一つであって，これを抑圧するものは専制政府といわなければならない」という条項がおかれたが，これは近代的言論の自由を保障した最初の成文憲法で，のちにアメリカ合衆国連邦憲法にも第一次修正（1791年）で反映されている。

国民国家の成立と出版資本主義

　ところで，西洋における近代化の歩みは，民主主義や資本主義の確立であると同時に，国民国家（Nation State）の成立過程でもある。イギリスやフランスのように，革命によって絶対王制が打倒された結果として作られた国民主権の近代国家（あるいはそれをモデルとして形成された国家）は，国民国家と呼ばれる。

　国民国家においては，国民と民族（同一のエスニック集団・言語・文化を持つ集団）とは必ずしも一致しない。世界的には多民族国家は多数存在するが，国民国家においては，さまざまな宗教・言語・文化的背景を持つ人びとを一律に「国民」とし，一体感の醸成が進められる。その形成過程では，国民は，言語の標準化，教育による国家観の形成等の統制を通して，国家の一員としての帰属意識（国民的アイデンティティ）を形成していく。

　この点，ナショナリズム研究の古典とも言えるアンダーソンの『想像の共同体』は，今も輝きを失っていない。ベネディクト・アンダーソン（Benedict Anderson）は，「国民とはイメージとして心に描かれた想像の政治共同体であ

る」とする。国民国家においては，それに属する成員は，互いの顔を知らず，実際に会ったこともない。しかし同じ共同体の一員であると「想像」することができる。そして場合によっては，国家のために自らの命を犠牲にすることもいとわないし，他人の命を奪うことも辞さないのである。こうした「想像」を可能とするためのメディアが，印刷された書物や新聞である。近代社会への移行期には世俗語革命による近代小説が成立し，その流通が出版資本主義による国家語の成立に寄与した。すなわち，言語と出版文化の共有を通じて国民という集団的なアイデンティティが形成されていったのである（Anderson 1991＝2007）。

　18世紀後半以降，それぞれの国民国家において出版資本主義が確立する歩みは，それまでとは比較にならないほどの大量の読者を生みだした。18世紀ヨーロッパでは，貸本屋や読書クラブといった新たな組織も生まれ，読書人口が一気に拡大した。こうした動きは，19世紀に入るとさらに拡大し，女性，子ども，労働者をも読者として獲得した（Chartier and Cavallo eds. 1997＝2000）。こうした読者拡大の背景には，国家による義務教育の施行により，国民の識字率（読み書き能力）の向上が図られたことがあった。こうして，読書習慣は上流階級から次第に中流階級へと拡大していったのである。近代国家としては後発であった日本では，明治維新を契機に，上からの近代化＝国民国家化が進められていく。そうしたなか，明治30年代には，近世的読書の世界から近代活字メディアを基盤とする読書世界へと移行し，「読書国民」が誕生した（永嶺 2004）。

　こうした大量の読者の誕生は，出版業界のさらなる拡大をもたらしていく。各国では，さらなる読者を獲得するために，より低廉な出版物の刊行が進んだ。ドイツでは1867年に「レクラム百科文庫」，イギリスでは1935年に「ペンギンブックス」といったポケット版のシリーズ出版物の刊行が始まり，アメリカでもペーパーバックが多数出版され，消費されるようになる。日本でも，大正末期から昭和初期にかけて，1冊1円という低廉な価格による全集本が刊行され「円本ブーム」を巻き起こした。また，1927（昭和2）年には「レクラム百科文庫」に範を取った岩波文庫が創刊された（佐藤 2018）。その後，今日に至るま

で出版各社は文庫や新書の刊行を続けている。

　新聞社や出版社などが産業として成立してくるのと軌を一にして，そこで働く記者，それに出版社などとの契約によってものを書く作家，小説家，ルポライターといった，いわゆる「書く」ことが専門的な職業として成立してきた。こうして，少数の送り手と多数の受け手というマスコミュニケーションの枠組みができあがり，そこにおいて知識が売り買いされるようになった（Burke 2000＝2004）。それとともに，作品などを創作した「書き手」の権利を守るために著作権という考え方も確立し，18世紀初頭イギリスでは著作者の権利が法律で認められるようになった。その後，1887年に発効されたベルヌ条約で国際的な著作権の取り決めができ，さらに1952年には万国著作権条約が発効して，国際的な著作権侵害にも対応できる枠組みができあがった。

5　メディアの歴史から学ぶこと

「情報化社会」の到来

　ここまで太古の昔から20世紀まで，出版を中心に人類のコミュニケーションとメディアの歴史を概観してきた。本来であれば，ここには新聞や雑誌といった定期刊行物も含まれなければならないが，それについては第2章に譲ることとしたい。また20世紀になると，ラジオやテレビといった電波を用いた視聴覚メディアも登場する。これについては，第3章，第4章をそれぞれ参照して頂きたい。ここでは本章のまとめとして，ここまで述べてきたメディアの歴史を現代の視点から振り返ることにしよう。

　20世紀末からインターネットが急速に普及し，私たちの生活は大きく様変わりした。1980年代に「情報化社会」の到来が叫ばれるようになるが，1990年代には実際にインターネットが人びとに使われるようになり，「情報化社会」は現実のものとなった。この20年あまりで，私たちを取り巻く情報環境は大きく変わり，情報化が一気に進展した。今日の私たちは，「第三のコミュニケーション革命」に立ち会っているようにも思われる。

　この「第三のコミュニケーション革命」を特徴付けるのは，コンピューターの普及とそのネットワーク化による情報のフローとストックの極大化である。フローとは情報の流れの増大化と加速化である。私たちは，手にしたスマートフォンからさまざまな情報を知ることができる。例えば，オリンピックの試合は，ほぼすべてがインターネット中継され，その経過を同時進行で知ることができる。もちろん，株価や為替相場などの経済情報も同じである。インターネット上には，一生かかっても見切れないほどの情報が日々更新されていく。今や，私たちは，押し寄せる情報の波に溺れ，処理しきれなくなっている。

　ストックとは，情報の蓄積の巨大化とその利用可能性の増大である。さまざまなデータベースが作成され，これまで分散していたさまざまなデータに，インターネットという共通のプラットフォームを使ってアクセスすることが可能となっている。今日では，「ビッグデータ」という用語もすっかり社会に定着しているが，これまでは扱うことのできないほどの大量で複雑なデータを収集し，保管し，検索可能とし，解析することによって，ビジネスをはじめ，さまざまな分野で新たな価値が見いだされるようになっている。現代における鉱脈として「データマイニング」や「テキストマイニング」が行われる。他方で，過去の些細な誤った言動や恥ずかしい写真なども，いつまでもインターネット上に残存してしまう。そしてそれが深刻なプライバシーの侵害を引き起こす事態にもなっており，そうした情報を削除する運動，すなわち「忘れられる権利」も提起されている。

　ただ，こうした情報のフローとストックの極大化はけっして「第三のコミュニケーション革命」に特有な現象ではない。文字の発明による「第一のコミュニケーション革命」の際には，文字で書き留めることによって，それまでの口頭コミュニケーションでは達しえないような時空を超えた情報の共有が可能となった。すでに，古代ローマ時代から本が流通するようになり，またそれを蓄積する図書館も存在した。そして，アイゼンステインが「印刷革命」と呼んだ「第二のコミュニケーション革命」においては，活版印刷技術の発明・普及により，大量の印刷物が社会に流布されるとともに，それを蓄積することが可能

となった。印刷によって，手書きの時に比べ格段に大量の出版物が生み出される。それは，写本とは違い原本を忠実に複製しており同一性が担保される。これらが基礎となって，宗教改革や自然科学の確立など，近代へ向けて社会の変革がもたらされた。その意味では，「第一のコミュニケーション革命」においても，「第二のコミュニケーション革命」においても，情報のフローとストックはそれまでと比較できないほどに拡大したのである。そして，そうした情報のフローとストックの量的な拡大が，社会の質的変化をもたらしたのである。もし，「第三のコミュニケーション革命」が，これまでの「コミュニケーション革命」と違いがあるとすれば，それは規模の違いと，それが実現するまでのスピードの違いということであろう。

知識や情報の外部化

　ストックに関していえば，知識や情報の外部化も 3 つの「コミュニケーション革命」に共通する現象である。文字が発明される以前は，さまざまな知識や情報は口承で伝えられた。したがって，それは年長者によって記憶されたものが，年少者へと口伝えに継承されていかざるを得なかったし，その際にはさまざまな改変も許容せざるを得なかった。文字が発明され，また紙の発明により，文字を簡単に書き留めるようになると，叙事詩や伝承歌というかたちでの記憶の継承は，各種の記録や史書といった形で外部化されるようになる。むろん，史書の編纂はその時々の為政者によってなされるので，その内容は客観的な事実というよりは，勝者による恣意的な解釈という側面が強かったことはすでに述べたとおりである。また，当初は写本であるため，筆写の際には何らかの改変が，意識的ないしは無意識的になされた。

　印刷技術の発明と普及はこうした知識や情報の外部化をさらに推し進めた。アイゼンステインが明らかにしたように，書庫を備えた天文学者は書写や暗記から解放されて，いっそう観測に専念できるようになった。そして，18世紀後半以降の出版の産業化以降，知識や情報を掲載した書籍の刊行件数や発売部数は格段に増大するが，それは「読んでは忘れ，読んでは忘れ」を繰り返す，大

量生産・大量消費の時代でもあった。

　そして今日，パソコンやスマートフォンを使えば，簡単に検索でき，しかも最新の知識や情報にアクセスすることができるようになり，私たちはさらに記憶する作業からは解放されることになる。ただ，インターネット上には玉石混交のさまざまな知識や情報があり，悪意を持って虚偽の情報を流すフェイクニュースも存在する。今日の私たちに求められる能力は，膨大な情報の海から，正確なもの，自分に必要なものを選び出す能力である。しかし，こうした知識や情報の外部化に加え，今後，AI技術がさらに進歩すれば，知識や情報の記憶だけでなく，判断や決定といったプロセスも外部化されていくことになろう。そうなったとき，人間は一体何をするのであろうか。

参考文献

Anderson, Benedict Richard O'Gorman, 1991, *Imagined Communities* (Revised and Expanded edition), Verso.（＝2007，白石隆・白石さや訳『定本　想像の共同体——ナショナリズムの起源と流行』書籍工房早山。）

Burke, Peter, 2000, *A Social History of Knowledge*, Polity Press.（＝2004，井山弘幸・城戸淳訳『知識の社会史——知と情報はいかにして商品化したか』新曜社。）

Casson, Lionel, 2002, *Libraries in the Ancient World*, Yale University Press.（＝2007，新海邦治訳『図書館の誕生——古代オリエントからローマへ』刀水書房。）

Chartier, Roger and Guglielmo Cavallo eds., 1997, *Histoire de la lecture dans le monde occidental*, Editions Du Seuil.（＝2000，田村毅ほか共訳『読むことの歴史——ヨーロッパ読書史』大修館書店。）

Eisenstein, Elizabeth L., 1983, *The Printing Revolution in Early Modern Europe*, Cambridge University Press.（＝1987，別宮貞徳監訳『印刷革命』みすず書房。）

Hogben, Lancelot, 1949, *From Cave Painting to Comic Strip*, Chanticleer Press.（＝1979，寿岳文章・林達夫・平田寛・南博訳『洞窟絵画から連載漫画——人間コミュニケーションの万華鏡』岩波書店。）

Innis, Harold A., 1951, *The Bias of Communication*, University of Toronto Press.（＝1987，久保秀幹訳『メディアの文明史——コミュニケーションの傾向性とその循環』新曜社。）

Kapferer, Jean-Noël, 1987, *Rumeurs*, Editions du Seuil.（＝1993，古田幸男訳『うわ

さ──もっとも古いメディア』増補版，法政大学出版局。）

Ong, Walter Jackson, 1982, *Orality and Literacy*, Methuen.（＝1991，桜井直文ほか訳『声の文化と文字の文化』藤原書店。）

加藤好郎ほか編，2018，『書物の文化史──メディアの変遷と知の枠組み』丸善出版。

香内三郎，1982，『活字文化の誕生』晶文社。

国立国会図書館，2020，「インキュナブラ　西洋印刷術の黎明」国立国会図書館ウェブサイト，（2022年 8 月19日取得，https://www.ndl.go.jp/incunabula/index.html）。

佐藤卓己，2018，『現代メディア史』新版，岩波書店。

永嶺重敏，2004，『〈読書国民〉の誕生──明治30年代の活字メディアと読書文化』日本エディタースクール出版部。

第2章

ニュースの誕生とニュースという知

土屋礼子

⬜1 ニュースと新聞の始まり

　現代の日本において，「ニュース」はごく日常的な言葉として使われている。現代社会において「ニュース」は人びとの生活における必需品といえる。しかし，一体「ニュース」とは何なのか，と改めて問われると，それに明確な答えを返すことは容易ではない。この「ニュース」なるものは，いつから私たちの生活に入り込んできたのだろうか。本章では，その始まりから「ニュース」がどのようなものとして考えられ，扱われ，論じられてきたのかを振り返ってみよう。

　そもそも日本語における「ニュース（またはニューズ）」は外来語で，英語のnews をカタカナで表記した語である。news は新しいこと，目新しさを意味する語であり，今日の英和辞書では，新しい出来事の知らせ，消息，便り，うわさ，情報，報道などの訳が当てられている。しかし，幕末にこの語に接した日本の知識人の多くは，清水卯三郎のように「うわさ」や「たより」といった日本語をそれに当てることはしなかった（鈴木 1987）。なぜなら当時は翻訳に漢語を用いるのが通例であり，また西欧諸国にはニュースを印刷した物があると知っていたからである。

　日本で最も早くそうした印刷物に言及しているのは，新井白石が1715年頃にまとめた『西洋紀聞』（新井 2000）である。その中で彼は「エウロパのクラント」すなわち，ヨーロッパで当時発行されていたクラント（courant）いう刊行物について「エウロパの俗に，凡そ事ある時は，其事を図注し，鏤板して，世

に行ふもの也」つまり，ヨーロッパの俗世間で，事件があった時にそれに図を入れて印刷し流布させる物，と説明している。この「クラント」は，最新のニュース（current of news）の意味で，当時の西欧でのニュース刊行物全般を指していた。

　西欧での新聞の発生は，貿易と活版印刷術の広まりによって16世紀に流布するようになった出版物に始まる。日本のかわら版にも似たブロードサイドと呼ばれる一枚刷りのもの，パンフレット状のニューズブックなど，俗謡や挿絵を交えて戦争や宗教的主張，事件，天災などさまざまなニュースを伝える不定期刊行の印刷物が行商人によって広く出回った。一方で，ガゼットと呼ばれた手描きのニューズレターが週刊で交易の拠点都市で発行され，政治的軍事的な情報を伝えていた。この2つの流れを元にして17世紀の初めにオランダやロンドンなどの都市で，定期的なニュース刊行物が誕生した。それらは最初「クラント（courant）」という一般名称を表題に使っていたが，やがて独自の表題を持ち，日付を記して，議会の議事なども掲載するようになった。これらは週刊の新聞だったが，18世紀の初めには『デイリー・クーラント（Daily Courant）』を先駆けとして日刊紙が登場した（芝田 2000; 香内 1982）。新聞に対する検閲や税金といった規制が廃された19世紀の半ばになると，安価な大衆向けの新聞が発行され始めた。殺人や強盗など犯罪事件を挿絵入りで扇情的に扱う大衆紙は何十万部という大量の発行部数を上げ，新聞は産業として繁栄するようになった（村上 1995）。

　こうした西欧の新聞を最初に目にしたのは，徳川幕府に仕える知識人のごく一部であった。例えば，後に新聞記者として活躍する福地源一郎（1841-1906）は，1856年頃，オランダ通詞だった師・名村元義にオランダ人が毎年提出する風説書の内容を彼らはどうやって知り得るのかと問うたところ，名村は「西洋諸国には新聞紙（ニーウエス）と唱へ毎日刊行して自国は勿論他の外国の時事を知らしむる紙あり」それから重要な事柄を選んで書き記して差し出しているのだと返答し，アムステルダムで刊行された新聞紙の反古を福地に与えた。福地が「ニーウエス」の語を聞き，その実物を見たのはそれが最初だったという

（福地　1894）。

　幕末の日本人が「ニュース」とそれを印刷した物の意味を正確に理解するのは，一般には難しかった。なぜなら，徳川幕府下では政治に関わる時事的な事柄を印刷して流布するのは禁じられており，新聞雑誌に相当する刊行物がなかったのである。幕末には新聞の前身と言われるかわら版が噂を元に作られて流布していたが，当時の西洋の新聞に比べて形態も内容も見劣りのするものだった。そこで幕末の知識人たちは「ニュース」すなわち新しく聞き知った事柄を「新聞」と訳し，それを印刷掲載した newspaper を「新聞紙」と呼んだ。「新聞」の反対語は「旧聞」で，ちょっと前の古い話という意味で使われた。

　この「新聞」という訳語は，中国で宣教師たちが中国語による新聞発行を始めた時に使い始められ日本にも輸入されたと考えられる。従って中国語で「ニュース」は現在でも「新聞」と訳されている。しかし，日本語では news ＝新聞と newspaper ＝新聞紙とを区別したのに対し，中国語では newspaper の方は，「報紙」または「報」と呼ばれて区別された。中国で発行された中国語の新聞は，寧波で刊行された『中外新報』（1854年創刊），上海で刊行された『六合叢談』（1857年創刊），香港の『遐邇貫珍』（1853年創刊）などが日本にもたらされ，蕃書調所（1862年から洋書調所）でキリスト教関係の記事を削除した「官板」すなわち幕府の許可を得た翻刻が出版された。また，ジャワで発行されたオランダ語の新聞を日本語に訳した『バタビヤ新聞』（1862年創刊）も刊行された。しかしこれらは海外事情を知るために知識人の一部が手を伸ばしたに過ぎなかった。

　さらに1858年安政五ヶ国条約により横浜や神戸などが開港されると，外国人居留地では外国語の新聞が発行され始めた。居留地の外国人が主な読者であったが，ごく少数の日本人も読んだ。また，横浜では1864年に初の民間発行の日本語紙『海外新聞』がジョセフ・ヒコによって創刊された。しかし，日本人にはまだ新聞を読む意味も必要性も理解されていなかったため，程なくこの新聞は頓挫してしまった。

　当時，横浜の英字紙を購読し，欧米における新聞発行を理解していた福沢諭

吉は『西洋事情』（福沢 1866）の中で，初めて包括的な新聞の解説を著した。彼の定義によれば，「新聞紙ハ，会社アリテ新ラシキ事情ヲ探索シ之ヲ記シテ世間ニ布告スルモノナリ。（中略）総テ人ノ耳目ニ新シキコトハ，逐一記載シテ図画ヲ附シ明詳ナラザルハナシ」なので，「一度ビ新聞紙ヲ見レバ世間ノ情実ヲ模写シテ一目瞭然，恰モ現ニ其事物ニ接スルガ如シ」ゆえに見聞を広くして世の事情を知って対処するには新聞を読むことが大事である，さらに新聞紙は国の政治について議論し政府の評議を変えることもある，と説明している。この書は明治のベストセラーとなり広く読まれ，新聞の意味を知識人に伝えた。

② 啓蒙のための新聞政策と大小新聞の成立

　1868年1月戊辰戦争が始まると，政治や情勢を論ずる新聞が一斉に刊行されはじめた。『中外新聞』『江湖新聞』など，多くが佐幕派により出版されたものだったので，新政府は江戸を制圧し東京と改称すると，新政府の機関紙である『太政官日誌』以外を発行禁止とした。そこで知識人たちは，横浜居留地で発行されていた日本語新聞『横浜新報もしほ草』を読んで客観的情勢を知る手がかりとした。この新聞はウェンリートというアメリカ人が発行していたが，実際の日本語記事は，『海外新聞』でジョセフ・ヒコを助けた岸田吟香が書いていた。

　一方，庶民は噂に頼るより他なかった。時に誤った内容の噂が広がり，政府は西洋の文物を取り入れ近代化を進めるにあたってさまざまな困難に直面した。例えば，明治政府は東アジアで最初に電信ケーブルの敷設を国策として始めたが，電線には「処女の生き血が塗ってある」など奇怪な噂が飛び交い，敷設が妨害されることがあった。こうした迷妄や虚偽の噂を打ち消すためにも，新聞紙の発行が必要だと認識されるようになった。

　そこで明治政府は1869年に新聞紙印行条例を告知し，新聞奨励策に転じた。政府は活字や活版印刷機の購入を支援したり，新聞の買い上げを行ったりして，各府県での新聞発行も促した。日本最初の日刊紙『横浜毎日新聞』が1870年に

創刊されたのも，神奈川県令・井関盛良の勧めによるものだった。さらに，新聞は啓蒙の手段である，という方向性を明確にしたのは，1871年の新聞紙条例である。その第一条は，「新聞紙ハ人ノ知識ヲ啓開スルヲ以て目的トスベシ」と明記し，「国政人心ニ害ナキ」ものはすべて記載できるとした。また，「文ハ極メテ平易ナルヲ主トス，奇字僻文ヲ用フベカラズ」と，平明なわかりやすい文章を書くようにと指示し，「正史」を作るように確かなことを記し，「稗官小説」のように面白く，読むのがいやにならないようにせよ，ただし扇動するような虚偽を書いてはいけない，と条文で心得を諭している。

　こうして1872年には『東京日日新聞』『日新真事誌』『郵便報知新聞』などの日刊紙が誕生したが，その号あたりの実売部数は数千部程度で1万にも満なかった。価格が高く，また文章が漢文読み下し文のような漢字が多く難しい文章であったのが原因であるが，何よりも新聞が何の役に立つのか人びとにはよくわかっていなかったのである。当時『日新真事誌』創刊者のブラックが，通訳とともに新聞の購読を勧誘しに商家を訪ねた時の興味深いエピソードがある。商家の主人が，たまたま購入していた日刊紙『日新真事誌』一部を取り出して賞賛したので，年間購読してほしいと話したところ，一部あるのだから十分といって断ろうとした。すると傍らの小僧がこう言った。

　　「旦那様，（中略）これは毎日同じ記事じゃありませんよ。前の日の記事を載せて，毎朝届けて来るのですよ。いつも，新しいことが載っているのですよ」
　　「なんだって？」主人は疑わしげに，（中略）「こんなにたくさんある記事が毎朝変わって新しくなるのだって？　そんなことは出来っこないよ」
　　（ブラック　1970：3巻195-6）。

　新聞が毎日新たなニュースを掲載した，書籍とは違う出版物だということを，大店の主人も理解していなかったのである。このような人びとにも新聞を普及させるために，『まいにちひらかなしんぶんし』のように，全部ひらがなで書

いた新聞も1873年に創刊されたが成功しなかった。この時期に各府県で奨励さ
れて刊行された新聞も，「新聞て何ですか，お触れですか」と言う程度の庶民
にはなかなか根付かなかった。それを変化させたきっかけは，1874年の佐賀の
乱に始まる不平士族の反乱と民選議院設立建白書の記事掲載，そして台湾出兵
に関する『東京日日新聞』の報道とそれに始まる錦絵新聞の発行であった。前
者は旧士族および知識人層を新聞読者として広げ，後者は浮世絵版画を用いて，
新聞に掲載されているニュースを絵に描いて見せることで，庶民に「新聞」と
いうものの存在を知らせた。とくに錦絵新聞は，強盗や殺人など市井の事件を
取り上げて，歌舞伎の舞台のように人物中心で描き，文章にはすべてふりがな
が振られ，字の読める人が読めない人にも読んで聞かせて楽しんだと考えられ
る。だから1875年初めに錦絵新聞が大流行した大阪では，真偽の怪しい話を艶
やかに描き「童蒙の目を悦ばしめて」利益を得ようとする錦絵新聞を，これを
本当の新聞だと誤って考えてしまうなら有害だと批判までされるようになった
（土屋 1995：12-74）。

　一方，錦絵新聞が流行し始めた1874年11月『読売新聞』が創刊した。この新
聞は，すべての文章に総ふりがなを施し，口語表現を取り入れて，平仮名に漢
字が少しだけ読める程度の準識字層に新聞読者を広げようとした点で画期的
だった。「無償（ただ）」「江湖（せけん）」「平日（ふだん）」「愚弄（からかふ）」
「雑踏（こみあひ）」というふうに，難しい漢語に日常的な語彙をふりがなとし
て当てたこの文体を，当時の記者・鈴木田正雄は「俗談平話」と称した（土屋
2002）。紙面のサイズは従来の半分で価格も半分以下の1部1銭，知識人向け
の政治経済を論ずる論説は無く，「雑報」と呼ばれる市井の事件などを扱う記
事が中心であったが，たちまち1万を超える読者を獲得した。この成功に倣っ
て，翌年には『平仮名絵入新聞』（後に『東京絵入新聞』と改題），『仮名読新聞』
が同様の文体を用いて発刊された。そこで，これらの新聞群を小新聞（こしん
ぶん）と呼び，それまで知識人を中心に読まれていた『東京日日新聞』『郵便
報知新聞』などの大型の諸新聞を大新聞（おおしんぶん）と呼び分けるように
なった（土屋 2002：9-40）。

　こうして新聞が知識人だけでなく準識字層にも広がり始めたところで，政府は1875年に新聞紙条例と讒謗律を公布した。近代日本における罰則をともなう初の言論法であった。これにより新聞雑誌の発行には政府による許可が必要となり，成立した法律を批判することや，政府変壊・国家転覆などの論が禁じられ，掲載禁止事項に触れる記事は罰金や投獄など処罰の対象となった。しかし，薩長政府を批判して処罰された記者を当時の投書家を中心とする読者たちは応援し，投獄された記者にお見舞いの差し入れをしたりする程だった。政府の統制がかえって反権力的な記者の人気と名声を高めた側面があった。

　さらに1877年の西南戦争では，『東京日日新聞』主筆だった福地源一郎が戦地から書き送る従軍記事が評判となり，誰もが戦争の趨勢を知るために新聞を手にするようになった。また，福地源一郎が明治天皇に戦況を奏上する機会を新聞記者として初めて得た栄誉もあって，新聞の効能を解さない人は開化に遅れた人と見なされるようになった。

③　国家による新聞統制

　自由民権運動が高揚する中で，明治政府は新聞に対する言論政策を1880年代に転換した。簡単に言うならば，新聞を全面的に国家的な統制の下に置こうとしたのである。それは1883年に 2 つの形ではっきりと現れた。一つは 4 月16日に布告された改正新聞紙条例であり，もう一つは 7 月 2 日創刊された『官報』である。

　前者は1875年の新聞紙条例に対する二つの大きな改変である。まず新聞の持主・社主・編集人を日本人の20歳以上の男子に限定した。これによって外国人や女性が新聞発行から排除された。もう一つは保証金制度で，新聞発行者は東京では1000円，大阪・横浜などの都市では700円，その他では350円の保証金を政府に納入し，記事に関する裁判費用，賠償金や罰金が発生した際にこの保証金を引き当て，発行を止めた時には還付されるというものだった。ただし，「学術・技術・統計及官令又ハ物価報告」のみを掲載している新聞雑誌は対象

外で，時事的な評論やニュースの掲載紙をどう統制するかが狙いであった。

　これに対し後者の『官報』は，政府が直接情報を発信する公報紙として，新たに設置された太政官文書局から創刊された。『官報』には論説はなかったが，全ての法令や規則が記載された他，人事異動，気象，学術・文化・産業や外電の翻訳などの記事も載せられていて，一般の新聞に近い内容であった。それゆえ御用新聞と呼ばれて政府情報に強かった『東京日日新聞』は凋落する。同時に政府は，一般紙の中に政府寄りの半官新聞を育成する目的で，新聞の買い上げなどを通じて新聞社に補助金を供与する方策を採った。あからさまに政府を支持する『大東日報』のような新聞を支援するだけでなく，不偏不党を掲げる『朝日新聞』にも密かに資金を援助し，政府にとって好ましい輿論を導こうとした。こうして秘密の補助金により新聞をコントロールしようとする，いわゆる「新聞操縦」は，政府の基本的な新聞政策として国内外で展開された（佐々木 1999：77-87；有山 2008）。

　この「新聞操縦」を政府が対外的な問題において計画し実施した始まりは，1884年の甲申政変である。この事件に対してイギリス・フランス・ドイツの新聞を買収したりする工作が政府で検討されただけでなく（中下 1996：12-14；大谷 1994：99-105），外務省による検閲が事件後六ヶ月余りの長期間行われた（土屋 2016：67-94）。この時に検閲の対象となった項目は，軍隊派遣に関するもの，在朝鮮公使に対する誹謗，外交談判に関するもの，といった外務省の外交機密に触れるものだけでなく，日本人居留民が惨殺されたことへの報復として出兵を望むものや，韓国及び清国に対する蔑視に満ちた非難など，対外強硬論を主張するナショナリスティックな輿論であった。新聞の広告に記された「義勇兵の美挙」などと煽る文句にさえ，外務省は「衆人ニ不穏ノ感触ヲ惹起」するとして注意した。同時に外務省は各新聞に対して原稿の下付を行った。それは外国語新聞からの翻訳や朝鮮から帰った兵士の談話などを記事として使えるよう文章にしたもので，新聞紙面に掲載する時には外務省から下付された原稿であることは伏せる条件であった。その原稿を採用するかどうかは各新聞に任されたが，実際には各紙で掲載され，政府はそれを注視し記録した。

　こうした「新聞操縦」は，他方では有能な記者たちを政府官僚として雇い入れるという人事上の動きと並行して，新聞というメディアを国家を支える装置として体制の中に組み入れる方向に働いた。その結果，政府を批判する政論を中心とした大新聞は経営が苦しくなる一方で，事件報道と連載小説を中心とした小新聞が勢力を伸ばし，大小新聞が双方の特徴を取り入れて中新聞化するという変化が起きた。その過程で，政党政派に偏らない独立新聞が登場した。福沢諭吉門下による『時事新報』（1882年創刊），陸羯南による『日本』（1889年創刊），徳富蘇峰による『国民新聞』（1890年創刊）などが，従来の大小新聞の枠組みを超え，読者対象を日本国民全体に広げた。これらの新聞において公益とは国益に他ならず，国家の発展を妨げる報道は抑制されるべきであり，国家への協力は当然だと考えられた。そのような認識の中で，日清戦争の時に従軍記者規則が初めて定められ，戦争における軍での記者の待遇が公式に認められた。このようにニュースを提供する組織は，検閲，条例による処罰，密かな補助金，ニュース提供，人事等の手段によって，男性知識人が支配する文化装置として国家の枠組みの中でコントロールされるようになった。

4　ニュースの組織化と新聞学

　日清戦争から第一次世界大戦の間にニュースの生産・流通過程は新聞と通信社の発展の下で組織化され，ニュースは商品となり，記者は政治家や小説家などと分離し専門職業化した。その資本主義的発展を日本で先導したのは，二大紙『大阪朝日新聞』（『大朝』）と『大阪毎日新聞』（『大毎』）であった。商業紙として「不偏不党」を掲げ大阪で創刊された大朝・大毎は，東京ではそれぞれ『東京朝日新聞』（1888年創刊）と『東京日日新聞』（1910年に買収）を発行し全国紙への拡大を始め，いち早く株式会社となった。10万以上の発行部数を上げ，輿論を形成し民衆を動かす力を増した一方で，大卒記者の採用や記者クラブの整備により政府及び官僚組織との連絡を深めながら，新聞は独立した勢力として政府の動向を左右する影響力を持つようになった。日露戦争直後の講和反対

運動で民衆の先頭に多くの新聞が立った時から1918年の白虹事件によって『大阪朝日』が政府権力に屈服するまで，新聞と政府の間のせめぎ合う関係が続いた他方で，1915年に徳富蘇峰，村山龍平など4名の新聞経営者が大隈内閣の下で叙勲されたのはそれを象徴する。

　これと並行して新聞の内容は，大局的な歴史観に基づく論説から事実を具体的に示し伝える報道記事へと比重が移った。構造的で啓蒙的な議論よりも，刺激的なニュースの正確さと速報性が重視され，大量生産・大量消費に基づく資本主義的生産活動に見合う，消耗品としてのニュース生産が一般化する。そうしたニュースの大衆化は，同時期のアメリカでは大衆紙におけるイエロー・ジャーナリズムとして現れ，それに対する反省的な科学的研究として新聞学が登場した。日本の知識人は以前はイギリスの政府・議会と新聞との関係に学んだが，この時期にはアメリカの先進的な新聞とそれに関する知見をいち早く輸入した。

　松本君平『新聞学』（1899年）はその嚆矢である。松本は19歳で渡米，文学博士の学位を得て帰国，私財を投じて起こした東京政治学校で講じた新聞学のテキストとしてこの本を出版した。その特徴は新聞事業を経済活動として，生産・分配・消費の三部門から論じる枠組みであった。実際の内容としては，生産部門にあたる記者の取材や編集業務を中心とした新聞社の組織的活動を述べたものであったが，従来の政治論の一部としての新聞論とは明確に異なる視点であった（土屋 2006：23-64）。

　この書に続いて現れたのは，新聞記者やその予備軍である読者に向けて書かれた実際的な新聞学の本である。1915年に出版された，小野瀬不二人『最新実際新聞学』と杉村広太郎『最近新聞紙学』の二著がその代表である。とくに後者は，1980年代に至るまで新聞記者の教科書として読まれた名著である。杉村はその第一章「新聞眼及新聞価値」で，ニュース・ヴァリュー（新聞価値）を見分けるニュース・センス（新聞眼）について，アメリカや日本の具体的な例を挙げてわかりやすく説いている。そこで彼は，組織化された資本主義的新聞に必要なニュースの条件を簡潔に次のように示した。すなわち，（1）読者の

数：多数の読者に喜ばれる方がニュース価値が高い。（2）時を得る：一般に新しい方がニュース価値が高いが，新しいニュースに関係した古い事もニュースになる。例えば，洪水があった時，同じ場所で以前に起きた洪水の事は記事にする価値がある。（3）距離の遠近：近くで起きたことは遠くで起きたことより価値がある。人は少しでも知っている場所や事象について，さらに多くを知りたいと望む。（4）興味の一致：政治に関する問題は国民の間に最も広く興味の一致した問題だが，さらに社会部に属するような市井の出来事も国を越えて誰もが興味を惹かれる話題にはニュース価値がある。このように彼が欧米のジャーナリズムの研究書と自らの新聞記者経験から引き出したエッセンスは，他の同様な書で以降も論じられる「ニュースとは何か」というテーマについて，簡にして要を得た実際的で優れた記述である（杉村 1915: 41-58）。

　こうした実際的な新聞学の登場は，企業として拡大する新聞が筆記試験による大学卒業生の採用を大正期に始めたことが背景にある。松本君平の東京政治学校が記者だけでなく官吏や議員，外交官などの育成が目的であったのに対し，大正期には職業人としての記者の育成が求められていた。このような社会的要求に対し，アメリカでは1908年にミズーリ大学で4年生のジャーナリズム学科が設置されたのを初めとして，ジャーナリズム研究がアカデミズムの一環として開始された。1912年にはコロンビア大学にジャーナリズム専門学部が創設され，社会的に尊敬される職業としてのジャーナリストを育成することが目指された。これには公共のために奉仕する真っ当なジャーナリズムを確立しようという意図があった（別府 2006）。一方，日本でも同じ頃に早稲田大学や中央大学などで新聞学科が創設されたが，学術研究としては定着せず短期間で消えた。それは社会全体のための公共サービスとしてのジャーナリズムという考えが，日本では定着しなかったためであろう。

　その代わりに民間で新聞学を講ずる組織が現れた。その一つは，1915年12月に創設された大日本新聞学会である。この会は「記者養成唯一機関」と新聞広告に謳って第1回の会員を募集し，『新聞講義録』12冊を発行した。この講義録を用いた通信教育を「正科一カ年，速成科六ヶ月」で行うとともに，会員が

執筆した記事や創作などを機関誌に掲載して実地の練習としたらしい。講義の内容は,「新聞概論」「新聞編輯法」「新聞営業法」「新聞紙法の研究」など多岐にわたり, 1917年には改訂版の『新聞学及文章講義』20冊が発行された。さらに一般向けにまとめた『新聞学全書』 3 巻及び『文章法全書』を1919年に刊行した。この大日本新聞学会は, 会長は立憲政友会の大木遠吉, 評議員には小野瀬不二人, 杉村広太郎, 竹越与三郎, 馬場孤蝶などの新聞関係者が名を連ね, 恵美孝三が主幹兼編集長を務めていた。恵美自身は新聞研究者ではなかったが,『新聞学全書』の中に「新聞学の研究に就て」という小文を寄せ, 新聞学は「最新社会学の中心科目として攻究さるる」べきものだと力説している（大日本新聞学会 1919)。大日本新聞学会は, 1926年まで学生を募集し存続していたことが確認できる。

　この他, 1915年10月には, 小野瀬や杉村を初めとする人びとが新聞に関係する研究を行う会として新聞研究会が発足している。また, 1919年には,『国民新聞』で活躍した結城禮一郎が『新聞研究』という雑誌を刊行し, これにやはり小野瀬や杉村ら新聞研究会のメンバーが寄稿している。1910年代のこうしたさまざまな試みの流れをまとめたのが, 永代静雄が1920年10月に創刊した雑誌『新聞及新聞記者』である。永代は『東京毎夕新聞』『中央新聞』に勤めた経歴から小野瀬と親しく, 原敬内閣の下でこの雑誌を創刊したが, まもなく新聞研究所を発足させ, 1921年には『日本新聞記者年鑑』（後に『日本新聞年鑑』）の刊行を始め, 1922年には新聞業界の内報である『新聞研究所報』を創刊, 同年11月には「新聞学研究講座」を開講して, 234名の受講生を集めた。さらに1923年には広告研究会, 工務研究会, 新聞夏期大学のなど, 新聞を中心とする知識の集積とその啓蒙を独自に推進した。それは日本の学問世界で容易に受け入れられなかった新聞学・新聞研究の先進的な展開であった（土屋 2021)。

⑤　ラジオと映画とジャーナリズム研究

　大正の終わり, 1925年にラジオ放送が始まった時, 日本における「ニュー

ス」は新たな時代を迎えた。放送番組の一種として「ニュース」が公式な用語となったのである。もっとも「ニュース」の語自体は，日露戦争後から通信社による海外報道記事の見出しに用いられた他に，1920年代からは「嬉しいニュース」といった現在と同様な使われ方が見られるようになっていた。ただし，当時のラジオニュースは事前に逓信省で検閲を受けたため速報性に乏しく，さえない番組だった。しかし，1931年9月に初の「臨時ニュース」が満洲事変を伝え，ラジオの聴取者が100万を超え，日本放送協会の放送網が拡大すると，ラジオ放送における「ニュース」番組は次第に影響力を増し，紙に印刷された新聞とは別の，日本語社会における「ニュース」というカタカナ語の存立を決定づけた。

　同じ時期に，動画で視覚的にニュースを伝えるメディアとしてニュース映画も登場した。海外のニュース映画が輸入され上映されただけでなく，日本の映画会社，及び大手新聞社が週刊のニュース映画の製作を始め，劇場で上映する他に各地で上映会を催した。ニュース映画は通常7〜8分程度の短編で長編映画の添え物であったが，1930年代にはトーキーの導入で魅力を高め，1935年にはニュースと短編映画専門の劇場が生まれた。1939年に映画法が公布されると，ニュース映画は併映が義務化されるようになり，ラジオのニュースとともに戦争を遂行する総動員体制のために「啓発宣伝」を行う手段となった。

　ところで，紙に印刷されたり，電波で送られたり，写真や映画で伝えられたりする「ニュース」とは何か。1920年代に始まった多様なメディアの叢生と，中等教育卒業生の増加により拡大したこれらを享受する大衆が，「ニュース」を考究するための知を求めた。それは記者養成に直接つながる実学としての新聞学を超えた，より広範な知識と深遠な学知を欲していた。その一つは，関東大震災がもたらした衝撃によって起こされた歴史研究の方向である。1924年11月に吉野作造の下で結成された明治文化研究会には，石井研堂，小野秀雄，宮武外骨，尾佐竹猛など民間の研究者が集まり，幕末から明治期の新聞雑誌やかわら版などを収集し，そこからの知見を持ち寄り，機関誌『新旧時代』（1925年創刊，後に『明治文化研究』と改題）に発表することで民間史学の構築が目指さ

れた。実際，歴史学の史料としては無視され，散逸しつつあった明治期の新聞雑誌が，この会の活動によって東京帝国大学法学部の中に明治新聞雑誌文庫として保存されることになった。

　2つ目の方向は，社会学の一環あるいはその周縁として新聞研究を学術的研究に引き上げようとする方向であった。東京帝国大学卒業の新聞記者だった小野秀雄は，新聞社の後援を得て『日本新聞発達史』（1922年）を著し，日本の新聞史に基づいて新聞研究及び新聞学のアカデミズムにおける独立を図り，戦後1949年にようやく東京帝国大学の中に新聞研究所を創設するに至った。東京帝国大学社会学研究室にいた藤原勘治は欧米の輿論研究を吸収して『新聞紙と社会文化の建設』（1923年）を著し，輿論と公衆と新聞の関係を論じた。また，白虹事件で『大朝』を辞めた長谷川如是閑は，1920年代後半に社会学に分け入り，『社会学雑誌』に「群現象と社会結合」（1926年），「新聞紙の社会的動機とその没却」（1928年）などを発表し，資本主義社会における新聞のあり方を独特の概念で究明していった（土屋 2006）。

　3つ目の方向は，社会学や歴史学など既成の学問領域にとどまらず，欧米からの理論や手法の輸入だけでなく，日本やアジアの現場に即しながらも業界を超えた議論を，あらゆるメディアを対象に横断的に展開していこうとするジャーナリズム論の方向であった。その画期的な論集『綜合ヂャーナリズム講座』（1930〜31年，全12巻）は，発刊の辞で「現代は正にヂャーナリズムの時代である」と宣言し，「知識階級にとっては，（中略）ヂャーナリズムに関する知識は必須的条件であり最も有力なる武器である」と述べ，「技術的視角から解説するのみならず，（中略）文化的，経済的，並びに階級的見地から徹底的に解剖し批判し，綜合的ヂャーナリズム科学の確立を期す」と謳った（橘 1930）。

　この論集の第1巻の冒頭には長谷川如是閑の「ブルジョア・ヂャーナリズム」が置かれ，「ソヴィエト・ロシアの新聞政策」など左翼的な論考が目立つが，論集全体では新聞と出版の二つを柱としながら，通信販売や新聞写真，ドイツ新聞論，婦人雑誌論や柳田国男による世間話の研究があるかと思えば，ウォルター・リップマン（Walter Lippmann）の論文の翻訳，広告，通信社，ラ

ジオ，テレビの話まで20世紀におけるジャーナリズムとメディアのめぼしい話題が満載されている。これは1930年代に沸騰していた，新たなメディアをめぐる知と思索の銀河系を浮かび上がらせた出版物であり，この外側にはさらに知識のイデオロギー性を論じた戸坂潤『現代のための哲学』（1933年）や，帝国支配に伴走する小山栄三の『新聞学』（1935年）などが議論を展開していた。

　そうした中で最も先鋭的で独自の議論を展開したのが，清水幾太郎『流言蜚語』（清水 1937）である。彼はこの書で，20世紀初頭に社会学を中心に展開されていた欧米の輿論に関する研究書を読み，ガブリエル・タルド『輿論と群集』（1901年）やウォルター・リップマン『輿論』（1922年），ル・ボン（Gustave Le Bon）『群衆心理』（1895年）などを踏まえて，流言蜚語の発生と構造を論じ，さらに噂や新聞などの報道との違い，輿論との関係などを論理的に突き詰めた。その中では「ニュース」という語は使われず専ら「報道」という語が用いられている。例えば，「人々が通常報道と流言蜚語とを区別しているのは両者の内容によってでなく，両者の形式によってなのである」というように，この書は流言蜚語という陰画（ネガ）からニュースという陽画（ポジ）を浮かび上がらせた，優れたニュース論に他ならない。

　清水は戦後『ジャーナリズム』（清水 1949）などを著し，ニュースとは「コップと神の間」にある事柄について「事件のコピー」を提供するものである，という平易な表現で，資本家，政治家，記者，読者という人びとのグループの間でどのようにジャーナリズムが機能しているのかを説明した。『社会学講義』（1948年）とともに，清水は1950年代に在野の研究者として，「ジャーナリズム」という語と概念の浸透に大きな影響を与えた。

　以上のように，民間による近代史研究の進展，アカデミズムにおける新聞学の独立，メディア横断的なジャーナリズム論の形成という３つの方向に伸張したニュースに関する学知も，またニュースそのものも，日中戦争開始後の総動員体制の下で思想戦や宣伝の中に取り込まれた。ニュースは国策による統制の下で宣伝と一体となり，国民に対しては思想教化，国外に向かってはプロパガンダの主要手段となった。しかし，それらの知もニュース組織も戦後に再生す

るのである。

6 戦後の新聞とマスコミュニケーション研究

敗戦後の日本のメディアを占領軍は直接管理下に置き，新聞紙法をはじめ言論取締の諸法規を廃止させたが，通信社を除いて従来のメディア組織を温存した。その代わりに言論の自由を掲げ，ニュースを宣伝から切り離し，事実に即するニュースと意見や解説を区別するよう教育し，日本のメディアを戦時統制から解放した。一方で，占領統治の秩序を維持すべく，占領軍は新聞・ラジオ・映画だけでなく，紙芝居から学校新聞，郵便に至るまであらゆるメディアに対する検閲を行い，同時にそれを秘密にした（山本 2013；山本 1996；ブラウ 2011など）。

この占領期に新たな研究の潮流が生まれた。1つは鶴見俊輔を中心とする思想の科学研究会である。彼は「ジャーナリズムとは，（中略）同時代を記録し，その意味について考察する仕事を全体として指す」と定義し，「市民のなしうる記録活動全体の中にジャーナリズムの根を新しく見いだすことに日本のジャーナリズムの復活の希望があると思う」と述べて，普通の生活者が持つ民衆知の一つとしてジャーナリズムを考えた（鶴見 1965）。鶴見がアメリカで学んだプラグマティズムがその起点にあるが，戦前のジャーナリズム研究や明治文化研究会の関心を引き継ぎ，日本でのあらゆるメディアにその研究対象を拡大する試みであった。

その機関誌『思想の科学』第2巻2号（1947年11月）には，2つの画期的な論文が掲載された。井口一郎「コミュニケイション序説──ラスウエルの方法論について」と南博「記号，象徴，言語」である。これ以降，アメリカ発のマスコミュニケーション研究および社会心理学の導入が進展し，戦前に誕生した新聞学と競合しながらアカデミズムにおける新聞及びニュース研究を発展させていった。

一方，日本における新聞産業は，戦中・占領期の紙不足をしのいだ後，急激

な勢いで回復した。新聞社の基盤はすでに大正期に築かれていた枠組みの上に再び発展し，朝夕刊セット制と宅配制度の拡充により戦前以上に成長した。日本における新聞の総発行部数は，1950年には2000万部を超え，1970年には3000万部，1990年には5000万部を突破した。この間に，主要日刊紙の間では，『読売新聞』が部数でトップとなり，1994年には1000万部を超えた。これに『朝日新聞』『毎日新聞』を加えた3紙，さらに『日本経済新聞』『産経新聞』を加えた五紙が全国紙として戦後日本の輿論を反映してきた。このような巨大な発行部数の新聞がいくつもあるのは世界的に見ても希であるが，新聞が巨大組織として繁栄した理由は，国民の教育水準の高さのみならず，敗戦後に得た言論の自由と民主主義を支えるメディアとして新聞が期待されたこと，冷戦期に日本では平和が続き政治的安定とともに経済発展を遂げて人びとの生活が安定し豊かになったこと，それに伴い多くの女性が読者に加わり各家庭で新聞を購読するのが常識的な習慣となったこと，また海外事情を含めて広範なニュースを知らせてくれるメディアとして長い間信頼されてきたことなどが要因として挙げられよう。そしてこうした新聞社の関与を基に民間のラジオ・テレビ放送網が築かれてきたことも忘れてはならない。

　しかし，1997年に新聞の総発行部数は5377万部でピークを迎え，そこから減少が続き2020年では3500万部にまで減った。総発行部数の約半分を占める地方紙では夕刊の廃止や廃刊も続いている。現在，人びとがニュースを得る中心的なメディアは，テレビからインターネットに移りつつある。学問領域の呼び名も，新聞学からマスコミュニケーション研究を経て，20世紀末からメディア研究へと変貌しつつある。とはいえ，デジタル時代になっても新聞に対する信頼度は依然として高い。フェイクニュースへの批判がネットを駆け巡る中で，事実確認の手続きを発達させてきた新聞の経験と歴史は現在も尊重されている。150年以上かけて新聞とともに根付いてきたニュースに関わる知を，今後社会の中でどのように受け継いでいくのか，それが私たちの課題である。

参考文献

Black, John Reddie, 1880-81, Young Japan : Yokohama and Edo, 2 v., Kelly & Co., （＝
　　1970，ねず・まさし・小池晴子訳，『ヤング・ジャパン──横浜と江戸』全3巻，
　　平凡社。）

Braw, Monica, 1991, *The Atomic Bomb Suppressed : American Censorship in
　　Occupied Japan*, Armonk, M.E. Sharp, （＝2011，繁沢敦子訳『検閲──原爆報道
　　はどう禁じられたか』新版，時事通信出版局。）

新井白石著，村岡典嗣校訂，2000，『西洋紀聞』岩波書店。

有山輝雄，2008，『「中立」新聞の形成』世界思想社。

井口一郎，1947，「コミュニケイション序説──ラスウエルの方法論について」『思想
　　の科学』先駆社，2(2) : 391-399。

大谷正，1994，『近代日本の対外宣伝』研文出版。

香内三郎，1982，『活字文化の誕生』晶文社。

佐々木隆，1999，『メディアと権力』日本の近代14，中央公論新社。

芝田正夫，2000，『新聞の社会史』晃陽書房。

清水幾太郎，1937，『流言蜚語』日本評論社。

──────，1949，『ジャーナリズム』岩波書店。

杉村廣太郎，1915，『最新新聞紙学』慶應義塾出版局。

鈴木秀三郎，1987，『新版　本邦新聞の起原』ぺりかん社。

大日本新聞学会，1919，『新聞学全書　上・中・下』。

橘篤郎編または内外社編，1930-31，『綜合ヂャーナリズム講座』1-12巻，内外社。

土屋礼子，1995，『大阪の錦絵新聞』三元社。

──────，2002，『大衆紙の源流──明治期小新聞の研究』世界思想社。

──────，2006，「『帝国』日本の新聞学」『メディアのなかの「帝国」』「帝国」日本
　　の学知，第4巻，岩波書店，24-64。

──────，2016，「新聞と輿論の形成」，明治維新史学会編『明治維新と宗教・文化』
　　講座明治維新，第11巻，有志社，67-94。

──────，2021，「大正期の『新聞及新聞記者』解題」『新聞及新聞記者』別冊，金
　　沢文圃閣，7-14。

鶴見俊輔，1965，「解説・ジャーナリズムの思想」『ジャーナリズムの思想』現代日本
　　思想体系12，筑摩書房，7-46。

中下正治，1996，『新聞に見る日中関係史』研文出版。

福澤諭吉，1866，『西洋事情』尚古堂。

福地桜痴，1894，『懐往事談：付・新聞紙実歴』民友社。

別府三奈子，2006，『ジャーナリズムの起源』世界思想社。

南博，1947，「記號，象徴，言語」『思想の科学』先駆社，2(2)：333-9。

村上直之，1995，『ジャーナリズムの誕生』岩波書店。

山本武利，1996，『占領期メディア分析』法政大学出版。

――――，2013，『GHQ の検閲・諜報・宣伝』岩波書店。

第**3**章

ラジオとプロパガンダの理論

[1] 武器としてのプロパガンダ・ラジオ

　国境を越えて聞こえてくるラジオ放送は，一般に国際放送とよばれ，自国の
イメージを向上させ，理解を促進させる目的を有している。その先には，相手
国の人びとの心と精神を勝ち取ることで，外交を有利に進め，自国の立場を強
化するという狙いが置かれている。こうしたラジオ放送は，文化交流や相互理
解を促進させる。同時に，それらは，時として相手国の政府や国民のなかに敵
対心や憎悪をかき立て，また，ある時には国益をめぐり関係国との間で激しい
対立を引き起こす。さらに国内の聴取者には，彼ら・彼女らの心に強く働きか
け，「望ましい行動」を取るよう政治的な圧力を創出し，機能させる。

　こうした効果や影響をもたらすラジオ放送は，しばしば「プロパガンダ・ラ
ジオ」と呼ばれる。ラジオというメディアは，マスなコミュニケーションを成
立させる無色透明なものではなく，きわめて強い政治性を帯びている。プロパ
ガンダとは，「特定の観念を普及または促進すること」(Jowett and O'Donnell
1992 = 1993 : 175-7) であり，それを実現するために用いられたメディアが，プ
ロパガンダ・ラジオである。

　第一次世界大戦は，宣伝戦の時代が到来したことを告げるものであった。各
国は，プロパガンダのためのメディア利用を本格化させ，プロパガンダの応酬
による激しい宣伝戦が展開された。そこでは，主に印刷メディアが用いられた。
だが，20世紀前半になると映画やラジオといった視聴覚メディアが発明され，
普及したことで，あらゆるメディアがプロパガンダのために利用されるように

39

なった。続く第二次世界大戦では，ラジオがプロパガンダのための主要なメディアとなり，参戦国の間でラジオを用いた激しいプロパガンダの衝突が見られた。

　プロパガンダ・ラジオは，19世紀末〜20世紀にいたるメディア・テクノロジーの発展と，いくつかの戦争が有機的に結びつくなかで姿を現した説得コミュニケーションのためのメディアであった。本章の目的は，その歴史的展開を見ていくことにある。

② 第一次世界大戦とラジオ

無線電信技術の実用化──欧州とアメリカ

　18世紀に入ると，自然現象のなかで目撃されていた電気に関する研究が活発化し，19世紀半ばには，遠くに離れた人びとの間で，電線を通じてメッセージのやりとりを可能にする電気的な技術（有線電信）が発明された。有線電信の実用化が進むなか，電線を用いない電気通信（無線電信）の技術的可能性が，理論的，技術的な側面から模索され，1890年代までに，ドイツやイギリスのほか，フランス，ロシア，アメリカの科学者や技術者によって，有用な無線電信システムの発展が目指されるようになった（Baines et al. 2019: 223）。

　発明家や起業家も無線電信の実用化に注目した。1895年，イタリアのグリエルモ・マルコーニ（Guglielmo Marconi）は無線電信実験を成功させ，そこにビジネスの可能性を見出した。2年後，マルコーニ無線電信会社が興され，イギリスやカナダの大西洋沿岸において，海上無線交通事業社として独占的地位を築いた。だが，マルコーニには，自社と契約した船舶のみに許された無線電信を，誰でもどこでも聞くことのできるラジオ放送へと発展させようとする発想は見られなかった（吉見 2020: 164）。

　アメリカでも無線電信の商用化が目指された。1906年，レジナルド・フェッセンデン（Reginald Aubrey Fessenden）は，無線による音楽と音声の伝送実験に成功した。これは史上初のラジオ放送とされ，彼は，しばしばラジオ放送の先

駆者に挙げられる。だが，フェッセンデンの頭にあったのは，大衆にむけて行われる放送ではなく，あくまで特定の人のあいだで音声を交換する無線電話の実用化であった。

　大衆に向けた放送を構想する人物も現れた。1907年，リー・ド・フォレスト（Lee De Forest）は，世界初の公共ラジオ放送を成功させ，翌年にはニューヨークで大衆を聴取者として想定した音楽ラジオ放送事業を開始した。同事業は，音質や経営，ド・フォレスト自身の問題で頓挫したが，多くの人びとにラジオ放送とは，どのようなものかというイメージを理解させた（吉見 2020：166）。

総力戦としての第一次世界大戦

　1914年，第一次世界大戦が勃発した。それまでの戦争とは異なる「総力戦」として戦われた戦争であった。そこでは，軍事力だけでなく，経済や技術，文化，心理など国家のあらゆる資源が投入された。総力戦体制下では，戦闘員と非戦闘員，戦場と銃後といった境界は希薄化され，すべての国民が戦争に動員され，全国民の戦闘員化が試みられた。政府は，戦争遂行のために，国民から戦争への協力を取りつけ，国民自らが進んで戦争に動員されていくことを正当化する必要性に迫られた。

　参戦国が直面していた課題は，自国民の士気向上だけではなかった。敵国民の士気を低下させ，中立国の協力を取り付けなければならなかった。そのために活用されたのがプロパガンダであった。参戦国のいずれもがプロパガンダを駆使して，自らに有利な世論を形成すべく激しい宣伝戦を繰り広げた。

　交戦国は，競って宣伝戦に対応しようとした。イギリスは，交戦国のなかで，唯一，参戦への国内世論が割れていたため，国民を対象としたプロパガンダを実施したが，やがて非参戦国や中立国，そして敵国民へと対象が拡大した。

　1914年10月，戦争宣伝局（WPB）が，初めての公式プロパガンダ機関としてイギリス外務省機密情報部に設立された。WPB は，主にイギリス外のプロパガンダを担当し，国内向けは，1917年6月に設立された戦争目的委員会が所管

した。1918年，WPD が改組され，ドイツとの宣伝戦を統括するプロパガンダのための組織となる情報省が設立された。

　ドイツは，軍部主導でプロパガンダを開始した。1915年10月，ドイツ参謀本部傘下に戦時報道局が設置された。戦時報道局は敵対国間の対立を激化させ，中立国，とりわけアメリカの第一次世界大戦参戦を踏みとどまらせることを目的としたプロパガンダを実施した。そこでは，宣伝戦での不利な状況を打開するため，実用化が実現し始めていた無線電信のプロパガンダ利用が試みられていた。

　アメリカは，ドイツのプロパガンダにもっとも効果的かつ組織的に対抗した国家の一つであった。1917年4月，アメリカは，連合国側からの参戦を決定し，ウッドロウ・ウィルソン大統領（Thomas Woodrow Wilson）は，対独プロパガンダのためにジャーナリスト出身のジョージ・クリール（George Creel）を委員長とする広報委員会（CPI：通称，クリール委員会）を設置した。CPIは，アメリカ人に参戦を納得させ，彼ら・彼女らの士気を鼓舞するとともに，ドイツに対する憎悪や恐怖を喚起させるためのプロパガンダを展開した。そこでは，映画やポスター，写真などの多様なメディアが大規模かつ組織的に活用され，実用化が進められていた電信などの利用可能性も追求された。

戦争がもたらした二つの契機

　1918年11月，第一次世界大戦がドイツの敗北で幕を下ろした。この戦争は，第一に無線技術の研究開発を促進させる契機となった。戦後，欧米各国では，無線技術に関する研究開発が，いっそう活発化した。背景には，遠隔地との間で無線を用いて文字や音声を交換できるテレ・コミュニケーションの技術に対する軍事的な必要性の高まりがあった。とりわけアメリカでは，無線電信関連の技術者が大量に生み出され，ラジオ無線機の大量利用も促された（佐藤 2018：147）。だが，こうした動きには，ラジオ放送に繋がるマスコミュニケーションのための技術という観点は希薄であったため，第一次世界大戦は，ラジオ放送が成立するための直接的な契機にはならなかった。

　第二に，プロパガンダに関連する研究分野を活発化させる契機になったことである。第一次世界大戦期，各国でプロパガンダのための機関が設立されたものの，プロパガンダの効果や機能についての検討・評価は不十分なままであった。このことを踏まえ，戦時プロパガンダの開発にかかわった専門家らは，戦後，プロパガンダの効果に関する検討を開始した。第一次世界大戦は，プロパガンダ研究の必要性を浮き彫りにしただけでなく，人間の態度変容や行動様式などへと学問的関心の幅を押し広げた。プロパガンダや世論への関心を含むコミュニケーション研究のほか，社会心理学や社会学，心理学，マーケティングなどの研究が活発化した。大衆への影響や説得の効果は，これらの研究分野における共通の関心の一つとなっていた（Jowett and O'Donnell 1992＝1993：175-7）。

　第一次世界大戦を契機に活発化した諸分野の研究成果は，第二次世界大戦期のプロパガンダに応用されただけでなく，現在のメディア・コミュニケーション研究における一つの重要な歴史的起源となった。

③　戦間期のラジオ

ラジオ時代の幕開け

　第一次世界大戦終結前後，欧米ではラジオの時代が幕を開けようとしていた。1920年11月，世界初の定時放送である KDKA が開局した。KDKA の開始は，それまで無線通信を楽しんでいたアマチュア無線家とは異なる聴取者と呼ばれる大衆的な集団を生み出した。彼ら・彼女らを受け手とするラジオ放送が，産業活動の一環として位置づけられた（水越 1993：64-6）。

　第一次世界大戦後にアメリカに到来した大衆消費社会では，ラジオ放送が広告のためのマスな媒体＝メディアとして「発見」された。電器メーカーや新聞社などの私企業が，広告収入を財源にラジオ放送を運営するようになった。政府の役割は，電波干渉を防ぐために周波数を割り振るだけであり，放送内容に口出しをすることはなかった。

　欧州では，第一次世界大戦前後からラジオ放送が開始された。ロシア革命直

後の1917年10月30日，ソビエト人民委員会協議会はラジオ放送を開始し，新しい時代が始まったことを告げるレーニンの歴史的メッセージが放送された（Jowett and O'Donnell 1992＝1993：142）。第一次世界大戦終結後の1922年11月には，BBC（イギリス放送会社，1927年以降はイギリス放送協会）が放送を開始した。1922〜23年にかけて，フランス，ドイツ，ソ連などでも定時放送を行うラジオ放送局が開局した。

　東アジアでもラジオ放送は，黎明期を迎えていた。1922年頃から大阪朝日新聞などの新聞企業は，実験段階であったが，ラジオ放送を開始した。1923年の関東大震災では，正確な情報伝達の重要性が認識され，ラジオ放送への期待が高まっていた。こうしたなか，1925年3月22日には東京放送局（JOAK）が開局し，6月には大阪放送局（JOBK）が，7月には名古屋放送局（JOCK）が相次いで放送を開始した。翌26年8月，東京，大阪，名古屋の三放送局が統合され，日本放送協会が設立された。

　日本の植民地でもラジオ放送が開始された。先の三都市に続く四番目の放送局として，京城放送局（JODK）が朝鮮で開局した。1927年2月から本放送が開始され，日本語と朝鮮語による二重放送が行われた。翌28年11月には，台湾に開局した台北放送局（JFAK）が本格的な実験放送を開始し，1931年2月に台湾放送協会が設立された。さらに満洲国でもラジオ放送が開始され，「外地」の放送網が，国民統合の行事である御大礼に間に合うように整備されていった（井川 2022：3-4）。

　中国大陸では，1922年，アメリカ人企業家のオズボーン（P. Osborn）が，上海で中国無線電公司広播電台を設立し，放送を開始した。1923年から24年にかけて，いくつかのアメリカ企業が上海でラジオ放送を始めたものの，聴取者を十分に獲得できず，ビジネスとして成立しなかった。天津や北京，東北地域でもラジオ放送が開始されるなど放送地域に広がりが見られるなか，放送事業者は外国人から中国人へと変わっていった。放送形態も民間放送から公営放送へと広がった。1927年5月，中華民国交通部は天津で公営のラジオ放送を開始し，1928年に入ると中国国民党中央執行委員会広播無線電台が放送を開始した。

1920年代は中国ラジオ放送史の黄金時代となっていた（曾虚白主編 1993：601-3）。

ラジオの時代は，欧米がやや先行しつつも，わずかの時間差で東アジアにも到来していた。

第一次世界大戦後のプロパガンダ研究──ドイツとアメリカ

ドイツでは，対抗宣伝（カウンター・プロパガンダ）が不十分であったという反省から，プロパガンダ研究を含む新聞学の振興が試みられた。1916年，ライプチヒ大学に最初の新聞学研究所が設立され，以後，ドイツ各地に新聞学のための研究所が発足した。ドイツ新聞学は，ジャーナリズムの社会的威信の向上を願う新聞業界の思惑と，宣伝研究や世論研究で敵国に劣っているという敗戦コンプレックスを踏切板として大学内で組織された。だが，アカデミズムのなかで新聞学が正当性を認められたわけではなく，ワイマール共和国期では大学内での地位は不安定なままであった（佐藤 2019：78-9）。

プロパガンダ研究は，ナチ統治下で加速化した。1933年1月にヒットラーが首相に就任し，ナチ党が権力を掌握すると，同年3月には国民啓蒙宣伝省（以下，宣伝省）が発足した。ゲッベルスが宣伝相となり，各省に分散していた情報や宣伝に関する機能を宣伝省に集中させることで，プロパガンダが強化された。宣伝省は，ラジオをプロパガンダのための効果的なメディアとみなし，一家庭に1台のラジオ受信機を配布し，ドイツ全土にラジオを普及させようともした。第三帝国でプロパガンダの重要性が高まるなか，新聞学は，大学において国策学問として優遇され，学問としての新聞学が制度化していった（佐藤 2019：69）。そこでは，印刷メディアから視聴覚メディアまで幅広くメディアを捉え，とりわけ受け手に注目した研究が試みられていた。

アメリカでは，コミュニケーションへの学問的関心が高まっていた。ジャーナリストであり批評家のウォルター・リップマン（Walter Lippman）は，メディアの効果に注目し，世論や新聞に関する研究を進めた。その成果は『世論』（1922年）にまとめられ，大衆社会における世論形成過程が照らし出された。

アメリカにおけるプロパガンダに対する研究熱も高まり，新進気鋭の政治学者ハロルド・ラスウェル（Harold Lasswel）が，プロパガンダ研究を率いていた。ラスウェルは，第一次世界大戦期のプロパガンダについて分析し，その成果は『宣伝技術と欧州大戦』（1927年）として刊行された。それはプロパガンダ研究に先鞭をつけるものとなり，メディアの強力な効果が浮き彫りにされた。彼は，コミュニケーション研究における内容分析を確立した研究者として知られ，現在では，ポール・ラザースフェルド（Paul Felix Lazarsfeld）やクルト・レヴィン（Kurt Zadek Lewin），カール・ホヴランド（Carl Iver Hovland）とともにコミュニケーション研究における「学祖」と呼ばれている（Rogers 1994 : 203）。

　戦間期のアメリカでは，世論やラジオに注目した研究プロジェクトやそのための組織が立ち上げられ，その多くがアメリカの著名な慈善団体であるロックフェラー財団によって支援された。なかでも1937年から開始されたプリンストン大学でのラジオ調査プロジェクトが最も重要であり，広く知られている。それは，ラザースフェルドの指揮のもと，ハドレー・キャントリル（Hadley Cantril）（プリンストン大学）やフランク・スタントン（Frank Stanton）（CBS放送・市場調査部）の協力によって，ラジオの影響や聴取者の行動などの分析を試みるものであった。当初，アメリカで行われた研究プロジェクトでは，プロパガンダは主たるテーマではなく，国家安全保障という観点も見られなかった。だが，第二次世界大戦の勃発後，フランクリン・ローズヴェルト（Frankly Roosevelt）政権が，プロパガンダでの戦いに適切に準備できなくなっていることに衝撃を受けたロックフェラー財団関係者やコミュニケーション研究の「学祖」らは，ラジオ調査研究などを国家安全保障のためのプロジェクトへと繋がる基礎研究として意識するようになった。同財団は，そうした研究に対して支援を提供することに重要性を見出した（Gary 1996）。

　欧米で本格化したプロパガンダ研究の波は，第一次世界大戦後の日本にも届き始めていた。日本でのプロパガンダ研究は，19世紀末から，その萌芽を見せていた新聞学研究と重なり合いながら進められた。

④　第二次世界大戦期のラジオ

アメリカのプロパガンダ・ラジオ

　1939年11月，第二次世界大戦が勃発した。この戦争でもプロパガンダは重要視され，活字メディアから視聴覚メディアにいたる多様なメディアが用いられた。なかでもラジオは，聴取者の識字率に左右されず，遠隔地に容易かつ広範にメッセージを届けることができる効果的なプロパガンダのための手段となり，心理戦の強力な武器となった。

　1940年8月，アメリカでは外国の聴取者に向けたプロパガンダを実施するための緊急事態機関として米州業務調整室（CIAA）が発足し，翌年7月には情報調整局（COI）が設立された。真珠湾攻撃直後の1941年12月9日，COIは対敵心理戦の一環として，日本に向けたプロパガンダのためのラジオ放送を開始した。1942年6月，COIは戦時情報局（OWI）と戦略諜報局（OSS）に分割された。両者は，海外情報活動や心理戦，破壊活動，隠密プロパガンダ作戦などへの責務を有し，いずれもプロパガンダ・ラジオを行っていた。このうちOWIはホワイト・プロパガンダを，OSSはブラック・プロパガンダを担っていた。ホワイト・プロパガンダとは，オーディエンスが，情報の出所を確認でき，情報の正確性と真実性が比較的高いものである。一方，ブラック・プロパガンダは，非公然の出所から創出された作りごとであり，偽の情報を敵国のオーディエンスに伝達する謀略的な試みである（山本 2002: 23-4）。

　OWIは，COIからVOA（「アメリカの声」放送）を引き継ぎ，アジア太平洋地域で23言語によるホワイト・ラジオを行っていた。最も重視されたのが対日放送であり，次いで中国とフィリピン向けの放送であった（小林 2017）。OSSは，同地域では中国戦線でブラック・ラジオを行っていたほか，1944年夏のサイパン攻略後には，同地から日本本土に向けた中波によるプロパガンダ・ラジオも開始した（山本 2002: 1-16）。OWIやOSSによるプロパガンダ・ラジオは，第二次世界大戦終結時まで行われた。

知の戦争動員と研究者の戦争協力

　第二次世界大戦期，アメリカのプロパガンダ活動は，多くの研究者の協力に支えられていた。アメリカ陸軍指揮部研究課，OWI および傘下の調査部，アメリカ陸軍心理戦部，OSS，アメリカ農務部計画調査部，議会図書館戦時コミュニケーション部の 6 ヶ所で，心理戦や，その関連分野に関する研究が行われていた。全アメリカ各地から招聘された政治学やコミュニケーション研究，社会学，歴史学，言語学などの研究者は戦争協力の一環として政府機関での調査研究活動に従事した。

　OWI では，世論調査研究のエルモ・ローパー（Elmo Roper）や社会心理学・プロパガンダ研究者のレオナルド・ドゥーブ（Leonard Doob）（エール大学），コミュニケーション研究者のウィルバー・シュラム（Wilbur Schramm）（イリノイ大学，スタンフォード大学）らが直接雇用されていた。ラザースフェルドやキャントリル，スタントン，ギャラップらは，OWI とコミュニケーション研究およびコンサルティングの契約を結んでいた。OSS では，社会学者のハワード・ベッカー（Howard Becker）（ウイスコンシン大学）や社会学・社会心理学のアレックス・インケルス（Alex Inkeles）（ハーヴァード大学），心理学者のウォルター・ランガー（Walter Langer）（ウイスコンシン大学）らが研究に従事していた。スタンフォード大学やカリフォルニア大学バークレー校，コロンビア大学，プリンストン大学などは，OSS から研究資金の提供を受けていた。米陸軍心理戦部では，ジョン・ライリー（John W. Riley）（ラトガース大学），社会学者のモリス・ジャノヴィッツ（Morris Janowitz）（シカゴ大学），コミュニケーション研究者のダニエル・ラーナー（Daniel Lerner）（MIT，スタンフォード大学），社会学者のエドワード・シルズ（Edward Shils）（シカゴ大学）などが研究活動を行っていた。議会図書館戦時コミュニケーション部は，ハロルド・ラスウェル（Harold Dwight Lasswell）が主導していた。彼らの研究成果は，アメリカで進められた体系的な内容分析の第一歩を記したものとして知られている（Simpson 1996）。

　第二次世界大戦期のアメリカでは，政府機関と研究者が協同し，コミュニ

ケーション研究のみならず，政治学や社会学，社会心理学などあらゆる領域の知が，心理戦の遂行に用いられ，効果的なプロパガンダのために活用された。こうした協同には，先述したロックフェラー財団のような民間財団も加わっていた。

政府・民間財団・研究者のネットワーク

　第二次世界大戦前後から見られるプロパガンダ研究を含むコミュニケーション研究の展開において，ロックフェラー財団の役割は重要であった。1939年9月，第二次世界大戦の勃発直後，ロックフェラー財団は「コミュニケーション・セミナー」を開催し，ラスウェルやラザースフェルドらが参加した。同セミナーでは「マスコミュニケーション」という学術用語が，初めて公式に使用された。この用語は，ナチスのプロパガンダに対抗するアメリカのプロパガンダを意味するものとして用いられており，プロパガンダの代替語として登場した（佐藤 2018：123）。

　第二次世界大戦が勃発すると，ラジオとプロパガンダの関係は重要な研究分野となり，プロパガンダは，緊急に分析すべき課題となった。アメリカにおけるプロパガンダ研究は，マスコミュニケーション研究として行われ，ファシズムに対抗する学知の性格を帯びた。戦争勃発後，ロックフェラー財団は，そうした研究を，さらに積極的に支援した。同財団の支援を受け，プリンストン大学では欧州から送信された短波ラジオ放送の分析が行われ，スタンフォード大学では太平洋戦域の放送分析が実施された。これらは1941年2月に設置された外国放送傍受サービス（FBMS）に引き継がれ，同年7月には外国放送情報サービス（FBIS）に改編された。第二次世界大戦終結後，FBISはCIAの一部局として存続した。

　ロックフェラー財団が支援した研究プロジェクトから多くの成果が産み出された。ラジオに焦点をあてた研究成果としてラザースフェルドの『ピープルズ・チョイス』（1944年）やキャントリルの『火星からの侵入』（1940年），ロバート・マートン（Robert King Merton）の『大衆説得とマス・コミュニケー

ション』（1946年）などは，現在でもよく知られている。ここで示された視座や問題関心は，戦後のマスコミュニケーション研究にも継承された（吉見 2020：56）。

　第二次世界大戦中に行われた知の戦争動員と研究者の戦争協力は，プロパガンダ研究や社会心理学，政治学などコミュニケーション研究および関連分野の発展を促しただけでなく，地域研究など新たな分野も産み出した。研究者間で概念や方法論などを共有する強固なネットワークが構築され，それは政府やロックフェラー財団など研究を支援する民間財団とも接続された（Simpson 1996）。政府・民間財団・研究者を繋ぐネットワークは，第二次世界大戦後のアメリカにおける学知の形成・展開に重要な意味をもたらした。こうしたネットワークを通じて形成され，蓄積されたプロパガンダをめぐる学知は，新たな戦争として20世紀半ばに始まった冷戦でも活用され，さらに深められた。

⑤　冷戦とラジオ

心理戦の再開と強化されるプロパガンダ

　1945年9月，アメリカ政府は心理戦の必要性が失われたと判断し，心理戦を所管していた OSS と OWI を廃止した。1947年春，欧州で冷戦が勃発したことで，心理戦に対するアメリカの関心はふたたび増大した。1947年9月，OSSと OWI の後継機関として CIA が発足し，同年にはアメリカ極東軍内に心理戦部（PWB）が設置されるなどアメリカによる心理戦への備えが活発化した。

　1947年2月，ソ連に向けた VOA ロシア語放送が開始され，ソ連もモスクワ放送を通じて，西側への宣伝攻勢を強化していた。ラジオによる激しいプロパガンダの応酬は，第二次世界大戦後に不要論が出されていた VOA を存続させる要因となった（Heil Jr. 2003: 4-7）。翌年1月，合衆国情報教育交流法（スミス-ムント法）が成立した。それは，平時のアメリカにおける外国向け情報プログラムを合法化し，アメリカ政府の対外宣伝メディアとして，VOA が運用されるうえで法的基盤を提供するものとなった（小林 2012）。

　1950年4月，国家安全保障会議（NSC）は，その後の20年間のアメリカの外交政策を方向付ける重要機密文書（NSC-68）を作成した。それはアメリカによる心理戦プログラムの強化を勧告し，海外でのプロパガンダに包括的な政策枠組みを提供するものとなった。NCS-68で示された政策的方向性はただちに可視化された。トルーマン大統領（Harry S. Truman）は，1950年4月から，共産主義との戦いとアメリカの影響力拡大を目的としたグローバルな宣伝攻勢である「真実のキャンペーン」を開始した。

　アメリカの心理戦に対する関心やプロパガンダの重要性への認識は，欧州に向けられたものであったが，次第に東アジア（北東アジアと東南アジア）へと移っていった。その背景には中華人民共和国の成立や朝鮮戦争の勃発などアジア太平洋地域の急速な情勢変化があった。

　1950年に勃発した朝鮮戦争でも宣伝ビラやポスターなどの印刷物からラジオや映画などの音声・映像物にいたるまで，あらゆるメディアがプロパガンダのために活用された。その中核を担ったのがラジオであった。朝鮮戦争開始直後からアメリカは日本にある NHK の放送施設から南北朝鮮双方に向けた VOA 放送を開始した。同じく NHK 施設からは，在日アメリカ軍司令部のプロパガンダ・ラジオである国連軍総司令部放送（VUNC）も行われた（小林 2012）。アメリカによる NHK 施設の使用は緊急事態の発生を理由としたマッカーサー司令部からの指令に基づいていた。当時，日本が GHQ の占領下におかれていたとはいえ，両議院の同意を得ないまま，NHK 施設をアメリカ側に賃貸したことは放送法に抵触するものであった（井川 2002）。

　朝鮮戦争は，グローバルに戦われた冷戦のなかで繰り広げられた熱戦であった。それはあらためてプロパガンダ・ラジオの重要性を浮き彫りにするとともに，アメリカにおけるマスコミュニケーション研究を促進させる重要な契機となった。

朝鮮戦争とシュラム

　第二次世界大戦後のアメリカで，コミュニケーション研究をアカデミズムの

なかに定位させ，その発展に中心的な役割を担ったのがシュラムであった。彼はアメリカだけでなく，世界のコミュニケーション研究の創始者として知られている。朝鮮戦争期，シュラムと彼の在籍していたイリノイ大学コミュニケーション研究所は国務省や軍などの政府機関から委託を受け，プロパガンダや心理戦に関する研究を行っていた。

　シュラムが最初に参加した研究プロジェクトは，アメリカ空軍人的資源研究所（HRRI）での韓国における心理戦の研究であった。シュラムは，思想統制の観点から共産主義者によるプロパガンダ活動に注目し，韓国の「ソビエト化」について分析した。その成果は *Reds Take a City*（1951年）や *Four Theories of the Press*（1956年）などで発表された（Simpson 1996）。アメリカ陸軍作戦研究所のプロジェクトにも参加した。シュラムは心理戦に関する基本教材の作成や，アメリカ極東軍によるプロパガンダ・ラジオの内容分析など心理戦全般にわたる調査研究に取り組んだ。また，国務省からの委託として VOA と極東軍心理戦部によるプロパガンダ・ラジオの内容を比較分析する研究にも携わっていた（車 2020）。これらの研究を行うためにシュラムには多額の研究費が提供された。それはイリノイ大学コミュニケーション研究所の発展と多数の専門研究者の輩出を可能にしたことで，コミュニケーション研究の迅速な制度化が促され，シュラムによるコミュニケーション研究の支配的なパラダイムが構築された。

絡みつく政治的な意味

　1953年，朝鮮戦争が休戦した。だが，その後も東アジアでは規模の大小を問わず，軍事的な衝突が続き，冷戦と熱戦が同時進行する地域となっていた。朝鮮戦争後の同地域における最大の戦争は，ヴェトナム戦争であった。そこでも心理戦が活発に展開され，激しいプロパガンダの応酬が東西両陣営間で繰り広げられた。テレビの時代が到来しつつあったとはいえ，この戦争でのプロパガンダの主役は，依然としてラジオであった。そこでは，2つの世界大戦と朝鮮戦争を通じて動員・蓄積されたコミュニケーション関連の学知やプロパガンダ

の実践的技法が活用された。一方，1950年代後半〜70年代にいたるアメリカで
は，マスコミュニケーションの効果に関する議論が活況を呈しており，ラザー
スフェルドらが提唱していた限定効果モデルに大きな注目が集まっていた。東
アジアの戦争とアメリカの学知の展開は，たがいにまったく無関係であったの
だろうか。

　冷戦であれ，熱戦であれ（今やサイバー戦争も），あらゆる形態の戦争が，学
知や技術の発展を促し，社会制度や政治の有り様をかたち作り，編成替えされ
ていった。プロパガンダをめぐる学知や技法も戦争によって「洗練」された。
そうであるならば，先述した問いの答えは今のところノーであろう。プロパガ
ンダ研究を含む（マス）コミュニケーション研究は，戦争という時代状況や技
術の「進歩」と，どのように結びつきながら展開していったのだろうか。そこ
に絡みついてる政治的な意味に積極的な関心を払いながら，コミュニケーショ
ンをめぐる学知の系譜を編み直していくこと。このことが，次に問うべき重要
な課題となろう。

参考文献

Heil, Jr., Alan L., 2003, *Voice of American, A History*, Columbia University Press.

Gary, Brett, 1996, Communication Research, the Rockefeller Foundation, and Mobilization for the War on Words, 1938-1944, *Journal of Communication*, 46(3) : 124-148.

Simpson, Christopher, 1996, *Science of Coercion : Communication Research and Psychological War fare 1945-1960*, Oxford University Press.

Rogers, Everett M., 1994, *A History of Communication Study-A Biographical Approach*, Free Press.

Jowett, Garth S. and O'Donnell, Victoria, 1992, *Propaganda and Persuasion*, Sage Publications.（＝1993，光晏訳『大衆操作──宗教から戦争まで』ジャパンタイムズ。）

Baines, Paul, Nicholas O'Shaughnessy, Nancy Snow, ed., 2019, *The Sage Handbook of Propaganda*.

Glander, Timothy, 2000, *Origins of Mass Communications Research during the American Cold War*, Routledge.

井川充雄，2002，「朝鮮戦争期におけるアメリカのプロパガンダ放送とNHK」『マス・コミュニケーション研究』(60)：78-91。

―――，2022，『帝国をつなぐ〈声〉――日本植民地時代の台湾ラジオ』ミネルヴァ書房。

貴志俊彦・川島真・孫安石編，2015，『戦争・ラジオ・記憶』増補改訂版，勉誠出版。

ケネス・オズグッド，2012，「アジア太平洋における政策とプロパガンダ――冷戦期におけるアメリカ心理戦の文脈」土屋由香・吉見俊哉編『占領する眼・占領する声――CIE/USIS映画とVOAラジオ』東京大学出版会。

小林聡明，2012，「冷戦期アジアにおけるVOAの展開と中継所の世界的配置」土屋由香，吉見俊哉編『占領する眼・占領する声――CIE/USIS映画とVOAラジオ』東京大学出版会。

―――，2017，「アジア太平洋地域における戦時情報局（OWI）プロパガンダ・ラジオ――朝鮮語放送の実態解明に向けた基礎的分析」『政経研究』54(2)：294-260。

佐藤卓己，2018，『現代メディア史』新版，岩波書店。

―――，2019，『ファシスト的公共性――総力戦体制のメディア学』岩波書店。

水越伸，1993，『メディアの生成――アメリカ・ラジオの動態史』同文舘出版。

吉見俊哉，2020，『メディア文化論――メディアを学ぶ人のための15話』有斐閣。

山本武利，2002，『ブラック・プロパガンダ――謀略のラジオ』岩波書店。

차재영，2020，「윌버 슈람의 한국전쟁 심리전 연구와 언론학의 제도화」，≪한국언론정보학보≫，제99호：275-297（＝2020，小林聡明監訳「ウィルバー・シュラムの朝鮮戦争心理戦研究とコミュニケーション研究の制度化」『ジャーナリズム＆メディア』No.15：59-78。）

曾虚白主編，1993，『中國新聞史　七版』三民書局。

第**4**章

日常に溶け込むマスメディア
——テレビの普及と効果研究の進展——

寶雪

1 テレビの歴史とマスコミュニケーション研究

　みなさんは最近，どんなテレビ番組を見ただろうか。近年は若者のテレビ離れが進んでいるため，読者の中にも普段はあまりテレビを見ないという人もいるだろう。しかし，2019年に行われた調査をみても，日本では全年代平均として平日に2時間半以上テレビが視聴されており，40代以上の人に限ってみれば，インターネットよりもテレビ視聴の時間が長くなっている（総務省 2020）。そのため，今でも多くの人にとってテレビは最もよく利用するメディア媒体の一つであり，日常生活において重要な情報源であるといえる。

　そんなテレビが世界で初めて放送されたのは1928年，アメリカの WGY 局が実験的にテレビ放送を行なっている。1935年にはドイツで世界初のテレビ定期放送が始まり，翌年ドイツで開催されたベルリンオリンピックはテレビ中継が初めて行われたオリンピックとして知られている。日本のテレビ史をみてみると，1953年2月1日に NHK が行った放送が始まりである。放送時間は今のように長いものではなく，午後2～9時のうち，2時間の休憩を挟んだたったの5時間という短いものであった。また，この記念すべき日に合わせて，放送を受信しようと契約していたのは900件足らずであった（日本放送協会 1955）。それもそのはず，当時のテレビ価格は大卒初任給の20倍以上もする代物であり，多くの人にとってテレビは家の中で楽しむというよりも，街頭に設置されたものをみんなで見るという時代であった（吉見 2012）。そんなテレビも，1950年代後半～60年代にかけて急速に日本の各家庭で普及していく。理由の一つに，

ちょうどこの時期，日本では戦後の高度経済成長が始まり，テレビは洗濯機や冷蔵庫とともに，「三種の神器」としてもてはやされていた背景がある。また，1959年の皇太子殿下ご成婚パレード中継や，1964年の東京オリンピックといった一大イベントも，家庭へのテレビの導入を後押しする材料となった。その結果，1958年には10％前後であった普及率は，1967年にはほぼ100％となり，テレビは一家に１台が所有するメディア機器となっていったのである。

　テレビ放送局に関しても，1953年8月に日本テレビが初の民間テレビ局の放送を始めたのを皮切りに，1960年までに TBS，テレビ朝日，フジテレビなどのキー局が続々と開局し，番組内容面も年を追うごとに充実していった。見る側の視聴時間も増加し，1960年に全日約１時間だったテレビの平均視聴時間は，1965年には平日で約３時間，日曜日では４時間近くにまで伸長した。対照的に，ラジオの聴取時間は1960年の１時間半から，1965年の30分と大幅に減少し，お茶の間を賑わす人気メディアがラジオからテレビに移り変わっていった様子がうかがえる（三宅 2014）。こうしたテレビの急速な普及は日本に限ったものではなく，欧米をはじめとした世界各地でも同時期に起きていた。例として，テレビ放送がいち早く始まったアメリカは，1950年代後半ですでに普及率が90％を超えたと言われている。まさに，1960年代はテレビがマスメディアの仲間入りを果たした時代だったといえる（吉見 2012）。

　こうしたテレビの台頭は，当時のマスコミュニケーション研究に実に大きな影響を及ぼした。1960年当時，マスコミュニケーション研究者の間では，マスメディアの社会的影響は限定的であるという「限定効果論」なるものが広く受け入れられていた。限定効果論というのは1940年頃まで主流であったメディアの「強力効果論」を見直す形で登場した考え方であり，ポール・F・ラザースフェルド（Paul Felix Lazarsfeld）らが行なった研究が発端となった。ラザースフェルドらは1940年の大統領選を対象に，新聞，雑誌，ラジオなどのマスメディアによる選挙キャンペーンが人びとの投票意思決定に及ぼす影響を検証しようと試みた。しかし，当初の予想に反して，マスメディアの報道によって投票意思決定をした人はほとんどいないことが示された（Lazarsfeld et al. 1948）。

その後も複数の類似研究で同様の結果が出てくる中で，メディアが私たちの態度や行動に与える影響はごく限定的であるという見方が多くの研究者に共有されるようになっていった。

　ところが，突如台頭したテレビが人びとの日常生活に確実に根付いていく様子を目の当たりにして，果たしてマスメディアの影響は限定効果論で言われているようなごく限られたものなのか，疑問に持つ研究者が出始めたのである。とくに，テレビがいち早く普及していたアメリカでは，多くの研究者がこのテレビの影響力に着眼した。彼らの熱意と時代の要請によって，新しい理論やモデルが次々と生み出されていったのである。本章では，その中から後のマスコミュニケーション研究にとくに大きな影響を及ぼした3つの理論について詳しくみていく。これらの理論がどのような時代的背景の中で生まれたのか。そしてこれらの理論を通して，テレビの影響力についてどのような新しい見方が生じたのかについて，まとめながら説明をしていく。

② ニュースの影響力
——議題設定理論——

　印刷革命によって新聞が誕生して以来，マスメディアは世の中の出来事を市民に伝えるという重要な社会的役割を担ってきた。テレビもそうしたマスメディアの役割を備えており，ニュース番組は放送当初よりテレビの主要なコンテンツの一つであった。とくに，テレビのニュース報道は映像を伴っていることから，わかりやすく親しみやすいという利点を持っており，これまであまりニュースに接してこなかった層に対しても広く情報を伝搬することを可能にした。例えば，1960年代中頃には今でいうワイドショーのような番組が登場しており，それまでのニュース番組が持っていた堅いイメージを覆し，主婦層から高い支持を得ることとなった（木下 2019）。また，60年代中頃には衛星中継が始まり，国内だけでなく，遠く離れた海外のニュースもテレビを通していち早く報じられるようになった。1969年にアメリカの宇宙船アポロ11号が月面着陸

した際には，その様子が世界に中継され，世界で6億人の人がリアルタイムで視聴したといわれている（吉見 2012）。

　一方，テレビのニュース報道が消費されていくことで，マスメディアのある役割が際立つようになっていった。それは，世の中で日々起きている膨大な出来事の中から，何をニュースとして取り上げるか，取捨選択をする役割である。こうした役割が生まれる背景には，ニュース制作側，そして受け手側双方の事情がある。例えば，ニュースの制作側にしてみれば，取材にはお金と時間を要するため，当然すべての出来事をニュースにするわけにはいかない。また，テレビでいえば放映時間，新聞でいえば紙面スペースに限りがあるため，例え取材できたとしても，枠に収まらずお蔵入りするニュースも当然出てきてしまう。受け手側にしても，仮にマスメディアが世の中で起きている事を全てニュースにできたとしても，それらを全て消費することはとうていできないし，そもそも全ての出来事を知りたいとも思わないだろう。そのため，日々起きている膨大な出来事の中から，市民として私たちが知っておくべき事柄をマスメディアは取捨選択しニュースとして届ける必要が出てくる。よくマスメディアはニュースの門番（ゲート・キーパー）と言われるが，その所以がここにある。

　では，マスメディアは実際にどんな基準で，何をどのように報道しているのだろうか。もちろん，社会にとって必要な情報を多種多様な立場で報道するというジャーナリズムの精神が一番に重要視される。しかし，テレビ局や新聞社の立場，またはジャーナリスト個人の信念が影響してしまうのも否めない。加えて，事業としての経営を持続させるには，読者や視聴者が気になっている話題に敏感になり，それらを積極的に報道せざるを得ないという事情もある。とくに民放テレビの場合，番組の間に挿入される広告が大きな収入源であるため，企業に番組のスポンサーになってもらうためには，視聴率の良い番組を作ることが必然的に重要となる。その結果，視聴者を引き付けられるのであれば，特定のニュースを大きく報道したり，特定の見方に偏った報道の仕方をしたりすることが否応無しにも生じてしまう。例えば，みなさんも何か社会的にインパクトのある出来事が起きると，テレビのニュース番組で朝から晩まで繰り返し

言及され，時にはそれが何日も続くことを目にしたことはあるだろう。最初は
さほど気にしなかった出来事でも，メディアで大きく報道されることで，あた
かもそれが今社会で注目すべき重要な事柄であると感じられる。このように，
世の中の出来事に対する私たちの関心の優先順位は，マスメディアの報道の仕
方によって変化する可能性があるといえる。

　上記のようなマスメディアの影響力について，1960年代に入る頃には研究者
も注目し始めていたが，それを検証する手法がなかなか見つけられず，研究者
たちは手をこまねいていた。そのようななか，突破口を開いたのが，当時アメリ
カのノースカロライナ大学にいたマックスウェル・マコームズ（Maxwell
McCombs）とドナルド・ショー（Donald Shaw）であった。彼らは，1968年のア
メリカ大統領選を題材に，マスメディアの報道が受け手の思う選挙の争点に対
してどのような影響を及ぼすか検証しようと試みた。彼らはまず，選挙戦の期
間中に，ノースカロライナ大学のあるチャペルヒルという町に住む住民100人
に対して面接調査を行い，今回の選挙において住民が重要だと思う争点が何で
あるかを明らかにした。同時に，この街で視聴できるテレビ局や手に入る新聞，
ニュース週刊誌を対象に，マスメディアが選挙戦について何を重点的に報道し
たかについて内容分析を行った。後にこれら２つの調査結果を比べてみると，
マスメディアが重点的に報道した争点と，住民が重要であると答えた争点が非
常に似通っていることが明らかになった（McCombs and Shaw 1972）。この１回
の研究にとどまらず，マコームズとショーは4年後にあたる1972年の大統領選
時にも，シャーロットという町にて再度同様の調査を行なった。今度は，200
名を超える参加者を対象に，複数回に亘ってデータを収集し，並行してマスメ
ディア報道の内容分析も合わせて複数回実施した。これらのデータを時系列に
そって分析した結果，マスメディアがある争点を重点的に報道していく中で，
住民もその争点を重要なものだと認識するという一連の過程がより詳しく示さ
れたのであった（Shaw and McCombs 1977）。これらの研究結果から，マコーム
ズとショーはマスメディアが意図しているかいないかにかかわらず，その報道
の仕方によっては，受け手が何を重要な争点として認知するかに影響をもたら

すと指摘し，これをマスメディアの議題設定機能と名付けたのである。

　この議題設定理論は，受け手の認知に着目していたという点において，当時の研究者の間に大きな反響をもたらした。それまで，例えば限定効果論が選挙報道が受け手の投票意思や投票行動に及ぼす影響に焦点をおいていたように，メディア効果研究の多くはメディアのメッセージが受け手の態度や行動変容に与える影響に注目したものであった。しかし，人間の態度や行動というのは多種多様な要因によって生成されており，自分はこうしたいと思っても，他人の反応や環境によってはなかなか態度を変えられない，行動に移せないといったことがある。そのため，仮にマスメディアが受け手の態度や行動に何らかの影響を与えていたとしても，それを抽出して提示するのは難しい作業であったといえる。これに対し，議題設定理論は態度の一歩手前である認知に焦点を当てたことが画期的であり，これにより，それまで見過ごされていたマスメディアの影響力について，新たな角度から考える必要性が提示されたといえる。

　また，その後の研究によって，マスメディアが人びとの認知に影響を与えることが，その先の態度や行動にも変化をもたらすと指摘されている（McCombs 2005）。例えば，増税に関する報道をする場合，どのような争点を際立たせて報じるかによって，私たちの増税に対する態度も変化しうる。増税によって一般家庭の家計が苦しくなるという点が重点的に報道されれば，増税はよくないという意見を持ちやすく，税収が増えることによって社会福祉が充実するという報道が多くなれば，増税を容認するような意見が形成されやすくなる。つまり，マスメディアは人びとの考えを直接に変えることはないが，社会として今どんな出来事が重要であるか，または何を争点にするべきかという議題を設定することで，世論や人を動かす可能性は十分にあるといえる。

　さて，ここまで議題設定理論がニュースの生産過程においてマスメディアが持つ情報の取捨選択の役割に着目していることを説明してきた。ただ，テレビは何もニュース番組だけを放送しているわけではない。例えば，ドラマやアニメもテレビの放送開始当初から主要なコンテンツとしてお茶の間に届けられていた。次の章では，このテレビドラマやアニメに関連した理論について見てい

くこととする。

③　テレビ番組が映し出す社会的現実
——培養効果理論——

　1960年代，マスコミュニケーション研究が発展する上で，重要な役割を果たしたのが，社会における暴力の蔓延という時代背景であった。当時，日本国内でいえば，日米安全保障条約に反対する安保闘争や大学紛争などが巻き起こり，デモ隊の行進や学生と警官の間で起きた武力衝突などのセンセーショナルな映像が連日テレビニュースを介してお茶の間に届けられた。同じ頃，アメリカも歴史的変動を迎えており，社会的に不安定な時期を経験していた。例えば，アメリカ国内では，長らく差別を受けていたアフリカ系アメリカ人達に白人と同等な権利を与えるべく，各地で公民権運動が起こっており，1960年代中頃にはそのピークを迎えた。また南北対立に揺れていたベトナムに対し，1965年から本格的に軍事介入をはじめたアメリカであったが，戦況が激化していくにつれて国内では反戦運動が巻き起こった。どちらの運動でも，都市部を中心に大規模なデモや暴動が起こり，その度に死傷者を出していた。社会に憎悪が渦巻く中，1963年に当時の大統領であるジョン・F・ケネディ（John Fitzgerald Kennedy）が暗殺され，1968年には公民権運動を主導していたマーティン・ルーサー・キング・ジュニア（Martin Luther King, Jr.）や大統領戦に出馬していたロバート・F・ケネディ（Robert Francis Kennedy）が標的となる暗殺事件も立て続けに起きた。こうした出来事はテレビをはじめとするマスメディアによって大々的に報道され，連日多くの市民の注目を集めていた。

　増加する暴力事件を前に，当時のアメリカ大統領であったリンドン・B・ジョンソン（Lyndon Baines Johnson）率いる政権は「暴力の原因と防止に関する全米委員会」を発足し，犯罪の抑制に乗り出す方へ舵を切った。具体的には法律の改正を行い，警察を対象とした訓練プログラムを作成するなど，治安の強化が試みられた。同時に委員会は治安悪化の根源を突き止めることが必要で

あると感じ，なぜ犯罪が引き起こされるのか，その社会的背景についても調査を行うことにした。その一つに，メディア，とりわけテレビ番組の暴力描写が与える社会的影響を探る調査も含まれていた。委員会は，「表現の自由」という名の下，暴力的なシーンがテレビドラマや子ども向けの番組にあふれていることを危惧していた。そして，実際にドラマにおいて暴力がどのように描写されているか，また暴力描写が視聴者にどのような影響を与えるのか，検証する必要があると感じていた。

　これら一連の調査を依頼されたのが当時アメリカのペンシルベニア大学で教鞭をとっていたジョージ・ガーブナー（George Gerbner）であった。ガーブナー率いる研究グループは，研究の第一歩として，そもそもテレビドラマにはどんな暴力描写があるのか，現状を把握することにした。そこで，1967～75年にかけて，アメリカの主要テレビ局（NBC，ABC，CBS）にて視聴率が高い時間帯（平日の午後8時～午後11時まで，そして子ども向けの番組が多く放送されている土曜と日曜の午前8時～午後2時の間）に放映されていたドラマやアニメ番組のうち，924番組を対象に内容分析を行った。ただ，全ての番組を分析すると膨大な数になってしまうため，各年の番組数が100前後になるようにサンプリングを行い，最終的924番組が分析対象として抽出され分析にかけられた。

　また，結果に客観性を持たせるため，ガーブナーらは最初に何が暴力に該当し，何が該当しないのか，誰が見てもわかるように「暴力」という概念を定義づけた。その定義とは「自己あるいは他者に対して表出された明白な物理的な力であり，傷を負ったり死ぬかもしれないという苦痛のため，自身の意志に反した行為を余儀なくさせるものであるか，あるいは実際に傷を負わせたり，死なせたりするもの」（水野 1991：280）であった。そして，抽出された番組の一つひとつを注意深く視聴しながら，上で定義されたような暴力描写が含まれているか，含まれていた場合にはどんな描写であったかをつぶさに記録していった。その結果，全体の約80％にあたる番組に何らかの暴力描写が含まれており，この比率は1967～1975年にかけて毎年同じように推移していたことがわかった。ここから，ガーブナーらは当時のアメリカのテレビドラマやアニメには暴力

シーンが繰り返し描写されていたこと，そして視聴者はかなりの確率で暴力描写を目にしていたことを結論づけたのである（Gerbner and Gross 1976）。

　次に，ガーブナーらは視聴者に対して質問紙調査を行い，暴力描写にさらされることで彼らがどんな影響を受けるかを探った。この調査では，まず参加者に1日どのくらいテレビを見ているのかを尋ね，この回答結果をもとに，平均視聴時間が1日4時間以上の人（重視聴者），そして2時間以下の人（軽視聴者）という2つのグループに参加者を分けた。次に，彼らに現実社会において実際に暴力に巻き込まれる確率がどのくらいあると思うかについて質問をした。その際，参加者には「10分の1」と「100分の1」という2つの選択肢を提示し，より正しいと思う方を選ばせた。実はこの2つの選択肢のうち，「100分の1」が実際の犯罪件数によって割り出されたものに近い回答であり，「10分の1」はテレビ番組の中に占める暴力描写数の割合に似通った答えであった。そして，この質問の結果と先ほどのテレビ視聴時間の結果をかけあわせて，重視聴者と軽視聴者の間に，どのくらい回答の違いがあるかを比較した。結果は，「10分の1」と答えた人の割合が軽視聴者グループでは39％だったのに対し，重視聴者では52％と高く，テレビの長時間視聴者ほど現実に暴力犯罪が起こっている割合を過剰に見積もる傾向が見られた。

　さらに，ガーブナーらは参加者に「他者を信頼できますか」という質問もしており，この質問に対して「用心に越したことはない」と答えた割合が軽視聴者グループでは48％だったのに対し，重視聴者グループは65％となっていた。ここから，テレビ番組の視聴を通して暴力描写に繰り返し晒されることで，他者に対する不信感が形成され，社会全体に対して不安を抱いてしまうことが示唆された（Gerbner and Gross 1976）。つまり，テレビ番組に繰り返し触れることによって，視聴者の頭の中ではテレビ寄りの現実が潜在的に培われていったといえる。ガーブナーはこうしたテレビの効果を「培養効果」と名づけ，暴力に対してテレビ寄りの現実が培養された結果，視聴者の社会全体に対する信頼が下がる現象を「冷たい世の中症候群」と呼んだのである（Gerbner et al. 1980）。

　ガーブナーらの研究は主にアメリカのテレビ番組を対象にしていたが，同様

の結果は日本のテレビ番組でも明らかになっている。例えば，1977〜99年にかけて行われた複数の調査結果では，平均として全体の約80％のテレビドラマや幼児向け番組に暴力描写が含まれており，多い時では90％を超えていることが分かっている。その後，1990年代後半から，日本の放送業界では青少年への影響を配慮し暴力表現の自主規制が始まるが，それでも60％以上の番組が暴力描写を含んでいるという現状がある（西別府・岩男 2006）。さらに，日本の参加者を対象にした培養効果の研究においても，テレビをよく見る人はそうでない人に比べて，暴力犯罪数を高く見積もるという結果も報告されている（中村 1999）。こうした研究結果から，暴力描写が長年にわたって普遍的な表現として日本のテレビドラマに根付いていること，そしてテレビの培養効果が日本の環境においても当てはまることが伺える。

　また，培養効果理論はその後，女性の役割やマイノリティのイメージなど，暴力以外の問題にも応用され研究されるようになっていく（Signorielli and Morgan 1990）。例として，日本のテレビ番組では高齢者が主要人物として描かれる割合が，実際の人口比率と比べた際に極端に少ない。大した問題ではないようにも思えるが，こうしたテレビ描写に繰り返しさらされることで，高齢者も社会における重要な構成員という認識を持ちにくくなり，彼らを軽視するようになる可能性もあると指摘されている（西別府・岩男 2006）。

　当時のメディア効果研究の中において，培養効果理論もまた新しい切り口の研究として注目を集めた。とくに，それまで多くの研究がメディアから発せられるメッセージの即時的，ないし数ヶ月に亘る短期的な効果に着目していたのに対し，培養効果は長期的なタイムスパンでマスメディアの潜在的な影響を捉えようとした理論であったことから，他の研究と一線を画していたといえる。さらに，ガーブナーは培養効果理論を通してテレビが果たす社会的な機能についても考察しているが，これも示唆に富むものであった。ガーブナーによれば，テレビの長時間視聴は時として異なる集団間で見られる異なる見解を収束させる機能を持つという。例えば，もともと政治的信念や社会経済的階級が異なる集団であっても，テレビを重視聴することによって，政治的な立場や自分の社

会的な地位について，似通ったような意見を持つようになることがある（Gerbner et al. 1982）。ガーブナーはこのようなテレビの効果を「主流形成」と呼び，培養効果の主要な現象の一つであると位置付けている。異集団の見解の収束が社会にとってプラスに働くのか，それともマイナスに働くのか，一概には結論づけられない問題である。しかし，さまざまな人種や立場の人が混在し，対立していた当時のアメリカ社会においては，ある程度のコンセンサスを形成する上でテレビが重要な役割を果たしていたとも考えられる。こうしてみると，培養効果理論は，テレビが存在感を増していった時代に，テレビが担っていた文化的，そして社会的役割を明らかにした理論であり，大きな功績を残したといえる。

[4] マスメディアによる知識の伝搬
——知識ギャップ仮説——

　ここまで議題設定機能と培養効果研究を見てきたが，最後のトピックとして1970年代に登場した知識ギャップ仮説を取り上げたい。いうまでもないが，私たちは社会で生きていく上で，多くの知識を必要とする。例えば，買い物一つするにしても，学校で教わった読み書きや計算の基礎的な知識が必要となる。また，知っているか否かで，生活の豊かさに影響するような知識もある。日々の暮らしで困ったことがあった時に頼れるサービスや行政機関は何か，経済の動向はどうなっているのか，今社会でどんな問題が議論されているのか。こうした知識はあまり必要でないと思われるが，知っていることによって，いざという時の手助けを得られたり，新しいビジネスチャンスを手にできたりする。しかし，多くの場合，皆が平等に知識を得られるわけではない。知りたくても経済的な事情から情報にアクセスできない，そもそも教育レベルが低いために情報を理解できないといったことが実際には起きてしまう。すなわち，自分が置かれている社会経済的な地位やこれまで受けてきた教育レベルの違いによって，得られる知識の量や質に差が出てきてしまう。そして，こうした差が広

がっていけば，もともと持っていた社会経済的な地位がさらに強化されることも十分に考えられる。

　長い間，マスコミュニケーション研究者の間では，社会における知識の不平等を解消する上でマスメディアは一定の貢献ができると考えられていた。なぜなら，マスメディアは社会に溢れている情報を整理し，時には一部の人が独占している情報を社会の大多数の人に向けて発信しているからである。しかし，そうした楽観論は1970年代に出てきた知識ギャップ仮説によって打ち砕かれることとなる。知識ギャップ仮説とは，マスメディアが社会への情報注入を増加すればするほど，結果として社会経済的地位の高い層と低い層の間に知識の差が生まれてしまうことを指摘した理論である。これを最初に提唱したのは，当時アメリカのミネソタ大学にいたフィリップ・ティチェナー（Phillip J. Tichenor）らであった。彼らによれば，新聞に代表されるプリント・メディアは社会の公的な事柄や科学的な知識を伝播する上で大きな役割を果たしている一方で，社会経済的地位の高い人により好まれるという特徴を持っているという。これは新聞を見るのにはお金を支払わなければならないことに加え，内容を理解する上である程度の教育レベルを必要とされるためである。結果として，社会経済的地位が高い人と低い人たちの間にプリント・メディアに接触する頻度の差が生じてしまい，二者間の得られる知識量にギャップが生まれてしまうのである。

　この知識ギャップ仮説を裏付けるため，ティチェナーらは論文の中で，アメリカ世論研究所がアメリカ全土に対して毎年行っていた調査の結果を例として紹介している。1949〜65年にかけて行われた調査では，近い将来に人類が月に到達する確率を見積もる問題が含まれていた。当時，アメリカは宇宙開発の分野でソ連としのぎを削っており，新聞各社も宇宙開発に関する科学記事をこぞって掲載していた。そのため，新聞に多く接触していた人達とそうでない人達の間には，月面着陸の実現可能性について認識の差が生じるであろうとティチェナーらは考えた。そこで，ティチェナーらは社会経済的地位を表す指標として教育レベルに着目し，参加者を大学卒，高校卒，小学校卒の3つのグループにわけた。そのうえで，それぞれのグループが平均として有人月面着陸成功

の可能性を何パーセントと見積もったか，その推移を5，6年の間隔で分析した。

　結果は，まさにティチェナーらがたてた知識ギャップ仮説を裏付けるようなものであった。1949年の時点では，大学卒と小学校卒のグループは両方とも成功する確率を15％前後と回答していたが，年を追うごとに両者の間に差が広がり，1965年にはその差が40％を超えていた。実際，その4年後の1969年には宇宙飛行士を乗せたアポロ11号が月面着陸し，アメリカは有人月面着陸を成功させており，社会経済的地位の高い人は低い人に比べ，より早い時期に的確にこの社会的出来事を予測できたといえる。新聞への接触頻度の違いが，両者の知識差を広げた唯一の要因とは考えにくいが，当時の新聞の役割を考えると，何かしらの影響を与えていたことは想像に難くない。そして，ティチェナーらは，この有人月面着陸以外にも，いくつかの例をあげ，マスメディアが社会への情報注入を増加すればするほど，結果として社会経済的地位の高い層と低い層の間に知識の差が生まれてしまうことを裏付けていったのである（Tichenor et al. 1970）。

　さて，ここで注目して欲しいのは，ティチェナーらの研究において，知識ギャップを広げるマスメディアは新聞などのプリント・メディアであり，テレビはそこに含まれていなかった点である。なぜなら，1960年代のアメリカでは，テレビ保有率が既に90％を超えており，テレビはどの家でもアクセスしやすいメディアであったからである。また，映像と音声によって構成されたテレビ番組は新聞よりも理解されやすいという特徴があったため，テレビはむしろ知識ギャップを解消してくれるとティチェナーらは予測していた（Tichenor et al. 1970）。では，テレビは実際に知識ギャップを緩和させる働きを持つのだろうか。これに関しては，トーマス・D・クック（Thomas D. Cook）らが行ったセサミ・ストリート（Sesame Street）の研究が有名である（Cook et al. 1975）。

　セサミ・ストリートは1969年にアメリカで始まった幼児向けの教育番組である。マペット達が主人公として登場するこの番組には，歌や踊り，クイズなどが織り交ぜられており，子ども達が楽しみながら基本的な読み書き能力を身に

つけられるよう構成されている。放映当時から人気を博し，2022年の現在でもアメリカでは継続的に放送されているいわば長寿番組である。アメリカ国内だけでなく，さまざまな国でも放映された実績を持っており，日本でも1971年から NHK などで一時期放送されていた期間がある。本書の読者やその親世代で実際に視聴したことがある人もいるのではないだろうか。

　実は，この番組は当初，アメリカ政府の教育政策として制作されたという経緯がある。当時のアメリカでは人種や階級間で広がる教育格差が社会問題となっており，知識の平等化をどのように実現すべきか政府主導でさまざまな政策が打ち出されていた。その一つが，一般家庭に広く普及していたテレビを活用するという案であった。その頃，貧困家庭の子どもは小学校に上がるまで適切な教育を受けられず，幼児教育を受けられる裕福な家庭に比べると，義務教育のスタート時点からハンディを抱えていた。そうした子どもに事前にアルファベットや数字に慣れ親しんでもらえるようにと制作されたのがこのセサミ・ストリートであった。番組制作においては，当初より教育の専門家も積極的に関与し，どうしたら子どもが飽きずに学べるか，さまざまな試行錯誤が施され，その制作には多くの税金も投入された。そのため，番組の教育効果，とくに貧困家庭の子どもに対して期待通りの教育効果が得られるか，大きな関心が寄せられていた。

　ところが，放送後に行われたクックらの調査では，思いもよらぬ結果が示唆された。確かに番組を視聴することによって貧困家庭の子どもの学力は向上したが，それ以上に，番組を視聴していた社会経済的地位が高い家庭の子どもの方が，学力がより高く向上していたのだ。理由として，年収や学歴が高い親を持つ家庭ほど，子どもに番組を継続的に視聴させる傾向があり，こうした継続的な視聴が学習効果を最大限に引き出していたと考えられる（Cook et al. 1975）。ただ，どんな理由であっても，教育格差を埋めるべく計画されたテレビ番組が，逆にその格差を広げてしまうという憂慮すべき問題がこの調査によって浮き彫りになったのは明らかだろう。私たちは皆平等に情報にアクセスできたとしても，どのくらいの頻度でアクセスするのか，また得られた情報から何を学び取

るかは周りの環境や教育レベルによって異なってしまう。そのため，メディア
を介して平等に情報を与えるだけでは知識ギャップが簡単に改善されないこと，
それによって，既存の社会的な階級構造が再生産されてしまうことは頭にとど
めておく必要があるといえよう。

　知識ギャップ仮説はその後もさまざまなトピックに当てはめられ，世界各国
で検証されている。大半の研究が知識ギャップ仮説を裏付けるような結果と
なっているが，中には異なる結果が出ている場合もある。例えば，健康に関す
るトピックは，初期には知識ギャップが広がるが，時間が経つにつれてその
ギャップは縮まる傾向が見られる。さらに，個人のモチベーションや注意力，
交友関係といったものも情報にどれだけ接触するかに関わっており，こうした
要因は知識ギャップを縮める役割を果たすと示唆する研究もある（Gaziano
2017）。こうしてみると，マスメディアの社会への高度な情報注入がいついか
なる時でも知識ギャップを広げてしまうとは言い難い。セサミ・ストリートの
例も，期待していた結果とはならなかったものの，テレビを用いてこうした階
級構造を少しでも崩そうとしていた点では，大いに評価すべき試みであったと
いえる。今後も，社会をより良くするために，マスメディアをどのように生か
していくべきか，重要な課題として考えていく必要がある。

⑤　テレビの台頭が前進させたメディア効果研究

　本章では，1960年代前後に台頭したテレビというメディアが，当時の社会で
どのように消費され，そしてその裏でどんなマスコミュニケーション研究の理
論が確立されていったかについて紹介してきた。当時の市民にとって，お茶の
間で手軽に楽しむことができたテレビは，まさに「神器」だったといっても過
言ではない。一方で，市民生活の中で存在感を増していくテレビは，当時の研
究者たちにメディアが持つ影響力を再認識させる機会を与えたといえる。そし
て，その影響力を多面的にとらえようと研究者の間でさまざまなアイデアや試
みがうまれ，本章で紹介したような3つの理論が誕生するに至ったのである。

これらの理論は，その内容や着眼する問題点こそ違えど，新しいアプローチでメディアの社会的影響を明らかにしようと点では一致している。整理してみると，それまでの研究が受け手の態度と行動に及ぼす即時的で表面的なメディアの影響に焦点を当ててきたのに対し，議題設定機能はメディアが受け手の認知に与える影響，そして培養効果理論と知識ギャップ仮説はメディアの長期的で潜在的，蓄積的な影響に着眼していたといえる。こうした新しい視点によって，学術界ではマスメディアの影響力が見直され，限定効果論から新強力効果論へと新たなパラダイムシフトが起こったのである。また，本章で紹介したこの 3 つの理論はどれも当時の社会問題に根ざしていたということも最後に強調しておきたい。例えば，培養効果理論は社会に蔓延する暴力の問題，知識ギャップ仮説は社会経済的地位によって生まれる不平等に切り込んだ研究だと言える。議題設定理論は，他の 2 つと比べて少しわかりづらいが，メディアの報道が受け手の公共的争点の優先順位に及ぼす影響を探っているという点では，民主主義社会の運営全体に関わるテーマだったとも捉えられる。

　さて，冒頭でも触れたように，近年は若者をはじめとしたテレビ離れが進み，代わりにネットメディアの人気が高まっている。本格的にネットメディア時代に突入したことで，テレビの時代に生まれたこの 3 つの理論に関して，今また新たな議論が巻き起こっている。例えば，ネットメディアのコンテンツは内容と量の両面において実に豊富であり，使い手は自分の知りたい情報を主体的に取りに行くという特徴がある。こうした環境下において，メディアはまだ議題設定機能や培養効果を持っているといえるのだろうか。さらに，市民の間にパソコンやネットに関する知識差，いわゆるデジタルデバイドが起きている中で，知識ギャップは今後どのような広がりを見せていくのか，みなさんにもぜひ考えていただきたい。テレビの台頭がマスコミュニケーション研究に新しい風を吹き込んだように，新しく台頭するメディアもきっとまたマスコミュニケーション研究を前進させていくに違いない。テレビの時代に生まれた理論が今後どのような展開を辿るのか，実に楽しみである。

参考文献

Cook, Thomas D., Hilary Appleton, Ross F. Conner, Ann Shaffer, Gary Tamkin and Stephen J. Weber, 1975, *"Sesame Street" Revisited*, Russell Sage Foundation.

Gaziano, Cecilie, 2017, *"Knowledge Gap: History and Development,"* Patrick Roessler ed., *The International Encyclopedia of Media Effects*, Hoboken, Wiley Blackwell: 1-12.

Gerbner, George and Larry Gross, 1976, "Living with Television: The Violence Profile," *Journal of Communication*, 26(2): 172-99.

Gerbner, George, Larry Gross, Michael Morgan and Nancy Signorielli, 1980, "The 'Mainstreaming' of America: Violence Profile No. 11," *Journal of Communication*, 30(3): 10-29.

—————, 1982, "Charting the Mainstream: Television's Contributions to Political Orientations," *Journal of Communication*, 32(2): 100-27.

McCombs, Maxwell, 2005, "A Look at Agenda-Setting: Past, Present and Future," *Journalism Studies*, 6(4): 543-57.

McCombs, Maxwell and Donald L. Shaw, 1972, "The Agenda-Setting Function of Mass Media," *Public Opinion Quarterly*, 36(2): 176-87.

Lazarsfeld, Paul. F., Bernard Berelson and Hazel Gaudet, 1948, *The People's Choice: How the Voter Makes Up His Mind in a Presidential Campaign*, Columbia University Press.

Signorielli, Nancy and Michael Morgan, 1990, *Cultivation Analysis; New Directions in Media Effects Research*, Newbury Park, California: Sage Publications.

Shaw, Donald L. and Maxwell McCombs, 1977, *The Emergence of American Political Issues*, St Paul. MN: West Publishing Company.

Tichenor, Phillip J., George A. Donouhue and Clarice N. Olien, 1970, "Mass Media Flow and Differential Growth in Knowledge," *Public Opinion Quarterly*, 34(2): 159-70.

木下浩一, 2019,「テレビにおけるソフトニュースの原型——1960年代の日本教育テレビのニュースショー」『社会情報学』8(2): 125-41。

総務省, 2020,「情報通信白書令和2年版」, (2022年8月19日取得, https://www.soumu.go.jp/johotsusintokei/whitepaper/ja/r02/html/nd252510.html)。

中村功, 1999,「テレビにおける暴力——その実態と培養効果」『マス・コミュニケーション研究』55: 186-201。

日本放送出版協会編, 2002,『放送の20世紀——ラジオからテレビ, そして多メディ

アへ』日本放送出版協会。

西別府厚子・岩男壽美子，2006，「テレビドラマの社会心理学的研究――内容分析を中心として」『武蔵工業大学環境情報学部紀要』7：79-89。

水野博介，1991，「文化指標研究と涵養効果分析――そのアイデア・発展・現状と評価」『新聞学評論』40：274-90。

三宅惠子，2014，「誕生から60年を経たテレビ視聴」『NHK 放送文化研究所年報』56：7-44。

吉見俊哉，2012，『メディア文化論――メディアを学ぶ人のための15話』改訂版，有斐閣。

第5章
インターネットがもたらした社会変革

木村忠正

① ストレンジャーシェイミング

「ストレンジャーシェイミング」という言葉を聞いたことがあるだろうか。シェイミング（shaming）というのは「辱める」「晒す」「揶揄する」といった意味で，「ストレンジャーシェイミング」とは，不快に感じた見知らぬ他人（ストレンジャー）の行動・様子を写真にとり，ソーシャルメディアに投稿してバッシングする現象を言う（ほかにも，ボディシェイミング（体型の揶揄）など社会問題として認識されるようになっている）。例えば，2019年6月，アメリカジョージア州のある街で，ホームレスの男性がマクドナルド店内のソファで寝そべっていた。これに怒った人が店員に訴えたが，いつもそんなものだと返されてしまい，この人は，ホームレスの人が寝そべる様子を写真にとって，「これでこの街を出る理由がまた一つ増えた」と Facebook に投稿したのである（BBCニュース 2019）。ところが面白いのは，投稿したことによりその男性が小さな男の子を抱え，二つの仕事の間で休憩の為軽食をとって寝ていたことが，ソーシャルメディアを介して判明した。そこで，この男性に対する理解も起こり，地元で寄付する人びとが現れ，彼は車のローンを組むことなど，新しくやり直すチャンスが与えられたのである。

このように，「ソーシャルメディア」は，一方で，ストレンジャーシェイミングといった行動に人びとを駆り立てながら，他方で，人びとのつながりを生み出し，協力を促す。本書の読者にとって，LINE，Twitter，Instagram，YouTube などのソーシャルメディアは，日常生活で不可欠なメディアであり，

「ストレンジャーシェイミング」という言葉を聞いたことがなかったとしても，こうしたホームレスを巡る人びとの言動を比較的容易に理解することができるだろう。

② インターネットの発展とインターネット研究の展開

　インターネットは，1969年に，その原型となるネットワークが構築，運用開始され，冷戦期，軍事，学術関係に利用が限定されていた。その後，冷戦崩壊を契機とし，商用利用への制限が1990年代前半緩和され，1995年には撤廃される。他方，商用化への動きと並行し，WWW（ワールド・ワイド・ウェブ）規格（1991年），ウェブ閲覧ソフト（ブラウザ）（1992年，Lynx）が開発され，ウェブ関連技術が急速に発展することで，完全商用化以降，インターネットが文字通り爆発的に普及することとなった。

　とくに，1990年代半ばから，スマートフォン，5G へとつながるモバイル技術の革新が目覚ましく，インターネットとモバイルのダイナミックな継起的技術革新と社会的普及が世界規模で進展してきた。ここで表5.1を見てみよう。表にある現象，概念，用語は，1990年代以降，インターネットの日常生活への浸透とともに初めて生み出され，展開してきたものである。わずかここ30年程度の間に，インターネットが，個人ならびに集合的心理・行動，対人関係，知的生産，法制度，経済活動，政治的言動など，社会の広範な領域において，多様な変化を引き起こしてきたことが分かる。

　こうした変化は，アナログメディアで形成されていた生活空間から，デジタルネットワークメディアで形成される生活空間へという，人類史的にみても巨大な社会変動と捉えることができ，グローバルなインターネットの爆発的普及とともに「インターネット研究（Internet Studies）」という学際領域（理工系，人文社会系の多様な学術領域が関与する複合領域）が形成されてきた。

　インターネット研究は，あまりに広大な領域であり，日本語による初学者向けの包括的な入門書は見出し難い。英語文献としては，ミア・コンサルヴォと

表 5.1　インターネットの社会への広範な影響

社会（心理）現象・文化現象	ネット（スマホ）中毒，フラッシュモブ，バカッター，ネット炎上，ネット私刑，スネイク，荒らし，匂わせ投稿，インスタ映え，オン友・リア友，リア充，ネット集合知・共有知，グリッド・コンピューティング，バルス現象，ポスト真実…
法制度	忘れられる権利，EU 一般データ保護規則（GDPR），仮想通貨，不正アクセス，サイバー犯罪，公衆送信権，電子契約法，プロバイダー責任法，ネットワーク中立性…
政治・行政・国際	地域 SNS，電子政府，電子市民会議室，パブリック・コメント，オンライン署名（ネット請願），ネット選挙，ネティズン（ネットワーク・シティズン），ネット世論，フェイクニュース，ミドルメディア，サイバー戦争，ウィキリークス…
産業・経済活動	電子商取引，オンラインショッピング，バーコード決済，クラウドファンディング，テレワーク，インフルエンサーマーケティング，ステマ（ステルス・マーケティング），マイクロターゲティング，ビットコイン（仮想通貨），ブロックチェーン，NFT（非代替性トークン）…

（出典）　筆者作成。

チャールズ・エスによる共編著（Consalvo and Ess eds. 2011），ウィリアム・ダットンによる編著（Dutton ed. 2013）が，社会科学・人文科学分野における2000年代までのインターネット研究について，かなり広範な研究主題を網羅しており，法学，経済学，政治学，工学など多様な専門領域が関与していることがよく分かる。

　他の専門分野が，それぞれ固有の専門領域に閉じる傾向が強いのに対して，社会学は，複雑で多岐に分化した現代社会を，科学技術や自然環境との関係まで含め，多次元かつ複合的に分析する視座と方法を擁している。メディア社会学は，「メディア」を「社会学」の観点から研究する（「メディア」の社会学）とともに，現代社会をメディア社会として捉え，探究する（「メディア社会」の学）学術的活動である。インターネット研究においても，「インターネット」の社会学的研究，「ネット社会」研究，両面において，メディア社会学的調査研究が積極的に展開されてきた。

　そこで，本章では，インターネットと社会との関係を考える上で重要な「技

術決定論」と「社会決定論」の観点をまず紹介する。そして，インターネット社会学が対象とする広大な沃野を示し，その一端として，筆者自身が取り組んでいる「デジタルネイティブ」論の一部を読者と共有したい。なお，本書執筆者にも，インターネット研究として先進的なメディア社会学的研究に取り組まれている研究者が多いので，是非各自で調べてみてほしい。

③　技術決定論・社会決定論・関係主義

　技術革新について，インターネットに限らず，メディア社会学的アプローチを考える上で，重要なのは，「技術決定論」と「社会決定論」という2つの観点である。「スマホ（ゲーム）を長時間使うと成績が低下する」「ソーシャルメディアが独裁体制を覆す」「ネットは社会の分極化，分断を促進する」といった「技術決定論」的言説，論理は，社会に流布しており，筆者も含め私たち自身，その引力から逃れることは容易ではない。

　しかし，技術はそもそもヒトが意図をもって開発するものであり，具体的な製品，サービスとして社会に流通するに至る過程を考えれば，社会が作るものである。例えば，ソーシャルメディアの大きな技術的基盤の一つである匿名通信，暗号通信技術が開発，普及する過程を考えれば，基盤となる数理，物理現象，法則が，それ自体「匿名」「暗号」という特性を持っているわけではない。電子商取引を拡大したいビジネス，市民の通信の自由を追求し，個々人が容易に利用可能な高度な暗号を開発し普及させようとする研究者・活動家，安全保障の観点から暗号技術をコントロールしようとする政府などの異なる利害をもった諸主体が，数理現象を意味づけ，技術として具体化して，利用についてルール，規範，法制度化する。つまり，技術は一旦確立すると所与とみなされる（「closure（収束，閉鎖）」「ブラックボックス化」とも呼ばれる）が，その確立に至る発展過程では，多様な利害を持った人びとが，技術への意味づけ，機能や効果を模索し，利害衝突を繰り返す中で，技術が具体的に構成され，消長が起きる。こうした理論的立場を，「社会決定論」（「技術の社会的構成（SCOT：

Social construction of technology)」アプローチ）と呼ぶことができる。

　とはいえ，技術が完全に社会に還元されるわけではない。「暗号化技術」は，数理，コンピューター，ヒト，それぞれの存在が互いに関係しあうことで属性が顕現する。つまり，頑強な物理的実在と物性は私たちとの関係の中で立ち現れる。このような「関係主義」の観点から，メディアと社会との関係を考えることは，メディアの新規性に目を奪われ，単純な技術決定論に陥らないために重要である。例えば，2016年アメリカ大統領選挙を契機として，ネット（とりわけソーシャルメディア）でのフェイクニュース，世論操作，社会的分断が，社会的にも，学術的にも大きな関心を集めるようになった。しかし，人類社会では，権力を巡る争いにおいて，社会的分断，内集団・外集団の差異を強調し，凝集力，求心力を高めようとする。その過程で，プロパガンダ，情報操作はつねに存在し，印刷出版物，無線・ラジオ，テレビなどメディア技術が重要な役割を果たしてきた。

　したがって，ソーシャルメディアという技術が，必然的にフェイクニュースを拡散し，世論操作の道具となり，社会的分断を促進するわけではない。隠された事実を暴露もできれば，虚偽情報をファクトチェックし，カウンター情報を積極的に発信したり，対立する立場を対話させることも可能である。問題は，虚偽，分断の意図をもって新たなメディアを利用する人びとが存在し，その術中に嵌る人びとがいることなのだ。

　このように考えると，メディア技術は触媒であり，多様な人びとがさまざまな意図，嗜好をもってメディアに接することで，多種多様な社会的現象が起きる。アメリカ大統領選挙についていえば，マイクロターゲティング（ネット上の行動履歴から潜在的支持者をふるい分け，政治的関心を分析し，個別に働きかける）は，ネットとヒトが関係することで顕現する特性である。マイクロターゲティングが，誰にどのように利用され，いかなる人びとがどう影響されるのか（正負を問わず）をきめ細かく分析することが学術的研究に求められている。

　このように，インターネットと社会との関係を考える際には，単純な技術決定論に陥るリスクに留意し，関係主義的観点が重要であることを読者と共有し

ておきたい。

4　インターネットコミュニケーション研究を
構成する次元と要素

インターネットコミュニケーション研究

　本節では，インターネット社会研究が，いかに多層的，複合的であるかを示し，日常生活で当たり前に接しているインターネットについて，反省的に考える機会と視点を提供したい。もちろん，表5.1にまとめたように，インターネット社会研究は，多様な専門領域が複合的に関係する広大な領域であり，一研究者がインターネット社会研究を包括的に俯瞰することは不可能である。そこで，ここでは，ヒトを介さないインターネットまで対象を広げず，ヒトとインターネットとの関係，インターネット上でのヒトの行動についての研究について，筆者自身の専門であるメディア・コミュニケーション研究を例にとる形で，インターネット社会研究の多層性，複合性の一端を伝えることを試みたい。なお，インターネットコミュニケーションに関心を持ってくれた読者には，三浦ほか編（2009），Wallace（2015 = 2018），Baym（2015），木村（2018）（とくに第1章・第2章）などをさらに手に取り，理解を深めて欲しい。

　さて，ヒトが介在するインターネットコミュニケーションを考える上で重要なのは，(1)ミクロ―マクロ次元における研究対象の水準と，(2)物理的（リアル）存在・論理的（ヴァーチュアル）存在というネット利用主体の様相区分とその区分が関与する問題群である。

ミクロ―マクロ次元

　インターネットに限らず，メディア・コミュニケーションは，ネット依存のような個体レベルから，サイバー戦争のような国際・グローバルレベルまで，異なる水準で，さまざまな現象，課題を生み出す。ネットコミュニケーションの場合，ミクロ―マクロ次元は大きく，個人―二者関係―集団―文化・社会―

国際・グローバルの 5 水準に区分することができる。

　個人レベルでは，インターネットに関連する機器，サービスなどの情報行動（どんな機器やサービスを，どのような個人が，いかに利用するか），インターネット利用にともなう社会心理（依存，孤独感，ソーシャルスキル，承認欲求，バカッターなど）等が研究対象として挙げられる。例えば，現実の社会空間におけるコミュニケーションは，相手の様子を読み取り，即時的，臨機応変な対応が求められる。そうしたコミュニケーションが苦手な個人の場合，ネットでは，即時性，即興性をある程度回避できる場合も多く，対人関係を形成しやすくなる可能性（社会的補償（social compensation））が指摘される。他方，コミュニケーション能力の高い個人が，ネット利用によって，人間関係をさらに豊かにする（富者富裕）との研究もある。ネット利用の仕方と個人への影響は複雑であり，ネットサービス自体の進化も含め，探究する必要がある。

　二者関係においても，ネットでの対人間コミュニケーションは，自己呈示，自己開示，印象形成，印象操作，信頼醸成など，現実の社会空間とは異なる側面がある。例えば，ヒトは，見知らぬネット上の他者に対して，匿名であるがゆえに，きわめて個人的で秘匿的な情報を開示する場合がある。ネット上の口コミとの関係（口コミする未知の他者を私たちはどのように受け取るのか），アカウントをフォローする行動なども二者関係として興味深い。また，ネット上で，関係がいかに形成され，維持，発展し，どのように終焉するのか，そこでの関与者たちの行動，態度，意識なども研究対象として重要である。

　集団レベルでは，より一層多様な現象がみられる。ネットで不特定多数に呼びかけた日時，場所に有志が集まり，パフォーマンスを即興で行い解散するフラッシュモブ，ネット署名（請願）のような社会運動，Wikipedia のような知識共有活動，クラウドファンディング，グリッド・コンピューティング，バルス現象などのネットワークを介した不特定多数の協働，電子掲示板，SNS のフレンド，フォロー・フォロワー関係などでのヴァーチャル・コミュニティ（クラスター）形成，ホームページやブログのリンク関係，ネット炎上，二次創作活動，デマ・フェイクニュースの拡散，社会の分断（集団分極化），エコー

チェンバー現象，インフルエンサーマーケティングなど，さまざまな領域で，高い新規性を持った集合的現象が生起する。また，集団レベルの場合，組織コミュニケーションも一つ大きな焦点である。組織内での情報共有，課題遂行，意思決定など，組織におけるコミュニケーションのダイナミズムは，実務上の重要性もあり，活発な研究活動が見られる。

　さらに，社会文化レベルで，ネットコミュニケーションに大きな差異が見られる。例えば，Facebook，Twitter，Instagram など SNS は，グローバルに展開される基本的に同一のサービスだが，自己開示，友だち数，投稿内容など，具体的な利用法をみると，社会文化毎の違いが顕著である。例えばアメリカ社会の場合，人間関係を拡大することに意味があり，Facebook の利用率が高く，実名，顔写真など多くの自己情報を，未知の他者にも公開する。

　他方，日本社会の場合，現実社会で既知のネットワークが重要であり，LINE のように既知の人びととオンラインでも交流するサービスが最も利用率が高く，SNS で自己情報を開示することに抵抗感が強いため，Facebook はビジネスパーソンの利用が相対的に多い。反面，30代以下では，Twitter がFacebook 以上に積極的に利用されるが，ほとんど自己情報を開示せず，趣味，個人的関心にもとづいた情報収集，日常のつぶやき，匿名他者との交流手段が中心となっている。Twitter は，2013年10月株式上場時のデータによれば，1日平均全世界で 5 億ツイートだが，言語別でのツイート数は，1 位英語（34％）に次いで，2 位は日本語で16％，鍵無しツイートだけでも5000万以上のツイートが日々呟かれており（3 位スペイン語12％），母語話者数を考えると，日本語の存在感は際立っている。Wikipedia での記事項目や編集頻度，ネット炎上，フェイクニュースなど集団レベルの現象も，社会文化毎に生起する割合，頻度，様態，対応などは異なっており，社会文化比較の観点も重要である。

　社会文化的多様性がある一方，インターネットは，国際化・グローバル化のプラットフォームとして大きな役割を果たしている。現代社会においてインターネットが不可欠となり，社会に深く浸透するに伴い，監視社会，コミュニケーション資本主義，リバタリアン・パターナリズムなど，現代社会をマクロ

に捉える視座も提示されてきた。こうした議論の背景には，アメリカの GAFA，中国の BATH など，巨大 IT 企業の影響力の増大と懸念がある。ネットコミュニケーションの観点からみると，私たちのコミュニケーション行動が，巨大 IT 企業の提供するサービスに依存することで，膨大なネット行動・コミュニケーションデータが収集，解析の対象となり，解析結果が，私たちの行動を（ネット企業のクライアントの意向に沿って）特定の方向に促すように用いられてきている。私たちが目にし，アクセスし，クリックするオンラインの世界は，行動履歴をもとにネット企業が誘導する世界（フィルターバブル）になりつつある。

　こうした行動ターゲティングが，さまざまな国において，国内，国際問わず，世論操作の手段として用いられており，国際間では，相手国に社会的分断を促進，自国に有利な政治家・活動を支援する誘導など，サイバー戦争（攻撃）の一部となっている。

　サイバー戦争の主体は，国家が組織・関与する情報機関だけでなく，企業，任意集団，個人などを問わず，攻撃対象も同様である。軍事機密，企業機密情報，個人情報の窃取，情報システムへの侵入，不正操作，機能停止，情報操作，サイバー攻撃を盾に取った強請など，多様な攻撃が時々刻々とグローバルに展開されている。

　もちろん，インターネットは負の側面だけではなく，環境，人権，民主化，移民などグローバルな課題に関する活動のプラットフォームとしても機能し，国際世論の醸成に寄与する。

　このように，インターネットと社会との関係は，ミクロからマクロの異なる次元により多様な問題が形成されているが，ある現象が，複数の次元でそれぞれに問題を形成する場合ももちろんある。例えば，仲間内の悪ふざけのつもりで友だちに撮ってもらった不適切な写真を Twitter に掲載し，そうした不適切投稿を注視し特定しようとする利用者（「自警団」と呼ばれることもある）の目にとまり炎上するといった事象を考えると，個人（投稿者自身，「自警」する人自身），二者関係（友だちとふざけて投稿するに至る過程），集団（投稿者のオンライン，

オフラインの友人関係や「自警団」），それぞれのレベルで利用文脈があり，さらには，こうした事象自体が生み出される社会文化もまた研究対象となりうるだろう。

「物理的存在」（オフラインの存在）／「論理的存在」（オンラインの存在）

　さて，ミクロからマクロの各次元において生じるさまざまな社会的現象，課題は，インターネットを利用する主体に，「物理的存在」（オフラインの存在）／「論理的存在」（オンラインの存在）という様相の異なる二重性が備わっていることが，大きく関わっている。「物理的存在」と「論理的存在」は，次のような5つの次元において，大きく異なり，ネットコミュニケーションにおける諸現象，課題に深く関わる。

（1）属性：まず，当たり前と言えば当たり前だが，論理的存在は，物理的存在とは独立し，さまざまな属性を担うことができる。「実名」「仮名」「匿名」を使い分けることが可能であり，オフラインの自分とは異なるオンラインペルソナ（仮面）を構成し，複数のアイデンティティを使い分けるとともに，「名無しさん」のような形で他者との識別可能性を消失させる（「識別不能性」）ことも可能だ。さらに，オンライン上のあるペルソナが，つねに同じ物理的人物によるとは限らないし，別々のペルソナが実は同じ物理的人物である可能性もつねにある。つまり，オンライン上のペルソナ同士およびその物理的存在を，同一なものとしてリンクさせることが原理的にはきわめて難しい（「リンク不能性」と言われる）（折田 2010）。また，物理的存在については，マスター／コピー，オリジナル／コピーの厳然たる区分があり，コピー（複製）は必ず劣化するのに対して，論理的存在の複製は，「クローン」であり，どちらが実物でどちらが複製と問うことが無意味である。したがって，論理的存在がクローン増殖する世界では，「真偽」ではなく「信疑」が重要となる側面がある。とはいえ，例えば，「性」という属性に関して，オンラインは個人に完全な自由を与えてくれるはずだが，オンライン世界でも人びとは自分のコミュニケーション相手の性にきわめて鋭敏でもあり，オンラインとオフラインでの属性の関係につい

て，その変化も重要な論点である。

（2）社会的手掛かり：属性の使い分け可能性，識別不能性，リンク不能性は
また，「社会的手掛かり」（social cue）が物理的存在と論理的存在とでは大きく
異なることを意味する。対面コミュニケーションにおいて物理的存在である私
たちは，相手の表情，話し方，視線，声色，うなずき，身振り手振り，互いの
身体的位置や向きなどを，五感を介した「社会的手掛かり」として利用し，気
分，感情，配慮，意図，注意度，距離感，関係性などを相互に伝達，解釈し，
相手の存在を確認している。ところが，ネット上の論理的存在は，ビデオ
チャットを除いて，こうした社会的手掛かりが欠けている（ビデオですら，画像，
音声が加工（ディープフェイク）されているかもしれない）。

　属性を偽る（匿名，仮名）ことと，社会的手掛かりの欠如から，発言機会や
表現は非抑制的（uninhibited）となり，他者への配慮の必要性が減じ，規範制
約感が抑制されるため，脱個人化（deindividuation）が強まり，過激な言い争い，
炎上，誹謗中傷などが起こりやすい。話し相手の存在が希薄化し，会話の没人
格化・非人格化（depersonalization, impersonalization）が促進されうる。もっと
も，誰が話すかよりも何が話されるかに注意が向けられることは，コミュニ
ケーションの平等化に資する可能性もある。

（3）時間軸構造：論理的存在同士のコミュニケーションでは，「離散性」とい
う観点において，時間軸構造がアナログ現実世界とは大きく異なる。「離散性」
とは，コミュニケーションが行われるタイミング間隔のことである。従来のア
ナログメディアが，電話＝同期（同時），郵便＝往復に2，3日以上，ラジオ・
テレビ＝同期（同時），新聞＝1日単位，週刊誌＝週単位，のように，メディ
ア自体に特定の離散性が結びつくことで柔軟性と多様性を欠いていた。それに
対して，例えば，電子メールの場合，数十秒から1分単位でやりとりをし，同
期的コミュニケーションであるチャットのようにやりとりする場合もあれば，
半日，1日後，数日後と，相手と状況によってタイミングを計り，時間軸の離
散性をコントロールすることが可能である。私たちはそうした離散性のコント
ロールを，コミュニケーション資源として活用している。

（4）社会的関係：論理的存在同士のコミュニケーションでは，アナログ世界が，地理的隣接性と接触頻度が結び付き，血縁，地縁，組織縁などが重要だったのに対し，オンライン世界では，匿名・未知のまま交流し，親しさが生み出されることが可能である。

（5）参加構造：コミュニケーションを分類する一つの枠組みは，媒介するメディアと関与者の数によるものである。アナログメディアの特徴は，一対一（電話，郵便），一対多（発信者が多数に一方向で情報を送信する新聞，ラジオ，テレビ，ダイレクトメールなど）に強いが，複数対複数（多対多，少数対少数）が弱い。ネットコミュニケーションはまさに，このアナログメディアの弱い複数対複数を自在に可能にし，瞬く間に社会生活に深く浸透したのである。また，参加人数，頻度，発言分布，個人の識別程度，公開の度合い，社会的関係も含めた人びとのつながり方（ネットワーク）の構造など，オンラインは「参加構造」に関するデータが比較的容易に取得可能であり，「匿名／仮名／顕名」「公開／非公開」というオフラインでは一般的とはいえない要素が大きな役割を果たす。

⑤　デジタルネイティブの時代

　「デジタルネイティブ」とは，幼少期からデジタル技術に本格的に接した世代のことで，およそ1980年前後生まれ以降を指す。1980年前後生まれの世代は，幼少期にコンピューターゲームに触れ，中高生（1990年代半ば）でポケベル，PHSなどの移動体通信を経験し，大学（1990年代後半）でメールアドレスを割り当てられ，就職活動にインターネット利用が不可欠となり始めた世代である。このような，幼少期から青年期にかけて，デジタル技術，ネットワーク技術の社会的普及とともに育った世代を「デジタルネイティブ」と呼び，それ以前のアナログ世代，アナログ世界で育ち，デジタル世界に移住した「デジタル移民」と対照させる議論が2000年代に入り脚光を浴びた。

　「デジタルネイティブ」論自体に関する立ち入った議論は，本章では行わないが，「デジタルネイティブ」という概念は慎重に議論しなければ，表層的な

世代論に陥る危険性があることは確認しておきたい。

デジタルネイティブ論は「生まれつきデジタル」な時代の青少年があたかもすべて同様に前世代と異なっているかのような議論を展開するが,「デジタルネイティブ」世代はけして一様ではなく, 高度に使いこなす青少年がいる一方, 知識・スキルの低い青少年もまた多い。さらに, こうした差異は, 社会経済的地位, 文化・民族的背景, 性別, 学科・専門などにより異なる可能性が観察されている。デジタルネイティブ論は, こうした多様性, 差異, それと結びつく社会的問題を視界から隠してしまうことになるのである。

しかし, 一部の先進的利用者に焦点をあてるのではなく, 情報ネットワーク社会として日本社会を考える場合には,「デジタルネイティブ」という語には学術的に積極的意味があり, 重要な戦略的概念だと筆者は考え, 調査研究に取り組んできた。

国連の世界人口推計 (United Nations 2019) によれば, 世界全体でみると, 1980年生以降 (＝デジタルネイティブ) が, 総人口に占める割合は, 2010年にすでに過半数を超え, 2020年には 6 割を超えている。人口の年齢中央値 (ある集団を最年長から最年少まで順番に並べ, ちょうど真ん中に位置する人の年齢) は, 世界全体でみるとようやく30歳, すなわち, 地球上の人類の半分は30歳以下で占められており, 人類は「若い」のである。ところが, 日本社会は, 少子高齢化の進展が先進社会の中でも際立っており, 1980年生以降は, 2000年でわずか 2 割, 2019年でも 4 割に満たない。日本社会でデジタルネイティブが過半数に達するのは, 2030年代を待たなければならないのである。

したがって, 日本社会の場合, 2000〜2030年代にかけて, デジタルネイティブたちが多数派となっていく過程での社会的変化, デジタルネイティブ内部での分化という観点は, 学術的にも, 実際的にも重要なのである。

「世代 (Generation)」というのは, 年齢 (Age, ライフサイクル, 加齢), 時代 (Period, 時勢), コホート (Cohort, 出生集団) という 3 次元の組合せで規定されるものである。ある「世代」は, 出生年が近接している人びと (例えば, 1980年前半生まれの集団) が, 幼少期, 中高生, 大学生, 20代といったライフサ

イクルそれぞれで，どのような時代（バブル期，氷河期など社会全体の時勢）を経験したかによって形成される。

　「デジタルネイティブ」という観点から世代を考える場合，デジタル，ネット関係の技術革新による「時勢」が関心の対象となる。1980年代以降，ビデオゲーム機，デスクトップパソコン，ノートパソコン，ポケベル，PHS，携帯電話，i-mode，高速ネット接続，無線ブロードバンド，動画共有サイト，スマホ，mixi，モバゲー，Twitter，Instagram など，情報端末，接続サービス，といった技術，サービスの革新が次々と生起し，社会に瞬く間に普及してきた。さらに，データ定額制といった経済的インセンティブ，小中での「総合的な学習の時間」導入といった法制度，利用者年齢制限変更など，利用の社会的環境変化も，ライフサイクルとの組み合わせによって，一定のコホート集団に大きな影響を与える。

　ネット環境は数年単位で急速に変化するため，ライフサイクルと情報メディア環境の変化（時勢）の組み合わせにより，オンライン，オフラインでの行動様式，対人関係，現実認識などが異なるコホート集団もまた数年単位へと短期化する。

　青少年におけるインターネット利用に関する調査研究から，筆者は日本社会のデジタルネイティブを以下のようなサブ世代に区分している。

　第1世代〈1970年代後半～1982年生まれ〉

　第2世代〈1983～87年生まれ〉

　第3世代〈1988～90年生まれ〉

　第4世代〈1991～95年生まれ〉

　第5世代〈1996年～2000年前後生まれ〉

　木村（2012）では，第4世代までを議論の対象としており，第5世代は本章で新たに加えたものである。図5.1は，ネット関連技術・社会的変化の時勢と上記5サブ世代のライフサイクルとの関係，表5.2は5サブ世代の特徴をまと

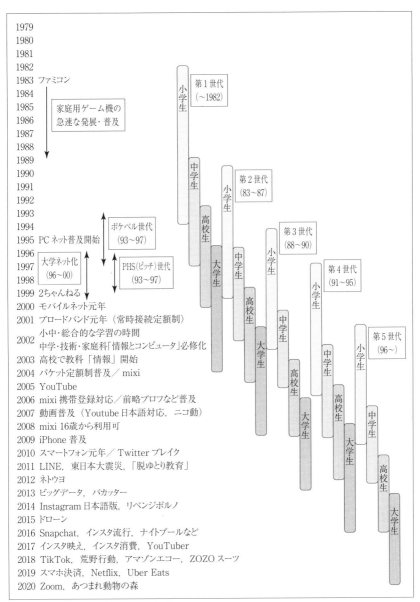

図 5.1　ネット関連技術・社会的変化（時勢）とデジタルネイティブライフサイクル

（出典）　筆者作成。

表5.2　デジタルネイティブ5世代の特徴

	ケータイ・スマホ	ネット	技術的変化	他者とのつながり，コミュニケーションの指向性
第1世代（〜1982年生）	ポケベル・PHS世代 大学では携帯音声通話	大学ネット化 PCネット第1世代（ブログ・SNS以前）	ネット，ケータイ揺籃期	「考え方」での共感指向 オフライン基盤
第2世代（83〜87年生）	ケータイメール	小学校からPC（「総合的学習の時間」）当初はダイヤルアップ チャット経験有	ケータイインターネット（i-mode系）の普及	mixi第1世代 既知同士のオンライン交流
第3世代（88〜90年生）	ケータイプロフィールサイト 高校でパケット定額制	中高PC授業（「情報」必修化）自宅BB 高校でSNS・動画	ブロードバンド常時接続・データ定額制	mixiメイン オフから「オン友」へ拡がり 大学でミクシー疲れTwitterへ
第4世代（91〜95年生）	プロフ・リアル・ブログ・SNSを使い分け 中学からパケット定額制 スマホは大学から	小学生から自宅高速ネット接続	スマホは高校卒業後	オンとオフの区別が曖昧に 中学の濃密な集団圧力でのケータイ利用 複数の「キャラ」使い分け Twitter初期利用者，「バカッター」
第5世代（96〜2000年前後生）	スマホネイティブ（高校からスマホ）ソーシャルネイティブ	PCは苦手な場合も（すべてスマホで済ます）	高校からスマホでソーシャルメディアを活用	強まる「自己承認」欲求 「脱ゆとり教育」「流行」の「脱中心化」

（出典）　筆者作成。

めている。

　紙幅の関係で，第4世代までの詳細は拙著（木村 2012; 木村 2018: 第8章）に譲るが，1980〜2000年生まれの20年間で，インターネット，取り巻く環境は大きく変化し，それとともに，青少年のコミュニケーション行動，対人関係，社会的現実認識もまた変容を遂げ，数年毎に世代を形成してきたと捉えることができる。

　筆者の分析から，とくに大きな変化は，第 1，第 2 世代が高校生，大学生の年代において，いまだ，パソコンインターネット，ケータイメールが主であり，既知の社会的関係がネットでも強く，未知のネットだけの関係にはきわめて消極的であったのに対して，第 3，第 4 世代へと下るにつれて，高校生，大学生としての日常に，オンラインでのコミュニケーションが深透し，オンライン，オフラインの区別が曖昧になってきたことである。高校生からデータ定額でケータイメール，ケータイプロフィールサイトで交流できるようになった第 3 世代，ケータイプロフ，ブログ，リアルなど複数のサイトを中学から使い分けるようになってきた第 4 世代，高校からスマホでソーシャルメディアを活用する第 5 世代，と世代を下るにしたがって，既存の社会的関係も複数の SNS を使い分けるようになっていった。また，自己呈示の仕方に気を遣う（キャラを作る）とともに，オンラインだけの関係も当たり前となり，オフラインでの知り合いと親密さで区別がなくなってきた。

　このようなデジタルネイティブ内部の分化を理解することは，デジタル移民である中高年世代にとって重要である。上の世代からみると，デジタルネイティブはコミュニケーションが苦手に映るかもしれないが，デジタルネイティブたちは，多種多様なネットコミュニケーションを駆使し，対人関係を形成・維持する必要に迫られている。また，デジタルネイティブにとっても，少し上の世代，下の世代が，中学，高校，大学といったライフサイクルで，異なるネット経験をしていることを認識することは，相互理解を促進する上で重要だろう。

　本節で議論してきたように，日本社会は，少子高齢化の先端的社会であり，デジタルネイティブにとって必ずしも優しい社会ではない。新型コロナ禍に人類社会が直面した2020年，台湾のデジタル担当大臣オードリー・タン（唐鳳，1981年生）が，IT を駆使して関連情報を収集，国民にアクセスできるシステム開発提供の陣頭指揮をとったのに対して，日本の当時 IT 政策担当大臣竹本直一（1940年生）は，コロナウィルス対策としての IT 活用について問われたのに対して，十分な答弁ができなかった（国会図書館「国会会議録検索システム」

2020年3月4日，参院予算委員会)。

　人工知能，ロボティクスを含め，2050年の人類社会がどのようになっているか，想像することも困難な今，読者であるデジタルネイティブたちには，日本社会という枠に囚われず，グローバルデジタルネット社会で生きることを真剣に考えてもらいたい。技術は触媒であり，どのような社会になるかは，一人ひとりがどのように行動するかにかかっているのである。

付記

　本章は，拙著『ハイブリッド・エスノグラフィー』(木村 2018) における議論にもとづき，その一部を，学部生を読者対象として平易，簡潔にした部分がある。予めご承知おきいただきたい。

参考文献

Baym, Nancy K., 2015, *Personal Connections in the Digital Age.* John Wiley & Sons.

BBCニュース，2019，「マクドナルドで寝る男の写真を投稿，恥をかかせるつもりが」，(2022年8月19日取得，https://www.bbc.com/japanese/48796029)。

Consalvo, M., and C. Ess eds., 2011, *The Handbook of Internet Studies*, John Wiley & Sons.

Dutton, W. H., ed., 2013, *The Oxford Handbook of Internet Studies*, Oxford University Press.

United Nations, 2019, "2019 World Population Prospects," (2022年8月19日取得，https://population.un.org/wpp/)。

Wallace, Patricia, 2015, *The Psychology of the Internet.* 2nd. ed., Cambridge University Press. (＝2018，川浦康至・和田正人・堀正訳『インターネットの心理学』新版，NTT出版。)

木村忠正，2012，『デジタルネイティブの時代──なぜメールをせずに「つぶやく」のか』平凡社。

────，2018，『ハイブリッド・エスノグラフィー』新曜社。

国会図書館，2020，国会会議録検索システム，(2022年8月19日取得，https://kokkai.ndl.go.jp/)。

三浦麻子・森尾博昭・川浦康至編著，2009，『インターネット心理学のフロンティア──個人・集団・社会』誠信書房。

第Ⅱ部　メディア社会学の理論と方法

第 6 章

オーディエンス・エンゲージメント
──オーディエンス研究の歴史的展開と有効性──

高橋利枝

1 オーディエンス研究の歴史的展開

オーディエンスは能動的か，受動的か？

　本書を手にしたあなたは，おそらく毎日，テレビや YouTube を見たり，スマートフォンや SNS など，さまざまなメディアを利用していることだろう。今では当たり前となった光景だが，インターネットが登場する前は，私たちはテレビやラジオなどのマスメディアから送られてくる情報を受け取るだけの，単なる「受け手」であった。しかしインターネットの登場により，誰もが情報を発信できる新たなコミュニケーション・ツールを手にすることができた。そして今，私たちは，SNS や YouTube を利用して，新たなつながりや自らの可能性を求めている。

　例えば，私たちは日常生活において，LINE や Twitter を利用して，家族や友達など大切な人とつながったり，Instagram に写真や動画を投稿して想い出を共有したりしている。化粧の仕方や楽器の弾き方，ダンスやヨガなど，YouTube からさまざまなことを学んでいる。そして，自らも動画を投稿することによって，日本国内ばかりでなく，国境を越えた多くのファンを獲得するチャンスを得た。今や YouTuber は子ども達の憧れの職業となった。また，長きにわたる独裁政治に対する人びとの怒りは，SNS 上で大きなムーブメントとなり，アラブの春など数々の革命を起こしていったことは記憶に新しいだろう。このように SNS の登場によって，人びとは世界とつながり，革命やイノベーションを引き起こし，グローバル社会を共に創造する「能動的な」存在

となったと言えよう。

　しかしながら，新たなメディアの登場は，人びとに機会を与えるとともに，絶えずリスクももたらしてきた。ケンブリッジ・アナリティカの事件は，アメリカ大統領選挙時における Facebook を利用した大衆操作に疑念をもたせた。フェイクニュースや AI（人工知能）が作るディープフェイクを信じ，Twitter 上で自ら拡散してしまう人たちもいる。自分と似た意見を持つ SNS 上の村社会にとどまり，自らの正統性を強化していく現象は，「デジタル・エコーチェンバー」と呼ばれた。そしてファロワーや「いいね」の数，LINE 上の空気を読むことによって引き起こされる SNS 疲れやスマホ中毒など，さまざまなリスクが表出してきた。このようにして私たちは SNS の影響を受けやすい「受動的な」存在とも言えるのだ。

　メディアのオーディエンスは能動的なのか？それとも受動的なのか？この問いは，メディアが誕生した時から繰り返し論じられてきた。19世紀後半から現在に至るまで，メディアと人間との関係を探求する一連の研究は「オーディエンス研究」と呼ばれ，メディアの発展とともに進化してきた。オーディエンス研究の研究対象は，スタジアムや映画の観客に始まり，新聞や書籍の読者，ラジオの聴取者，テレビの視聴者，携帯電話やスマートフォン，SNS や YouTube などのインターネットの利用者に及ぶ。さらに，スマート社会においては，AI や VR（仮想現実），AR（例えば「Pokémon Go」などの拡張現実）なども研究対象となりうるだろう。このようにして「オーディエンス」という言葉は，ありとあらゆるメディアの利用者を総称する概念となる。

　本章では，オーディエンス研究の歴史的展開について解説し，最後に有効性について触れたいと思う。

オーディエンス像の「振り子」

　19世紀後半以降，オーディエンスは，多様な歴史的・社会的文脈において語られてきた。一般に，メディア研究の歴史は 4 期に分けられ，メディアと人間との関係は，能動性—受動性という二項対立で理解されてきた。このような能

動性―受動性の間の歴史的な変動は，オーディエンス像の振り子や綱引きと呼ばれている。この振り子に働く力学を考えるならば，「能動的」なオーディエンス像はつねに「受動的」なオーディエンス像に対するアンチテーゼとして提示されてきたといえよう。

　第Ⅰ期（20世紀初頭～1940年代初頭）では，映画やラジオの強大な影響力が論じられ，受動的なオーディエンス像が提示された。例えば，ヒトラーが映画を用いて大衆操作を行ったことは有名であろう。この時，オーディエンスは，個々バラバラで，メディアから強力な影響を直接的に受ける犠牲者と見なされていた。英語の Mass という言葉に内包されているように，顔のない，のっぺらぼうな「同質な大衆」と考えられていたのである。

　この「受動的」なオーディエンス像に対するアンチテーゼとして，第Ⅱ期（1940年代～60年代初頭）において，マスメディアの影響力を受けない「能動的」なオーディエンス像が提示された。

　1950年代に入るとテレビが登場する。そして再びマスメディアの影響力の大きさが叫ばれた。振り子は再び「受動的」なオーディエンス像に向かっていく（第Ⅲ期：1960年代後半～80年代）。しかしながら，80年代以降，双方向メディアであるコンピューターが登場する。情報社会では，インターネットや携帯電話などの双方向メディアを利用して，メッセージを受け取るだけではなく，自ら発信する，能動的な利用者が描かれている（第Ⅳ期）。

　以下では，アメリカ，イギリス，日本における主要な能動的オーディエンス研究――1940年代にアメリカで誕生した「利用と満足」研究，1970年代にヨーロッパで誕生した受容研究，1960年代に日本で誕生した情報行動論――について，各々の歴史的・社会的文脈とともに紹介する。

2　アメリカのコミュニケーション研究

オーディエンスの能動性

　アメリカのコミュニケーション研究において，「オーディエンスの能動性」

は「マスメディアの影響を受けないもの」として捉えられた。「マスメディアが人びとにどのような影響を与えるのか」を明らかにするために，「効果研究」が誕生した。効果研究が主語を「マスメディア」に置いているのに対して，「利用と満足」研究は主語を「人びと」に置き換え，「人びとがメディアをどのように利用しているのか」を明らかにしてきた。最初の能動的なオーディエンス研究の誕生である。ここではアメリカのコミュニケーション研究における「オーディエンスの能動性」を理解するために，「利用と満足」研究に焦点を当て社会的・歴史的文脈とともに考察していく。

初期「利用と満足」研究の再考

　最初の「利用と満足」研究は，当時人気を博していたラジオのクイズ番組に対して，ヘルタ・ヘルツォーグ（Herta Herzog）が行った「プロフェッサー・クイズ—充足研究」（Herzog 1940）である。当時，ラジオは，新聞を読まない人びとを啓蒙・教育するための道具として期待されていた。しかしながらリスナーへの調査の結果から，新聞を読まない人びとは，啓蒙・教育的なラジオ番組も聴いていないことが明らかになった。彼らが学習のための情報源としているのは，教育的な番組ではなく，娯楽番組として分類されている連続ドラマやクイズ番組であった。そこでラジオ研究者たちは，連続ドラマやクイズ番組の人気の秘密について明らかにするために，ラジオ番組の（1）内容分析，（2）リスナーの特性の分析，そして（3）「充足研究」を行った。「充足研究」では，クイズ番組の愛好家11人に詳細な面接調査を行い，クイズを聴くことによって得られる充足から以下の4つのアピールが明らかになった。

（1）「競争的アピール」（クイズ番組の回答者や一緒に聴いている人と競争する）

（2）「教育的アピール」（番組から新しい知識を得る）

（3）「自己評価的アピール」（自分にどのくらい知識があるか自己評価する）

（4）「スポーツ的アピール」（どの回答者が勝つか予想する）

　同じクイズ番組を聴いているにもかかわらず，送り手が意図しなかったような多様な利用が発見されたことから，この研究は，「オーディエンスの能動性」を提示した最初の研究として有名である。

　1950年代，テレビの登場によって，子どもへのメディアの強力な悪影響がより一層懸念されるようになった。テレビ番組は，暴力や非行，道徳的黙認などの社会問題を引き起こすと考えられた。40年代がラジオ研究の「黄金時代」ならば，50年代はそのような社会的要請にこたえた，膨大なテレビ研究の始まりと呼べるだろう。50年代には数多くのテレビの効果研究が行われた。それに対して，50年代の「利用と満足」研究と呼ばれている「子どもとテレビ」研究は，子どもに対するメディアの影響ばかりではなく，子どものメディア利用についても考察している。例えばウィルバー・シュラム（Wilber Schramm）らは「テレビが子どもにすること」ではなく，「子どもがテレビにすること」（Schramm et al. 1961 : 169），すなわち子どもがどのように同じテレビの内容を異なった方法で利用しているのかを明らかにしている。

「利用と満足」研究の理論化と批判

　1959年，ある一つの衝撃的見解が提出された。バーナード・ベレルソン（Bernard Berelson）による「コミュニケーション研究は消滅している又は消滅していく（dead or dying）」（Berelson 1959 : 1）という悲観的な見解であった。この見解に対して，エリユ・カッツ（Elihu Katz）は，消滅していくのは大衆説得の研究であり，コミュニケーション研究の救世主となるべくは「利用と満足」研究であると述べた。カッツはこの時，40年代の多様な充足研究と50年代の「子どもとマスメディア利用」の研究を統合し，「メディアに対する機能主義的アプローチ」すなわち「『利用と満足』研究」（Katz 1959 : 2）と命名した。「利用と満足」研究の名付け親であるカッツは，オーディエンス研究の将来における重要性を強調した。

　1960年代以降，方法論に関する批判から，多くの研究者たちが定量調査を用いて，充足のタイポロジーを発展させた。「利用と満足」研究はアメリカ，イ

ギリス，スウェーデン，フィンランド，日本，イスラエルなどで注目を浴び，世界で多くの経験的な調査研究が行われた。そしてカッツらは，これら多くの「利用と満足」研究に共通するものとして「オーディエンスは能動的であり，マスメディア利用に際して，目標志向的である」（Katz et al. 1974 : 21）という基本的な前提をあげている。

　しかしながら1970年代，「利用と満足」研究は，機能主義との結び付きや心理学的なアプローチのために厳しく批判された。批判学派の研究者たちにとって，オーディエンスは決して社会構造から切り離され，抽象化されうるものではない。とくにフィリップ・エリオット（Philip Elliott）は「利用と満足」研究がメディアとオーディエンスの関係に，あまりにも楽観的な図式を描いていることに批判を投げかけている（Elliot 1947）。もし仮に「利用と満足」研究が主張する「オーディエンスの能動性」が，メディアの望ましくない効果に対する防衛として機能するならば，いかに俗悪な番組を放送してもオーディエンスは自らの能動性によって決して悪影響を受けないという結論を導いてしまう。そのため「利用と満足」研究のような能動的オーディエンス研究は放送政策の現状維持を正当化し，社会の保守化につながる。このような点から放送政策の是非を議論する批判学派の研究者たちにとって，「利用と満足」研究は明らかに受け入れがたいものなのである。

「利用と満足」研究とオーディエンスの能動性

　1980年代，ICT が登場し，社会が情報化されるにつれて，「オーディエンスの能動性」が注目されるようになる。マーク・レビー（Mark Levy）とスヴェン・ヴィンダール（Sven Windahl）は，異なるタイプの「能動性」（選択性，関与，効用）がコミュニケーション過程の各々の段階（接触前，接触中，接触後）に関係していることを明らかにし，オーディエンスの能動性の 9 つのタイポロジーを提出している（Levy and Windahl 1985）（表6.1）。

　この研究以降，「オーディエンスの能動性」の概念はケーブルテレビやパーソナルコンピューター，リモコン，ビデオ，テレビゲーム，携帯電話，電子書

表6.1　オーディエンスの能動性のタイポロジー（いくつかの例を含む）

コミュニケーション過程の段階			
オーディエンスの志向性	接触前	接触中	接触後
選択性	選択的接触追求	選択的知覚	選択的記憶
関　与	接触の予期	注目 意味形成 擬似社会的相互作用 同一化	長期的同一化 空想化
効　用	「交換貨幣」	得られた充足の効用	話題としての利用 オピニオン・リーダーシップ

（出典）　Levy and Windahl (1985：113).

籍，オンラインゲーム，SNS など次々と登場するメディアに応用され，従来のマスメディアより能動的なオーディエンス像が提示されている（Levy and Windahl 1985）。

③　イギリスのカルチュラル・スタディーズと
ヨーロッパの受容理論

エンコーディング／ディコーディング・モデル

　1970年代，イギリスバーミンガム大学の現代文化研究センターにおいて，「利用と満足」研究に対する批判から，オルタナティブなオーディエンス研究が誕生した。スチュアート・ホール（Stuart Hall）の「エンコーディング／ディコーディング・モデル」（Hall 1980）とその実証的研究であるディビット・モーレイ（David Morley）の「ネーション・ワイド・オーディエンス」（Morley 1980）である。

　ホールは，行動主義に立脚したアメリカのコミュニケーション研究を批判する。なぜならば行動主義的なオーディエンス研究は，刺激―反応モデルのような，テレビのメッセージが直接的に個人の行動を生じさせるような線形モデル

を用いているからである。「エンコーディング／ディコーディング・モデル」
では，「エンコーディング（マスメディアの意味づけのプロセス）」と「ディコー
ディング（オーディエンスの解読のプロセス）」の非対称性が問題視されている。
すなわち送り手と受け手のコミュニケーションはいつも「完全に透明」ではな
く，「システマティックに歪曲されている」（Hall 1980: 135）からである。ホー
ルは意味の多義性（polysemy）に注目し，オーディエンスがディコーディング
に用いる3つの異なるコードを提示した。

（1）　支配的―ヘゲモニックなコード（送り手の「優先的意味づけ」を再生産す
　　　る）
（2）　交渉的コード（意味づけられたものと解読されたものとの間で葛藤や矛盾を
　　　生み出す）
（3）　対抗的コード（「オーディエンスがオルタナティブな見解の中にメッセージ
　　　を再統合する」（Hall 1980: 138）ような，送り手によって予測されない解釈や，
　　　優先的意味づけに対抗するオルタナティブな解釈を与える）

イギリスのカルチュラル・スタディーズにおけるオーディエンスの能動性は，
個人の「自由な」解釈ではなく，「社会的文脈によって制約された」能動性を
意味する。イエン・アング（Ien Ang）の言葉を用いるならば，決定されてい
るものでも，決定されていないものでもなく，「重層決定されているもの
（overdeterminacy）」（Ang 1996）なのである。そしてこの「重層決定されたも
の」という考え方は，受容研究に引き継がれた。ロマンス小説やソープオペラ
のようなフィクションに対して，多様な受容研究が行われた。

受容研究

1980年代以降，トレンドとなった受容研究についてはさまざまな批判がある
にもかかわらず，歴史的にある重要な役割を果たしている。当時，デジタル衛
星放送やインターネットが普及し，国境を越えて番組が視聴されたり，情報が

収集されたりする機会が増え，メディア帝国主義の理論が再熱していった。このようなメディア帝国主義による受動的なオーディエンス像に対して，受容研究は「オーディエンスの能動性」を経験的に提示することによって批判している。例えば，アメリカのソープオペラで世界的に大ヒットした『ダラス』に関する受容研究は，社会文化的文脈におけるオーディエンスの解釈の多様性を提示している。『ダラス』に対する解釈の多様性は文化的，国際的な境界にいるオーディエンスにとくに顕著に現れた。タマル・リーブス（Tamar Liebes）とエリユ・カッツ（Elihu Katz）は，イスラエルとアメリカのオーディエンスの解釈の差異や，またイスラエルの中においてもエスニシティによって解釈の差異があることを明らかにした（Liebes and Katz 1990）。そしてこのような解釈の多様性を能動性の証拠として提示し，アメリカの文化帝国主義批判者がメディアの力に対して過剰に悲観的であると主張している。

　もちろん，そのようなリーブスとカッツの研究が，メディア帝国主義批判者の議論に勝っているかどうかは疑問である。多様な解釈の存在が，果たして本当にメディアの力に抵抗するのに十分なほど，オーディエンスが能動的であることを示しているのだろうか？オーディエンスの振り子が能動性の方に振れていく一方で，能動的―受動的論争が続けられ，受容研究は厳しく批判された。

④　日本の情報行動論

　マスメディアの登場以来，日本では，主に欧米のコミュニケーション研究を導入することによって，メディア利用行動の解明を試みてきた。しかしながら，1970年代に「情報化社会」という概念が日本で誕生した。この情報化社会論が発達するに伴って，オーディエンス研究の分野でも「情報行動」という新しい概念が生まれた。そして情報社会論の文脈の中で「オーディエンスの能動性」に関する言説が発展されていく。情報行動論は「コミュニケーション」という概念では十分に考察しきれなかった日本人の行動の解明を目的としている。

　情報行動論の誕生の背景と基礎は，吉田民人に見られる（吉田 1967）。吉田

表6.2　主な情報行動における「情報」および「情報行動」の定義

研　究	情　報		情報行動	（備考）コミュニケーション／コミュニケーション行動
吉　田 (1967)	広義	物質・エネルギーの時間的・空間的，定性的・定量的パターン		情報の伝達，貯蔵，変換など情報処理一般
	狭義	広義の情報が「記号―意味」化されたもの。「有意味の集合体」。		情報の伝達
北　村 (1970)		行動主体が環境との相互作用の中からつかむもの	「情報」を環境との相互作用の中から引き出したり，行動主体にとって必要な「情報」を捜したり，行動主体の1つの行動として「情報」を伝えたりする事。	人間の相互作用
加　藤 (1972)		環境からの刺激（人間の五感の感じるもの全て）	・人間のあらゆる行動 ・人間の「経験」と同義	
中　野 (1980)		メッセージ，記号，媒介の結合体	いわゆるコミュニケーション行動（マスメディア接触行動を含む）の他に，言語・映像・音声等の記号（体系）との相互作用，記号を駆使する行動，記号ののりものである媒体を含む行動（ファッション行動など），〈もの〉と人間との記号（媒体・シンボル）を介在させた相互作用の全てを含んでいる。	記号体系と人間との相互作用 （記号行動・情報行動と表現するほうが適切）
池　田 (1987, 1988)	広義	吉田（1967）と同じ	広義の情報に関する一連の獲得・変換・変容・蓄積・選出行動。	
			メディアを介し，自らの内在的な情報処理システ	

池　田 (1987, 1988)	狭 義	自己の内部環境，外部環境を共に含む自然事象や社会現象，言語事象のパターン（広義の情報）の中から，人間という主体が関与して意図的また非意図的に抽出した意味的単位。	ムの関数として，想定された外的情報システムの関数として，また特定のコンテクストの関数として，さらには，情報の送受の相手側の内在的な情報処理システムの発信特性（＝記号化のされ方）および受信時の解釈傾向（＝情報化のされ方）の関数として行われる，情報化及び記号化。	・「他者」とのインタラクティブな関わりの中で，『意図』が大きく介在する情報行動。 ・メディアを通した向こう側に他者がいる事を意識した情報行動。
三　上 (1991)		一つのシステムを構成する要素の配置状態（パターン）に関する知らせ。	個人がある社会システムの中で，メディアを介して，あるいは直接的に情報を収集，伝達，蓄積，あるいは処理する行為。	個人をとりまく情報環境の中で，他の情報主体とメディアを介して，あるいは対面的に情報を交換したり，共有したりするような情報行動。
橋　元 (1986, 1990)		類像，指標，象徴を含めたあらゆる記号のうち，その受け手の行動・認識に何らかの影響をもちうる記号，すなわち接する主体にとって意味をもった記号。	情報を送信，受信，交信，生産，蓄積，処理・加工する行為。	情報行動とコミュニケーションは互いに包含関係にない独立した概念。

（出典）　高橋（1997：117）。

は，「情報行動」という言葉を用いてはいないが，コミュニケーション科学から情報科学への展開の必要性を論じている。吉田以降，多くの研究者によって情報行動論の確立が試みられ，「情報行動」という言葉について，多様な定義がつけられていく（表6.2）。北村日出夫や加藤秀俊，中野収などの初期の情報行動論では，「情報行動」は情報環境と人間との相互作用として捉えており，人間の行動一般と同じように定義づけられていた（北村 1970；加藤 1972；中野 1980）。

　しかし80年代以降，ケーブルテレビやビデオ，パソコンなどの出現により情報環境の変容から情報行動の変化について考察されてきた。例えば，三上俊治

や橋元良明は，情報行動をメディアを介して，あるいは直接的に，情報を探索，収集，蓄積，加工，伝達する行為として定義づけている（三上 1991, 2004；橋元 1986, 1992）。そして，情報環境の変化による利用者の情報処理や選択肢の増大，双方向性メディアによる情報発信など，能動的な利用者像が提示された。

　「利用と満足」研究との相違点としては，ほとんどの「利用と満足」研究がある特定のメディアに限定しているのに対し，情報行動はトータルな情報環境の中でメディア接触を考慮しており，日常生活における多様なコミュニケーション行動を考慮している点があげられる。また「利用と満足」研究がメディア利用の心理学的メカニズムを理解しようとしているのに対し，情報行動論では日常生活における人びとのコミュニケーション行動全般を理解しようとしている。情報行動は単に1つのマスメディアではなく，インターネット，テレビゲーム，携帯電話などのパーソナル・メディアや多様な対人的コミュニケーション（メディアを介したコミュニケーションばかりでなく直接的なコミュニケーション）も含めているのである。

⑤　オーディエンス研究の有効性

　これまで見てきたように，メディア研究の歴史においてメディアのオーディエンスは能動的かそれとも受動的かという論争が続けられてきた。この受動性から能動性への振り子の描く軌跡は，メディアに対する悲観的見解と楽観的見解との間の揺れとして捉えられている。そして今日，デジタルメディアの普及によってメディアと人びとの関係の変容から，「能動的なオーディエンス像」が提示され，このイメージはメディア研究者ばかりでなく，IT 関連企業，広告主，放送業界，行政などにも広く行き渡っている。このような能動性─受動性の二項対立は，これまでオーディエンス研究において，オーディエンスに関する議論を活発化させ，研究の発展に重要な役割を担ってきた。しかし同時にそのような二項対立がオーディエンスの複雑性を単純化し，二極化された見解を与えてきたことも事実である。

103

　そのため「能動的なオーディエンス」のパラダイムから「日常生活」のパラダイムに転換することの重要性が示唆されてきた。日常生活のパラダイムとは，ある現象を日常生活から孤立して存在するものとして捉えるのではなく，人びとの生活において埋め込まれている社会・文化的な現象を理解することを試みる，社会人類学者や社会学者やメディア研究者によって用いられているパラダイムである。ロジャー・シルバーストーン（Roger Silverstone）は言う。

　　　　メディアがわれわれの日常生活にとって中心的であるが故に，われわれはそれを研究しなければならない。メディアを現代世界の政治的，経済的な次元としてばかりでなく，社会的，文化的な次元として研究しなければならない。それをその偏在性と複雑性において，世界を意味あるものとし，またその意味を共有していく私たちの変幻自在な能力に寄与するものとして研究しなければならない。つまり私の考えでは，われわれはメディアを，（中略）『経験の総体的なテクスチュア』を成すものとして研究していかなければならないのである。（Silverstone 1999＝2004：22）

　能動的─受動的の二項対立を超えて日常生活のパラダイムにおいて，オーディエンスの持つ複雑性を捉えるために，筆者は「オーディエンス・エンゲージメント（audience engagement）」（Takahashi 2003；高橋 2016）の概念を提示した。この概念は効果研究や能動的オーディエンス研究の抱える限界を越え，能動的あるいは受動的な関わりに至るまでメディアと人間の多種多様な関与のレベルを含意可能にする。オーディエンス研究がこれまで提示してきた「オーディエンスの能動性（activity）」の概念を，能動的─受動的の二項対立を超えた，より中立的な概念の元で統合する概念なのである。「エンゲージメント（engagement）」という言葉は例えば，テレビのスイッチを入れるという単純な行為から政治的な関与（political engagement）に至るまで，またテレビというマスメディアからインターネット，スマートフォン，SNS，AI，VR，AR に至るまで，多種多様なメディアとの重層的な関与のレベルを内包しうる。すなわ

ち「オーディエンス・エンゲージメント」とは日常生活における人びとのメディアとの多様な関わりのことを意味する。

　現在，AIやVR，ARなど，新たなコミュニケーション技術が私たちの日常生活に入りこんできている。そして再びユートピアとディストピアの二項対立で語られている。例えば，AIは，超高齢化による社会的課題を解決するために大きな期待が寄せられている一方で，AIが人間を超えるという「シンギュラリティ」や仕事代替による失業など不安ももたれている。AIをめぐるさまざまな言説やメディアが与えるイメージに人びとは危機感を抱いているのである（高橋 2019）。そのため100年にわたり異なる研究潮流の元で蓄積されてきた知の財産とともに，新たなコミュニケーション技術と人間との関係を明らかにしていくことは重要だろう。よりよいスマート社会を創造するために，オーディエンス研究はさらなる進化を遂げる必要があるのである。

参考文献

Ang, Ien, 1996, *Living Room Wars : Rethinking Media Audiences for a Postmodern World*, Routledge.（＝2000，第2章のみ山口誠部分訳「経験的オーディエンス研究の政治性について」吉見俊哉編『メディア・スタディーズ』せりか書房，203-25。）

Berelson, Bernard, 1959, "The State of Communication Research," *Public Opinion Quarterly* 23 : 1-6.

Elliott, Philip, 1974, "Uses and Gratifications Research : A Critique and a Sociological Alternative," Jay G. Blumler and Elihu Katz, eds., *The Uses of Mass Communications : Current Perspectives on Gratifications Research*, Sage Publications, 249-268.

Hall, Stuart, 1980, "Encoding/Decoding," Stuart Hall, Dorothy Hobson, Andrew Lowe and Paul Willis eds., *Culture, Media, Language*. Hutchinson, 128-38.

Herzog, Herta, 1940, "Professor Quiz : A Gratification Study," Paul F. Lazarsfeld ed., *Radio and the Printed Page*, Duell, Sloan and Pearce, 64-93.

Katz, Elihu, 1959, "Mass Communication Research and the Study of Popular Culture : An Editorial Note on a Possible Future for this Journal," *Studies in Public Communication*, 2 : 1-6.

Katz, Elihu, Jay. G. Blumler and Gurevitch, Michael, 1974, "Utilization of Mass Communication by the Individual," Jay G. Blumler and Elihu Katz eds., *The Uses of Mass Communications : Current Perspectives on Gratifications Research*, Sage Publications, 19-34.

Levy, Mark R. and Windahl Sven, 1985, "The Concept of Audience Activity," Karl Erik Rosengren, Lawrence A. Wenner and Philip Palmgreen eds., *Media Gratifications Research : Current Perspectives*, Sage Publications, 109-122.

Liebes, Tamar and Elihu Katz, 1990, *The Export of Meanings*, Oxford: Oxford University Press.

Morley, David, 1980, *The 'Nationwide' Audience : Structure and Decoding*, British Film Institute.

Schramm, Wilber, Jack, Lyle and B. Edwin Parker, 1961, *Television in the Lives of Our Children*, Stanford: Stanford University Press.

Silverstone, Roger, 1999, *Why Study the Media?*, London: Sage Publications.（＝2003, 吉見俊哉・伊藤守・土橋臣吾『なぜメディア研究か——経験・テクスト・他者』せりか書房。）

Takahashi, Toshie, 2003, "Media, Audience Activity and Everyday Life : The Case of Japanese Engagement with Media and ICT," Doctoral Dissertation, The *London School of Economics and Political Science*, University of London.

池田謙一，1987,「情報行動論試論——その理論的可能性の検討」『東京大学新聞研究所紀要』36 : 55-115。

————，1988,「情報行動の基礎理論」『昭和62年度情報通信学会年報』: 27-50。

加藤秀俊，1972,『情報行動』中央公論新社。

北村日出夫，1970,『情報行動論——人間にとって情報とは何か』誠文堂新光社。

高橋利枝，1997,「情報化と情報行動」田崎篤郎，船津守編『社会情報論の展開』北樹出版，107-126。

————，2016,『デジタル・ウィズダムの時代へ——若者とデジタルメディアのエンゲージメント』新曜社。

中野収，1980,『現代人の情報行動』日本放送出版協会。

橋元良明，1986,「『情報行動センサス』のためのパイロット・スタディ」『情報通信学会誌』12 : 81-6。

————，1990,「ミクロ的視野からみた『情報』と『意味』——『情報行動学』と言語哲学との架け橋」東京大学新聞研究所編『高度情報社会のコミュニケーション』東京大学出版会，89-107。

―――，1992，「情報環境の変化――その日本的状況」『東京大学新聞研究所紀要』45：22-7。

三上俊治，1991，『情報環境とニューメディア』学文社。

―――，2004，『メディアコミュニケーション学への招待』学文社。

吉田民人，1967「情報科学の構想」吉田民人・加藤秀俊・竹内郁郎編『社会的コミュニケーション』培風館（＝1990，『自己組織性の情報科学』新曜社，21-276。）

第7章

わたしの中のわたしたち
——相互行為としてのメディア・コミュニケーション——

是永論

① 相互行為という考え方

　スマートフォンをはじめとして，私たちの日常生活の中にさまざまなメディアが身近に存在することにより，私たちが日常に行っていることもまた，メディアとの結びつきおよび，メディアによってつながる人びととの結びつきそれぞれを，より強いものにしている。本章では，日常生活の中で見られる相互行為のしくみについて確かめながら，メディアと私たちの関わりについて新たに考えてみたい。

　「相互行為」という文字の様子からすると，なんか難しそうだな，という印象をもつ方もいるかもしれない。しかし，それは私たちにとって，とても身近なものでもある。日常で見られる次のような会話の一場面を見てみよう。

　　［例1］（街角で裕介を偶然見かけた美奈が話しかける）
　　美奈：もしかして裕介さん？
　　裕介：美奈さん？いやー久しぶりだね。いま何してるんだい？
　　美奈：ちょうど家を建てて引っ越したところなの。
　　裕介：へえ，それはいいね。水森さんと一緒なの？
　　美奈：ええ，私たちには女の子がいるの。
　　裕介：おめでとう。
　　美奈：もうすぐ4歳で，とにかく元気な子なの。
　　裕介：そりゃ，よかった。で，仕事のほうは？

美奈：うまくいってる。ちょっと忙しいけど。あなたはどう？

裕介：会社の方はイマイチなんだけど，自分の調子はいいよ。

美奈：あなたらしい言い方ね。

裕介：近いうちに会ってもっと話をしない？こんど連絡するけど，いいか
　　　な？

美奈：もちろん（スマホを取り出す）。

裕介：（スマホを取り出す）

（石川（1999）を改変）

　これは仮想の会話なので，この二人については，偶然に出会った元同僚どう
しか，あるいは元恋人どうしなのか，とくに定まってはいない。しかしそれで
もなお，この会話によって二人が何をしているのかを理解するのはそんなに難
しいことではないだろう。つきつめれば，この「何をしているのか」が，会話
をしている当人にはもちろん，それを横で聞いているような（そして会話を文章
として読んでいるみなさんのような）第三者にとっても「理解できる（わかる）」
というのが，すでに「相互行為」の特徴なのである。

　例えば，この二人が同級生あるいは恋人などの，ある程度親しい関係にいた
ということが「わかる」ところを，一つだけ取り上げるなら，美奈が裕介に
「あなたらしい言い方」と述べていることが注目される。つまり，「あなたらし
い」というのは美奈が裕介の特徴を経験からわかっていて，そのように美奈が
とらえていると裕介も了解していることを示している。そのことは，最近知り
合ったばかりの人との間では，このような言い方がなかなか出てこないだろう
ことからも推測できる。この「あなたらしい言い方」というセリフによく表わ
されているように，私たちがお互いに相手のことを理解し，分かり合う関係で
あることを前提にそれぞれの行為をしていると考えることが，「相互行為」と
しての基本的な見方である。

　以上を頭に置きながら，相互行為という考え方の基礎を作った，ジョージ・
ハーバード・ミード（George Herbert Mead）という社会心理学者による次の文

章を見てみよう。

　　　わたしたちは多少なりとも無意識のうちに他の人がわたしたちを見るよ
　　うに自分自身を見ている。無意識のうちに他の人がわたしたちに語りかけ
　　るように自分自身に語りかけてもいる。（中略）無意識のうちに自分を他
　　人の立場に置いて，他人が行為するように行為しているわけだ。（Mead
　　1934＝2021：74-75）

　この文章は，人びとの間で「自分」という意識がどういう形で生じてくるの
かという，「自己」という考え方（概念）を表すものとして紹介されることが
多い。この自己概念も重要であるが，ミードがこの文章で示そうとしているの
は，より基本的な概念として，人と人が言葉（語り）や一定の動作をかわす時
に生じる，「役割」というお互いの関係のあり方なのである。
　この「役割」について，例1の会話から確かめてみよう。この例の最後の方
で，美奈と裕介は二人そろってスマホを取り出すという動作を行っている。こ
こでは美奈が自分のスマホを取り出すことが，裕介のスマホを取り出す動作を
導いている関係がみられる。このとき，裕介にとって，美奈がスマホを取り出
すという動作の意味が，自分がスマホを取り出す動作の意味に結びつけられて
いる。つまり裕介は，この場面で美奈がスマホを取り出したことから，美奈が
これから何をしようとしているのか（例えばSNSのアカウントを交換するなど）
という意味を，美奈の立場から考えて，それに対応する形で自分の動作を起こ
している。
　そこで，スマホを取り出す相手に対して，自分が置かれた立場がこの場合の
「役割」となる。この例では美奈と裕介それぞれについて同じ「役割」が成り
立っており，この「役割」について，互いにスマホを取り出すことが，相手に
対して同じ意味を持つ動作として期待されている。つまり，美奈は，自分がス
マホを取り出す姿を裕介の立場から見たうえで，裕介もスマホを取り出すこと
を期待している。

　以上がひとまず「スマホを取り出す」という「役割」の例となるが，どちら
かがスマホを持っていない場合などもあるので，もっと単純な，例えば「あい
さつをする」ことを「役割」として考えてみてもいいだろう。つまり，「あい
さつをする」ことは，相手にも「あいさつをする」という「役割」を優先した
形で期待させることになる。より簡単にいえば，「あいさつにはあいさつで反
応する」という期待のもとで行われている動作について，私たちは一定の「役
割」への期待を持つのであり，こうした「役割」としての期待をもたらす動作
やモノをミードは「意味を持つシンボル」と呼び，「役割」としての期待をそ
のまま「役割期待」と名付けている。

②　意味を持つシンボルとしてのメディア
──絵文字が意味するもの──

　ひきつづき例 1 で見た「スマホを取り出す」という動作について考えてみよ
う。ミードの考え方からすれば，この例の中では，スマホおよびそれを取り出
す動作が「意味を持つシンボル」となる。ふつうスマホをコミュニケーション
の手段として考えるとき，スマホが「メディア」であることは，画面の上で文
字や画像をやりとりすることによってその意味を持つと考えられるが，相互行
為の考え方からすると，スマホがモノとしてその場にあること自体も充分に
「メディア」として，コミュニケーションにとって意味を持つものとなる。

　さらにこの考え方からすれば，ふつうには「メディア」とみなされないもの
も，相互行為についてはメディアとしての意味を持つことになる。例えば相手
と似たような色調の服や同じようなモノを身につけている場合などは，たとえ
お互いに知らないような相手だったとしても，その相手について同じ「役割」
としての期待を生じることがあるだろう。

　さて，視点をスマホに戻した上で，今度は画面上で行われていることに目を
向けてみよう。そこで私たちは，個人どうしの連絡だけでなく，一般の人に向
けられたソーシャルメディアの書き込みといった場合でも，さまざまな「絵文

表7.1　メールでの絵文字使用と贈り物の関係

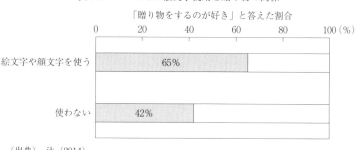

（出典）　辻（2014）。

字」が使われているのを目にすることがあるだろう。それはとくに日本に限ったことではなく，海外でも "Emoji" が英単語になっているように，日本語以外でもごく一般的に使われている。

　日本の場合，この絵文字がひろく一般的に使われ始めたのが2000年代の携帯電話によるメール（ケータイメール）利用においてであった。とくに高校生を中心とした10代に非常に多用されたため，その理由について注目した研究がなされてきた。これまでに挙げられてきた主な理由としては，文字のやり取りでは相手の顔が見えず，表情や口調などの「非言語的手がかり」を補うために絵文字が用いられていると考えられてきた（小川　2011；志岐　2017など）。

　しかしながら，絵文字の使用を分析した研究によれば，絵文字は文面を飾り立てて，明るさや親しみを示す独自の演出方法であり，それはちょうど贈り物をするときに品物をむき出しのまま渡すのではなく，包装紙やリボン，マスキングテープ（マステ）などの「ラッピング」で演出するのと同じようなものと考えられている。辻大介の調査によれば，表7.1のように，ケータイメールで絵文字をよく使う人たちで「友だちや知り合いにちょっとした贈り物をするのが好き」と答える割合が，絵文字を使わない人での割合よりも高いという結果が見られた（辻　2014）。

　このように，いわば絵文字が「贈り物」として用いられていることは，相互行為の視点からいえば，絵文字が「意味を持つシンボル」となっていることを意味する。つまり，「贈り物をする」ことは，ちょうど「あいさつをする」の

と同じように，お互いに「贈り物をする」という「役割」を生じることになり，その役割期待について「贈り物には贈り物で反応する」，つまり「お返し」が行われる。このような「お返し」をする役割期待を「互酬性」または「互恵性」ということがあるが，絵文字を送る場合もまったく同じように，絵文字を送ることはただ一方が送るだけで終わることは少なく，「絵文字には絵文字で返す」ことが，そのような互酬性の期待の上で行われている。

　しかし，若い読者の中には，アルバイト先の上司や年の離れた親戚など，あまり親しくもない人から絵文字が送られてきたときに，その人たちに絵文字で返そうとすること（役割期待）に違和感を持つ人がいるかもしれない。この場合，その役割期待には確かに違和感（おかしさ）を生じるものの，絵文字で返すこと自体は間違いではないように，絵文字の交換についての役割期待そのものがなくなることはない。問題となるのは，そうした絵文字について生じる役割期待が，さらに「お互いの親しさ」に関係するかどうか，という点である。上司との関係でいえば，絵文字で返すことは絵文字だからおかしいのではなく，それが「お互いの親しさ」に結びつけられていることに「おかしさ」がある。

　つまり，私たちが「お互いの親しさ」があることを相手について確かめるときに，そこで用いられる「意味を持つシンボル」はいろいろな形を持つとともに，そうしたさまざまなシンボルの広がり（ネットワーク）の中で，私たちは相手との間にある「お互いの親しさ」という意味を理解する。それは「あいさつ」であったり，「自分の秘密を告白する」ことであったりそのための SNS アカウント共有であったり，さらには「家族」という集団を作ること（結婚など）でもあったりする。例 1 の会話例でみた，相手に対する「あなたらしい」という言い方も，やはり意味を持つシンボルとして，「相手について理解していることを示す」ことが「お互いの親しさ」をもたらしている。

　こうしたシンボルによって人びとの間に形作られる，意味のネットワークを，ミードは「シンボル環境（または環境）」と呼んでいるが，そのシンボル環境の中には以上に見たようにさまざまなメディアが含まれることがあるし，そのような広がりが「社会」そのものを多様な形で成り立たせていると見ることがで

きる。

　以上から相互行為という考え方についてあらためてまとめてみるならば，私たちはさまざまな他人（他者）に対して，メディアにより意味を持つシンボルを使い分けてシンボル環境を作り出している。そして，そのシンボル環境によって，私たちは「自分」と「他者」をさまざまな役割期待の中に一定に取り込みながら，「社会」としての他者とのつながりを意味のあるものとして理解している。ミードがそうした過程で形成される他者とのつながりを「一般化された他者」と呼んでいるように，意味を持つシンボルを手がかりにして，広く個人と社会とのつながりを考えることが，相互行為という視点の特徴でもある。

③　メディア上の人物との相互行為

映画の普及と身振りへの注目

　さて，これまでは例１のように，実際に相手と直接にやりとりする形でのメディアの相互行為について考えてきた。それでは，テレビに映っている人や，動画で話している人など，直接やりとりすることができない場合はどうだろうか。実はこの場合でも，相互行為の考え方はさまざまな形で用いられてきた。そのいくつかについて，メディアの歴史をなぞる形で見ていこう。

　今をさかのぼること約100年前，20世紀の初頭から，フィルムに１コマずつ被写体の映像を記録し，それを再生して被写体の動きを再現する「映画」というメディアが社会に普及しはじめた。とくに1930年代のアメリカでは，映画館で映画を見ることはすでに社会で一般的な現象となっていた。

　このような社会の変化を背景に，映画が人びとにもたらす新しい経験について研究したのが，ミードによる相互行為の考え方を「シンボリック相互作用論」という形で発展させたハーバード・ブルーマー（Herbert Blumer）だった。ブルーマーが相互行為の観点から注目したのは，映画がそれまでのメディアにはない「身振り」という意味を持つシンボルを，映画を見る人たちに視聴経験を通じて意識させていたためである。

　実際にブルーマーのインタビュー調査に答えた女子大学生たちによる，次のような語りから，映画における相互行為の考え方を確かめておこう。

　　高校生になった頃，だいたいラブシーンのために映画を見ていました。親友にも秘密なのですが，映画全体の中で一番楽しい場面は，決まって最後の抱擁しながらのフェードアウトです。いつもヒロインの立場に自分を置きかえていました。もし映画の主人公がキスされてみたいような男性だったら（中略），その夜は大成功の気分でした。(21歳 Blumer 1933: 66)

　　当然のことですが，わたしは，映画を見たあとに，お気に入りの女優になって演じてみました。しばしば，鏡の前に立って，私が素晴らしいと思い，真似してみたいと思っている女優たちの上品で優雅な身振りの真似をしたのです。(19歳 Blumer 1933: 35)

　このような体験は，現代にいる読者のみなさんにとっても，ネット動画で見た人のメイクや着ている服を参考にするなど，多少とも覚えはあるかもしれない。しかしながら，さまざまな映像が氾濫する現代に比べ，登場したばかりの映像メディアを見て女優の姿を真似るということは，非常に新鮮でエキサイティングな体験だったと考えられる。そして何より，身近では見られないような人物や，そのさまざまな身振りを目にすることは，強いインパクトがあった。ブルーマーにより相互行為の観点から注目されたのも，この身振りが意味を持つシンボルとしてのインパクトであったといえるだろう。

　例１のスマホの例で見たように，人びとは動作を交換することを通じて，相手が置かれている立場（役割）を自分の中に取り込む。つまり，自分の身振り（動作）が相手に引き起こす反応を通じて，身振りが持つ意味が現れ，その意味によって，相手が自分に同じ身振りをしたときにどういった反応を示すことになるかを意識することになる。このようなメカニズムは，生まれたばかりの乳児（赤ん坊）が親の「笑い」を真似することによって，笑いという意味を持

つシンボルにともなう親しみや愛着といった感情を学習することと共通している（船津 1996）。このとき，赤ん坊はただ一方的に親の行動を真似るだけでなく，自分からも発声や笑うなどの行動を示して，それに対して親の方が自分の真似をするときの動作を「反応」として取り込みながら，言葉や表情の持つ意味を学んでいることが確かめられている（正高 1993など）。シンボリック相互作用論は，このメカニズムに注目し，こうした身振りとその反応を基盤に，社会におけるコミュニケーションが成り立っていることを明らかにしようとした。

　このメカニズムからすれば，映像で見た他人のしぐさや身なりを真似るというのは，単純なまねごとのようで，意味を持つシンボルを交換する相手について，人間としての魅力や存在感などを「役割期待」として特徴づけることにもなる。魅力のあるセレブの身振りを身につけることは，他人が自分にセレブのような魅力を持つことを期待させるのかもしれない。

テレビを通じた疑似的な相互行為

　さて，映画の後に登場したテレビでは，その利用（接触）が日常的に行われるために，画面上の人物との相互行為について，さらに新たな見方をもたらすことになった。とくに1950年代に本格的な普及が達成されたアメリカでは，「疑似社会的相互作用」という用語とともに，受け手と登場人物の疑似的な相互作用（相互行為）が与える効果が考察の対象となり，この用語の産みの親でもあるドナルド・ホートン（Donald Horton）とリチャード・ウォール（Richard & Wohl）によって，視聴者がテレビの登場人物を自分の友人のように見なしていることが明らかにされた（Horton and Wohl 1956）。

　さらにテレビの日常的な利用が政治などにも大きな影響を与えるようになった1980年代に，ヨシュア・メイロウィッツ（Joshua Meyrowitz）は，テレビの登場人物と受け手が相互行為を行う「状況」に注目し，その「状況」が社会にもたらす影響について，その状況がテレビが伝達する情報そのものと異なるレベルで作用し，かつ強力な意味を持つものであることを明らかにした

（Meyrowitz 1986＝2003）。

　それまで「疑似社会的相互作用」という現象が，視聴者の持つ印象などから漠然と示されていたのに対して，メイロウィッツはまさに「身振り」に着目しながら，相互行為の視点からメディアの登場人物と視聴者の関係をとらえている。彼は，登場人物を映すときの，画面に対する人物像の大きさを，そのまま人びとが現実の対面で相手と維持している距離（プロクセミクス）になぞらえて，登場人物と視聴者の間に「疑似プロクセミクス」が成立しているとした（Meyrowitz 1979）。一般に，人びとは親しい人とは空間的に近い距離を保ち，他人とは遠い距離をおくというプロクセミクスの操作によって，「親しさ」についての空間を，一つの「意味を持つシンボル」として使い分けている（Hall 1966＝1970など）。メイロウィッツはこの点から，映像による人物の表現の仕方が，そのまま人物の印象の操作に関わることを指摘した（Meyrowitz 1986＝2003）。この考え方によれば，例えば，ドラマなどで人物の顔がアップになって表情が強調されるクローズアップは，視聴者と登場人物の距離が近いことを示し，親しさが意味づけられる。逆に，遠景で人物像が映し出されるロングショットでは，そうした親しさは表されない。

　このプロクセミクスによる操作はさらに，特定の人物についての役割期待も変化させる。例えば，ある政治家の姿が映像で表現されるとき，壇上で答弁に応じるような人物像が遠巻きに映し出される場合は，その人物の印象は，政治家という役割期待についてのみもたらされるものに限られる。これに対して，その政治家がソファにくつろいでペットとたわむれる時の表情が画面上のアップとともに細やかに映し出されると，その人物は親しげなイメージをもった人物としての役割期待を生じる。テレビはこうした表現の操作によって，身振りや表情などの意味を持つシンボルを通じて，日常的で身近な相手としての役割期待を登場人物と視聴者の間に成立させることで，まさに「○○さんらしい」といった形で，個人としての人柄や性格の理解を強く訴えかけている。こうした理解の相互行為としての特徴は，誰もが政治家としての専門的な弁術を真似ることは簡単にはできないが，身振りや表情などのごく日常的なしぐさは誰で

も真似しやすい，といった違いを考えるとわかりやすいだろう。

　実際の例としても，1980年代に映画俳優から転身して政治家になったロナルド・レーガン（Ronald Reagan）が大統領候補として出馬したとき，マイケル・ディーバー（Michael Deaver）という彼の政治コンサルタントは，このようなテレビ的効果を利用した演出をふんだんに行った。ディーバーは，レーガンの自宅のほか，スポーツやイベントの会場など，政治的な場所では見られないような身近な表情を意図的にメディア側に取材させた。そして，その様子をテレビで見た視聴者に，政策よりも人柄を強く印象づけ，レーガンの人柄による人気は，彼による政権の長期化を支えたという（BBC 制作，1992,『メディアと権力』）。

デジタルメディアによる社会の変化

　さらにメイロウィッツはこうした相互行為の視点から，テレビが社会に影響を与える仕組みを次のように説明する。テレビが普及する以前は，社会における集団やその活動が営まれる社会的な空間は，それぞれによって明確な区分を持っており，メディアの情報はその区分のあり方にしたがって受容されていた。例えば，家族という集団の活動が営まれる場所は，大人と子どもという区分によって分かれており，大人が活動する領域に子どもが立ち入る権利や可能性は非常に限られていた。この区分について受容の仕方が大きく分かれていたのが，活字メディアの新聞である。子どもが新聞を読んで情報を得ることは，識字能力の問題もあって容易ではなく，そのため新聞による情報はそのまま「大人」という領域において成立するだけのものとなっていた。そのことは，子どもにとって，もともと身近に接触できる大人が親に限られることと合わせて，子どもに対する親としての大人が持つ知識の優位や権威をもたらすことにもなった。

　しかし，テレビの普及による他の大人との日常的な接触は，子どもにとってのそのような状況を一変させた。テレビは識字能力に関係なく，身振りや表情によるイメージとして情報の受容を容易にし，テレビの映像上に表現された大人と，それを視聴する子どもが相互行為をする可能性を広げた。子どもが大人

の行動を目にする領域は，家庭内の行動にとどまることなく，会社や酒場など，一般に子どもが立ち入ることができない場所にも広がり，大人が保っていた権威を損なうような情報を，子どもはテレビでの相互行為を通じて知ることになった。メイロウィッツはその結果，それまでの子どもに対する大人の権威も失われ，社会全体として大人と子どもの区分も曖昧なものとなったと主張する。同様の変化は，社会的な地位について上層であった人びとと下層の人びととの間でも生じ，上層とされてきた政治家や専門家の権威が失墜し，社会の体制をくつがえすような大きな社会運動が生じることにもなった（Meyrowitz 1968 = 2003）。

　近年のジェンダー差別への異議申し立てなど，インターネットによっても同じような権威に対する変化が見られるように，テレビによるこうした変化は，デジタルなメディアがもたらした社会空間への平等なアクセスとして位置づけられることが多い（Couldry 2012 = 2018）。このような見方に対して，相互行為の考え方からすると，活字メディアからデジタルメディアへの変化は，より身近な意味を持つシンボルを通じて，メディア上の人物の方が，親などの現実の社会空間にいる人よりも，「一般化された他者」としての役割期待をより多くもたらすようになった変化としても位置づけることができる。メイロウィッツ自身も，ミードにならって，このような変化により生じたものを「メディアについて一般化された他者」（Meyrowitz 1986 = 2003）と呼んでいる。つまり，デジタルメディア上に現れる人びとは，周囲の空間にいる人よりも，疑似プロクセミクスにおける身振りなどを通じた意味を持つシンボルの交換によって，人びとにとってより重要な「他者」としての位置づけを得たのであり，メディアはそこでより広く一般的に人びとを包み込むような役割期待を登場人物についてもたらすことになった。

④　第三者効果と想定上の世論

　これまではメディアに関わる相互行為として，「身振り」の交換のような個

人どうしの関係を考えてきたが，ここからは，さらに多数の人びとと個人の関係を考えていく。そのことは，とくにマスメディアの作用について考えるために大きな意味を持つ。

　じっさいに多数の人びとと個人の関係について，マスメディアが影響することは，「第三者効果」として1980年代から指摘されていた（Davison 1983）。第三者効果の具体的な例としては，災害時などに見られる必要物資の「買い占め」がある。例えば，テレビのニュースで，災害のために物が不足していると報道されたとしよう。このとき，まずこの報道によって，自分が物を買えなくなると考えるよりも，他の大多数の人の方が買えない不安を持つだろう，と考えるようになるのが，認知に与える第三者効果である。そして，他の人が不安から物を買い占めてしまったら，自分がその物を買えなくなってしまう，と考えて，他の人よりも先に買い占めの行動を起こす，というのが行動に与える第三者効果である。

　この第三者効果は，これまでに見た相互行為の考え方と大きな共通点を持つ。つまり，メディアの情報を受け取る個人は，ただ自分の関心や好みだけで情報を受け取るのではなく，情報に対する他人の立場を取り込みながら，自分の意識とは関わりなく，その情報について役割期待にもとづいた行動を取るということである。

　とくに個人がインターネットで情報を受け取る場合，もともとネットの情報は当てにならないと考えて信じないこともある。しかし，そこにこの第三者効果が加わると，自分は信じないが，他の人は信じて不安になり買い占めを始めるだろうと考えて，結局はその他人の役割に反応した相互行為の中で，買い占めの行動を始めてしまうのである。そこで，個人がたとえ慎重に情報を受け取り，その情報について他人とは異なる独自の見方をもっていたとしても，第三者効果にみられるような「他の人はこう考えるだろう」という役割期待上の見方が，このような相互行為により一つの「想定上の世論」（関谷 2014）として生じてしまう。そのため，本当は落ち着いて行動した方がよい（買い占めない方が正しい）と思っている人が，実は買い占め行列の先頭に立っているような

形で，行動の結果が，個人の持つ本来の見方とはかけ離れたものになってしまうことがある。

　このような状況の中で，メディアが「物不足」であるという情報とともに，たとえ「あわてない方がよい」という意見を人びとに伝えたとしても，それがそのまま人びとに合意を生じるとは限らない。なぜなら買い占めの場合で見たように，第三者効果から他の人が合意してないと考えられるのだったら，「あわてない方がよい」という意見は意味を持たず，先に買い占めて自分の利益を確保する方が正しいと思われることがあるからだ。災害時のような社会的な混乱において，避難など行動すべきことが明白であったとしても，実際に人びとが行動に結びつけることに困難がともなうことも，このような相互行為のしくみについて確かめることができる。

⑤　わたしの中のわたしたち

　ここまで見てきた相互行為の考え方を一言で示すならば，それは「わたしの中のわたしたち」という視点を手がかりに，メディアを含む社会のあり方を広くとらえていこうとする方法であるといえる。メディアを研究するには，技術的な歴史や制作側の組織・制度について理解を深める必要があるのはもちろんだが，メディアが伝えるものが実際に一人ひとりの「わたし」にとって意味を持つ必要がある以上，「わたし」がそれをどのように理解しているのか，という方法について考えることもまた必要となる。

　しかし，その方法は，メディア・リテラシーなどの形で特別に考え出されたものだけではなく，これまで見てきたように，ごく身近に私たちが行っているやりとりについて考えることによってももたらされる。つまり，メディアを理解することは，「わたし」として個々に行っている相互行為上の役割期待について，さまざまな「他者」の立場を取り込むことによって可能になっているのであり，具体的な相互行為の一つひとつを検討しながら，そこにある理解の方法についての検討を積み重ねていくことで，はじめてメディアの中にある「一

般化された他者」としての「わたしたち」という像が見いだされてくる。

　そしてその方法は，ミードが自己と社会（わたしたち）の関係について見出
したものであるように，同時にわたしたち自身が個々の「わたし」として社会
を営む上での基本になっている。「わたし」が社会にいること，すなわち「わ
たしたち」である，という理解は，冒頭でみたような「わたし」と「わたし」
がそれぞれに分かり合えるという，相互行為の特徴について見出されるもので
あり，「メディア社会学」が単なる「メディア学」ではなく，「社会学」である
という理由の一つもその特徴にあるといえる。

参考文献

Blumer, Herbert, 1933, *Movies and Conduct*, Arno Press, （2022年8月19日取得，
　　https://archive.org/details/moviesandconduct00blumrich）.

Couldry, Nick, 2012, *Media, Society, World : Social Theory and Digital Media
　　Practice*, Polity Press. （＝2018，山腰修三監訳『メディア・社会・世界——デジ
　　タルメディアと社会理論』慶應義塾大学出版会。）

Davison, W. Phillips, 1983, "The Third-Person Effect in Communication." *The Public
　　Opinion Quarterly*. 47(1) : 1-15.

Hall, Edward T., 1966, *The Hidden Dimension*, Doubleday and Company. （＝1970，
　　日高敏隆・佐藤信行訳『かくれた次元』みすず書房。）

Horton, Donald and R. Richard, Wohl, 1956, "Mass Communication and Para-Social
　　Interaction : Observations on Intimacy at a Distance," *Psychiatry*, 19(3) : 215-29.

Mead, George H., 1934, *Mind, Self & Society*, University of Chicago Press. （＝2021，
　　山本雄二訳『精神・自我・社会』みすず書房。）

Meyrowitz, Joshua, 1986, *No Sense of Place*, Oxford University Press. （＝2003，安川
　　一・高山啓子・上谷香陽訳『場所感の喪失——電子メディアが社会的行動に及ぼ
　　す影響』上，新曜社。）

Meyrowitz, Joshua, 1979, "Television and Interpersonal Behavior : Code of percep-
　　tion and response," Gary Gumpert and Robert Cathcartt eds., *Inter/Media :
　　Interpersonal Communication in a Media World*, Oxford University Press :
　　56-76.

石川准，1999，『人はなぜ認められたいのか——アイデンティティ依存の社会学』旬
　　報社。

小川克彦, 2011, 『つながり進化論——ネット世代はなぜリア充を求めるのか』中央公論新社。

志岐裕子, 2017, 「オンライン・コミュニケーション」李光鎬・渋谷明子編『メディア・オーディエンスの社会心理学』新曜社, 332-57。

関谷直也, 2014, 「世論」辻大介・是永論・関谷直也『コミュニケーション論をつかむ』有斐閣, 142-50。

辻大介, 2014, 「文字のコミュニケーション」辻大介・是永論・関谷直也『コミュニケーション論をつかむ』有斐閣, 59-67。

船津衛, 2006, 『コミュニケーションと社会心理』北樹出版。

正高信男, 1993, 『0歳児がことばを獲得するとき——行動学からのアプローチ』中央公論新社。

BBC制作, 1992, 『メディアと権力』（日本語版）, 日本経済新聞社。

第8章

メディア・イベント論の新たな拡がり

——デジタルメディア環境における社会的「統合」と「分断」——

三谷文栄

1 メディアを介して経験する大規模なイベント

　現代社会において，大きな出来事が発生したり，あるいは大掛かりなイベントが発表されたりすると，新聞やテレビといった既存のマスメディアのみならず，ソーシャルメディアを通じて広く情報が拡散される。マスコミュニケーション研究やメディア研究の領域において，多くの人びとがメディアを介して経験するイベントの分析に適用可能な理論として「メディア・イベント（media event）論」がある。

　メディア・イベント論は，人類学の「儀礼」の概念をマスコミュニケーション研究，メディア研究の領域に応用したものである。メディア・イベントとは，社会の大多数のオーディエンスがメディア，とくにテレビを介して経験する「祝祭的」な出来事を指す。元号「令和」の発表を例に考えてみよう。「令和」という元号の発表は2019年4月1日である。元号の発表日時を事前に開示したため，多くのメディアが大々的な報道を計画し，実行した。オーディエンスである私たちの多くも，新たな時代の元号の発表をテレビの前で待ち構え，Twitter などのソーシャルネットワーキングサービス（以下，SNS）で共有・拡散した。このように，日本という国家の構成員の多くが元号の発表という「祝祭的」なイベントを，メディアを介して経験したのである。

　メディア・イベント論は，冷戦下で生じたさまざまな出来事がテレビの「生中継」を介して経験されることを分析するために提唱されたものである。しかし，その後のインターネットの普及などのコミュニケーション技術の発達を念

頭において，デジタルメディア環境を踏まえた議論が進められつつある。「祝祭的」とは言えない出来事を含め，多様な出来事がメディアで大きく取り上げられる。生中継を通じてオーディエンスが経験する出来事は「祝祭的」ではないものも数多く存在する。とはいえ，依然としてメディア・イベント概念を用いた分析では「祝祭的」なイベントを対象とするものがほとんどである。しかし，後述するように，「祝祭的」なイベント以外にも，災害やテロ，戦争といった「破壊的」な出来事の大々的な報道の分析にもメディア・イベント概念が用いられ，多くの研究成果が発表されている（Katz and Liebes 2010; Stępińska 2010など）。

　本章ではまず次節で，メディア・イベント論とはいかなる理論であるのかを提示する。メディア・イベント論は広く注目されたが，同時にいくつもの批判が寄せられたものでもある。第3節では，メディア・イベント論に対して行われた批判を整理する。そのうえで，こうした批判を受けて発展した近年のメディア・イベント論の動向を明らかにする。

② 祝祭としてのメディア・イベントと社会の統合

　現代社会ではインターネットを介してすぐさま情報が社会の中で流通し，共有される。インターネットは1990年代後半以降に日本を含む，世界で広がった技術である。インターネット普及以前，オーディエンスは主に新聞やテレビを中心としたマスメディアから出来事の情報を獲得していた。その中でも，識字能力を必要としない，映像によって感情を伝えるテレビは，多くのオーディエンスを獲得していた。冷戦期にこうした映像メディアが，国民に生中継で情報を伝え，感情を喚起させることは，国民国家にとっていかなる意味を有するのかを検討したのが，この理論の提唱者であるダニエル・ダヤーン（Daniel Dayan）とエリユ・カッツ（Elihu Katz）である。

　改めて，メディア・イベントとはいかなるものを指すのか。ダヤーンとカッツは，放送メディアを対象にした古典的な研究において，メディア・イベント

を事件や事故といったメディアで報道される特定の出来事やイベントではなく，以下の7つの特徴を有するメディアの「ジャンル」として定義づけた（Dayan and Katz 1992＝1996：18-21）。第一に，メディア・イベントにはオーディエンスの日常生活や日常的なテレビの慣習が中断されるという特徴がある。テレビが通常のチャンネル編成を変更して，大規模な出来事の特別番組を放送することは少なくない。そうした大規模な出来事は，一つの放送局が独占的に放送し続けるというよりは，むしろ多くの放送局が同時に取り上げる傾向がある。日常ではテレビを視聴していない時間でも，その特別番組を視聴することで，オーディエンスの日常は「中断」されるのである。第二に，メディア・イベントには「生中継」という特徴がある。第三の特徴は，そうしたイベントがメディア組織の外部の組織や人びとによって計画され，スタジオの外で行われるところにある。第四に，事前に計画され，大々的に宣伝されていること，第五に，重要な一種の「儀式」として放送され，ジャーナリストたちはそのテーマに対して敬意を払うことが挙げられる。第六に，メディア・イベントの放送は，和解や調和，融和といったものを提示すること，そして第七に，それは大規模なオーディエンスに向けて放送されることが挙げられる。

　こうした特徴を有するメディア・イベントは社会的に共有された「シナリオ」に沿って放送されることで，社会の秩序維持や安定に寄与する。ダヤーンとカッツは，マックス・ウェーバー（Max Weber）による支配の正当性の三類型（Weber 1947＝2011：30）をもとに，メディア・イベントのシナリオを以下の3つに類型化した（Dayan and Katz 1992＝1996：56-7, 67-9）。

　第一が競技型のメディア・イベントである。そこでは，対等な能力を有した人たちがルールに則り闘う場面が大々的に，中立的に放送され，オーディエンスはどちらの人がより優れているのかを見ることになる。具体的な例としてはオリンピックやワールドカップなどのスポーツイベントに加えて，選挙における討論会もこの競技型に含まれる。競技型の特徴としては定期的にイベントが開催されることが挙げられる。

　第二は制覇型のメディア・イベントである。競技型とは異なり，制覇型には

合意されたルールは存在しない。カリスマや英雄とされる人物が中心となり，社会において困難と思われる問題を解決したり，不可能とされることを達成したりするイベントが，語り部の視点から大々的に放送される。オーディエンスはそうした放送を通じて人類が成し遂げた現場に立ち会い，その達成した人物，組織に対して畏敬の念を抱くことになる。こうした制覇型のメディア・イベントとしては月面着陸や紛争の平和調停などが挙げられる。近年の制覇型メディア・イベントの例では，2018年の朝鮮戦争終結に向けた南北首脳会談が考えられる。

　第三が戴冠型のメディア・イベントである。そこでは，慣習や伝統に則った形でイベントが進められる。それにより，イベントで主役となる人物が連続性を象徴するものとみなされ，神聖な象徴にふさわしいかといった観点から恭しい論調で放送される。社会の基本的な価値に訴えるイベントであるため，改めて現状に対しての承認が与えられることになる。戴冠型のメディア・イベントとしては，イギリス王室の結婚式や，天皇の即位式である「即位の礼」などが挙げられる。

　これらのように，大々的に放送され，大規模なオーディエンスを獲得するメディア・イベントは，どのシナリオであっても既存の秩序の維持あるいは安定に寄与すると考えられる。例えば競技型メディア・イベントのオリンピックは国民国家という枠組みを中心とした秩序が再確認される。制覇型のメディア・イベントの紛争調停は，放送されることによって，その調停に対する支持が広く獲得されることにつながる。そして2019年5月1日の天皇の「即位の礼」は戴冠型のメディア・イベントとして広く放送されたが，そこでは日本社会における「伝統」が強調された。それは，日本社会の象徴天皇という制度の安定に寄与し，日本社会の秩序が維持されることにつながったのである。

③　メディア・イベント論への批判

　メディア・イベント論は，多くの研究者に注目され発展してきた。その過程

で，この理論は批判的に検討されていった。その批判は大きく分けると以下の
３つに大別できる（Hepp and Krotz 2008: 266）。

　第一の批判は，メディア・イベントの「非日常性」に対して行われた。ダ
ヤーンとカッツはメディア・イベントを日常とは異なる宗教的イベント，ある
いは歴史的イベントとして位置付けている。しかし，メディアとは私たちの生
活に密接に関連する，極めて日常的なものであり，そうした日常の中でメディ
アは重大な作用を及ぼしている（Silverstone 1999＝2003: 30-1）。こうした視点
から，「イベント」とは日常を中断させるような特別なもののみを指すのでは
なく，非日常的なものから日常的なものをも含む，私たちが作り出すものだと
する見解もある。また，メディア・イベント論が非日常的な「伝統」や「儀
式」を重視しているにもかかわらず，その歴史的分析が不足しているとも指摘
された（Scannell 1995: 152）。すなわち，「メディア・イベント」とは，非日常
／日常を問わず，メディアを媒介したパフォーマンスであり，その歴史的文脈
を分析する必要性が提起されたのである。

　「非日常性」という観点からメディア・イベント論を批判し，捉えなおす研
究は日本でも数多く見られる。例えば，吉見俊哉はダヤーンとカッツのメディ
ア・イベントの非日常性を批判し，「メディア・イベントのなかには明らかに
もっと規模の小さい，日常との境界があいまいなものも存在している」と主張
する（吉見 1996: 20）。そのうえでメディア・イベントを，以下の３つに分類
した（吉見 1996: 26）。第一が，高校野球やメディア主催の美術展などを指す
「メディアが主催するイベント」，第二がロイヤルウエディングなどを指す「メ
ディアに媒介されるイベント」，第三が浅間山荘事件などを指す「メディアに
よってイベント化される現実」である。日本においては，この3つの分類を踏
まえたうえで，日常的なものを含めたメディア・イベントの歴史的アプローチ
が数多く行われている（津金澤 1996, 2002；津金澤・有山 1998など）。また，近
年では，音楽フェスやパブリック・ビューイングなどを含む日常的な「メディ
ア・イベント」をオーディエンスがどのように受け止めたのかという点も分析
されつつある（飯田・立石 2017）。

　第二の批判は，メディア・イベントが取り上げている対象とそのシナリオの限定性に対して加えられた。メディア・イベントの予定はメディアに事前に伝えられることで，メディア側は大々的に取り上げて放送することが可能になる。放送を通じて，そのイベントは歴史的なものとして宣伝され，それによって広範なオーディエンスの心を揺さぶる（Dayan and Katz 1992＝1996：23）。そこでの「イベント」はあらかじめ計画されるものを指し，事故や災害，戦争といった予期されないものは含まれない。これに関して，カッツは「衝撃的なニュースのイベントは，統合的ではなく破壊的である。そして，セレモニー的イベントとは異なり，あらかじめ計画されたものではない。（中略）つまり，それらは異なるジャンル」と述べた（Katz and Liebes 2010：33）。また，メディア・イベントには「教育的な意味」があることから，事故や災害，戦争，テロなどはその範疇に含まれないとした（Dayan and Katz 1992＝1996：39）。すなわち，民主主義社会におけるメディア・イベントは，大衆の支持を集めようとする「説得」の行事であり，統合を促す。そして，事故や災害，戦争，テロは，「説得」をともなうものではなく，社会の混乱を示すと位置づけられた。

　しかし，冷戦終結後の世界情勢の変化によって，「衝撃的」な映像が大規模なオーディエンスを獲得するようになった。具体的には湾岸戦争（1991年）や2001年9月11日のアメリカ同時多発テロなどが挙げられるが，これらは冷戦期の戦争とは異なり，「生中継」で「現場」から報道された。そして，テロや戦争も大々的にメディアで取り上げられるように，計画されるようになった（福田 2009：12）。実際に，立てこもりやハイジャックといったテロ行為が発生した場合，ジャーナリズム組織は中継などを通じて大きく報道し，オーディエンスはそのニュースを注視することになる。またアメリカ同時多発テロのように，象徴的なもの（世界貿易センタービル）を破壊するという，対象社会の構成員に衝撃を与えつつテレビに映えるような行為が行われるようになった。加えて，イスラム教過激派組織によるジャーナリスト誘拐・殺害動画や宣伝動画がインターネット上で公開されたように，技術を駆使して印象に残る衝撃的な映像を作成し，提供している。すなわち，「統合的」で「祝祭的」なメディア・イベ

ントと同じ程度に，もしくはそれ以上に，「破壊的」とされるイベントや出来事はメディアで大きく取り上げられるのである。

　この議論の注意すべき点は，事前に「祝祭的」なイベントとして計画されたとしても，それが失敗して「破壊的」「衝撃的」なイベントに転換される可能性があることにある（Scannell 2014: 218）。イベントの主催者と対立する物語を提示する社会運動が展開されることもあれば，オリンピックもテロの対象となり大きな注目を集めることもある。あらゆる出来事は，ニュースとして大々的に報道される可能性があり，「祝祭的」「衝撃的」といった事前に引いた境界線が曖昧になることも少なくないのである。

　第三の批判は，メディア・イベントの「儀礼」の側面に対して行われた。メディア・イベント論は社会の統合を促す「祝祭」を中心とした「儀礼」という点を重視している（Dayan and Katz 1992＝1996: 13）。ここでいう「儀礼」とは，人類学的な通過儀礼を指す。通過儀礼とは，「隔絶，試練と訓育のための境界的な期間への移行，そしてしばしば新たな役割を担う形で成される通常の世界への復帰からなる」（Dayan and Katz 1992: 163）。「境界的（リミナル）」な期間において，社会的・政治的構造は一時的に宙吊りにされる（Turner 1974＝1981）。より具体的な通過儀礼の例としては成人式や結婚式などが挙げられる。儀礼の参加者は儀式という非日常的な「境界的な期間」を経て，日常へと復帰し「成人」あるいは「夫婦」としての役割を担うことになる。この境界的な期間においては，参加者は「未成年」でもなければ「成人」でもなく，「婚約者」でもなければ「夫婦」でもない。儀礼を終えて，日常に復帰して「成人」あるいは「夫婦」となる。

　ダヤーンとカッツは，機械的紐帯が分化した現代社会においては，儀礼であるイベントを大々的に行うことで，人びとに「共通」の感覚を与えるとしている。例えば，2019年の改元において，新たな元号である「令和」が４月１日に発表されてから同年５月１日に改元されるまでの移行期間は境界的なものとなる。この期間は，通常では大きく取り上げられるような事件，事故，政治的社会的問題は，二次的な扱われ方をする。それは，平成が終わり，令和が始まる

まで続くことになる。そして，境界的な期間を終えると，令和の始まりという「共通」の感覚が人びとの間に共有されるのである。

　重要な点は，この境界状態においては既存の社会的・政治的構造や秩序，価値が宙吊りとなるが，それが儀礼後の社会の秩序や構造の変容を意味しないことにある。むしろ，その儀礼を通じて既存の社会秩序が維持され，社会の統合が促される。オーディエンスである国民の間にメディア・イベントに含まれるメッセージへの支持を生みだし，社会的規範を受け入れさせる。結果として，社会の統合を促し，社会とその権威に対する忠誠が更新される（Dayan and Katz 1992＝1996: 23）。このように，メディア・イベント論は祝祭的な儀礼の統合的役割を前提としている議論である（Hepp and Couldry 2010: 4）。

　第三の批判は，こうしたメディア・イベントの儀礼が国民国家を一つの社会として統合するという前提そのものに向けられた。すべてのオーディエンスがメディア・イベントを通じて，統合へと促されるわけではない。儀礼は，多様な物語を抑圧するという権力性を有している。シナリオ通りにメディア・イベントが特定の物語や解釈を取り上げることで，それとは異なる対立する物語や関連する出来事が注目されず，排除される（大石 2005: 258）。しかし，多様な物語を抑圧しても，儀礼がシナリオ通りに成功するとは限らない。なぜならオーディエンスが「祝祭的」なものとして受け取らず，むしろメディア・イベントが提示する物語と対立する物語を想起するオーディエンスも存在する（Sonnevend 2018: 123）。すなわち，社会の統合ではなく，メディア・イベントによって生じる，あるいは明らかとなる社会の「分断」「対立」の可能性を加味する必要があるのではないかと問われたのである。

　このように，これら３つの側面（「非日常性」「シナリオ」「儀礼」）からメディア・イベント論は再検討されている。これらの側面は独立したものというよりは，相互に関連しあっている。また，メディア・イベントを現代のメディア環境に適応させるために，必要な視点でもある。近年はとくに第二，第三の視点を分析枠組みにいかに組み込むのかという関心から，理論的な検討が進められている。以下では，これらの批判を踏まえたメディア・イベント論の近年の動

向を紹介したい。

④　メディア・イベント論の近年の動向

破壊的メディア・イベント：テロ，災害，戦争

　メディア・イベント論に対する批判の中で示された祝祭的ではないイベントや出来事とはいかなるものを指すのか。先述したように，カッツは祝祭的ではない「破壊的」なイベントはメディア・イベントに含まれないとしていた。しかし，社会的政治的状況の変化を受けて，戦争やテロ，災害といった衝撃的で破壊的な出来事を，どのようにその議論に組み込んでいくのかという問いが提示されるようになった。カッツは，こうした研究動向を受けて，前述の議論を修正し，メディア・イベントとニュースの差異化が妥当であったとしても，祝祭的なもののみならず，大きな破壊的なニュースイベントもまたメディア・イベントに含まれることは明らかだと述べた（Katz and Liebes 2010: 33）。そして，破壊的なメディア・イベントの例として「テロ」「自然災害」「戦争」「異議申し立て活動」を挙げた（Katz and Liebes 2010: 33）。破壊的なメディア・イベントは社会の統合を促すわけではなく，社会の分断や絶望の噴出だと位置づけたのである（Katz and Liebes 2010: 39）。

　注目すべき点は，破壊的メディア・イベントにおいても儀礼が重視されていることである。「テロ」のメディア・イベントにおいては，メディアでは繰り返しテロの現場が報道される。また，現場で被害者を救助するレスキュー隊員はヒーローのように取り上げられ，専門家や政治家に対するテロが生じた原因などに関するインタビューが放送される。テロ発生直後からのこうした一連の報道は一定の持続性をもって継続的に行われ，ある程度パターン化される。こうした「災厄」の後に，継続的に多くのメディアで行われるパターン化された報道（「災厄マラソン」）は「自然災害」「戦争」にも見られる。災厄マラソンが生じると，その報道を通じて出来事に対して何らかの対応策や支援策を提示するように政府へ圧力がかかる（Katz and Liebes 2010: 36）。しかし，そうした報

道を口実に政府は行動し，「悪」に対峙する政府は自らの支持を獲得する可能性もある。テロや自然災害，戦争といった「破壊的」な出来事が発生し，災厄マラソンが展開されることによって，その出来事は破壊的メディア・イベントとなる（Couldry 2003: 72-3）。すなわち，分裂と絶望の噴出も，その後の報道によって社会の統合を促す「儀礼」の一部となるのである。カッツとリーブスは，テロ，自然災害，戦争に加えて「異議申し立て活動」も破壊的メディア・イベントの一種として位置づけている。しかし，「ここでは詳細を述べない」としており，詳細な言及は上述の3つのみに限定されている（Katz and Liebes 2010: 36）。

　このように破壊的メディア・イベントの議論は，分析対象が「破壊的」なイベントや出来事であっても，その関心は依然として社会の統合に寄せられている。それでは，社会の分断を示す破壊的なイベントには，統合の機能しかないのであろうか。

　注意すべき点は，破壊的メディア・イベントにおける社会の統合の議論が，破壊的な出来事でダメージを受けた被害側からの視点に基づいていることである。被害者側からはテロは突然に生じるものであるが，テロそのものは計画的に実行される。テロを計画した側は，テロが大々的に報道されることによってその集団的凝縮性を高める。仮にこうしたテロ組織やテロ集団が同国内にいた場合，あるいはそうした集団を支持する広範な集団が存在する場合，国民国家というレベルでの社会的統合を達成するのは困難である。むしろ，テロ組織やテロ集団の，あるいはその支持者たちの凝縮性が高まり，彼らが同国内に存在することが明確化することで国民国家レベルにおいては分断が引き起こされるのではないだろうか。

統合と分断のメディア・イベント

　分断というメディア・イベントの機能を考えるうえで，重要な視点を提供しているのが，第三の儀礼の側面から展開している研究である。メディア・イベントは社会に属する「私たち」を構築し，社会の統合を促す（Dayan 2010: 28）。

それでは，誰がその「私たち」に内包されるのだろうか。そこにおける社会は
どこを指すのか。メディア・イベント論においては，国民国家レベルの社会に
属する「私たち」が構築される。換言すると，メディア・イベント論で想定さ
れているテレビを通じた祝祭的な儀礼は国民に向けて行われているものである。
このメディア・イベント論における「私たち」の構築機能と深く関連するのが，
儀礼概念である。

　儀礼という観点からコミュニケーションをとらえた場合，コミュニケーショ
ンとは情報伝達のみならず，社会の秩序の維持に寄与するものである（Carey
2009: 15）。上述したように，メディア・イベントという儀礼を経験することを
通じてオーディエンスは共通の感覚を獲得する。換言すると，国民に向けて行
われる儀礼であるメディア・イベントを通じて「私たち」は構築され，共有さ
れることにより，国民国家としての社会の統合に寄与すると考えられているの
である。しかし，デジタルメディアが普及し，オーディエンスの共通の経験が
減っている中，国民国家のレベルでの社会の統合は可能なのだろうか。現代社
会の分断状況を考慮すると，社会を一枚岩として捉えることはできないのでは
ないかと指摘し，異なる観点から儀礼を捉えたメディア・イベント概念も提起
されている（Hepp and Couldry 2010: 4-5）。

　メディア理論を研究するニック・クドリー（Nick Couldry）は，儀礼とは形
式を通じた権力の行使であるとしたうえで「メディア儀礼」という概念を提示
した（Couldry 2012＝2018: 109）。クドリーは，現代社会においてメディアには
社会の「中心」に対して特権的なアクセスを有しているとする神話があると指
摘する。その「中心」とは，「私たち」の生活様式や価値を形成する，社会に
存在する「真の」中核を意味する。その神話において，人びとはメディアに接
することで，「私たち」の社会を構成する「真の」中核に到達できるとされる
が，その「中心」の存在もまた神話である。このように指摘したうえで「メ
ディア儀礼」をメディアが「中心」に対して特権的な関係を有しているとする
神話に関するカテゴリーの区分や境界を強化する行為の形式と定義づけた
（Couldry 2012＝2018: 111）。

　カテゴリーとは，ダヤーンとカッツが日常／非日常と分けたような，差異化の安定した原理を意味する。ここでのカテゴリーとは具体的にはメディアの人・メディアの世界・メディアのもの／非メディアの人・非メディアの世界・非メディアのものという差異化を指す（Couldry 2012＝2018: 120）。こうしたカテゴリーの中で，パターン化された行為としての儀礼が行われる。ニュース番組を例に見てみよう。ニュース番組ではニュースの映像，アンカーや現場の記者からのレポート，コメンテーターなどの解説によって構成されている。このような番組の形式は他のメディアでも採用され，パターン化されている。そのため，各局や各国で多様なバリエーションが見られても，オーディエンスはそれをニュース番組として認識できる。基本的な形式は保持されたまま，パターン化された行為である儀礼として理解されるのである。このニュース番組の形式は，メディアの内側／外側というカテゴリーの再生産に寄与している。ニュース番組や情報番組では，コメンテーターはあたかも何でも知っているかのように，あるいは世論の代弁者のように表象される。それは，アンカーや記者，コメンテーターがメディアの内側の人たちであり，社会の「中心」に対するアクセスがあると認識されるためである。

　こうしたメディアの内側／外側のカテゴリーを強化するパターン化された行為は，メディアの中だけの行為を指すのではない。むしろ，私たちの日常の中にもそのカテゴリーを再生産し，強化するパターン化された行為が見られる。例えば，オーディエンスである私たちは，新聞，テレビ，デジタルメディアを通じて日々ニュースに接触することで，「社会」を知ることができる。それはまさに，メディアが社会の「中心」に対して特権的なアクセスを有しているという神話を強化することにつながっている。またオーディエンスは，ジャーナリストの取材中にテレビカメラを向けられて手を振るといった「メディアに登場すること」が特別なことであるかのようにふるまうことがある。このように，私たちの日常的なメディア実践はメディアの内側／外側というカテゴリーの再生産を行っており，私たちはメディア儀礼に参加しているのである。

　上述のようなメディア儀礼を踏まえたメディア・イベントの定義は「メディ

アを介して伝達される状況に依存した，厚みのある，そして中心化を行うパフォーマンスを指す。それは多様なメディア生産物を横断し，広範かつ多様なオーディエンスや参加者の多くに影響を与える特定のテーマの中核への注目を促す」ものとなる（Hepp and Couldry 2010 : 12）。この中心化を行うパフォーマンスとは，神話である社会の「中心」に注意を向けさせるようなメディアを介した行為を指す。

　この定義は，メディア・イベントを「特定のテーマの中核」に注目を促すことで社会の秩序の維持に寄与するものと捉えているが，社会の「中心」の存在が神話だとされているように，社会における複数の秩序の存在を前提としたものである（Hepp and Couldry 2010 : 5 ; Couldry 2012 = 2018 : 108）。それは，国民国家，地域共同体といったように，さまざまなレベルの，多様な社会の存在を前提としていることを意味する。そのため，メディア・イベントによって生じる紛争や対立，インターネットの普及，グローバル化の深化といった諸側面が考慮されており，多様な事例に適応可能である。メディア・イベントを通じて，儀礼が向けられているそれぞれの社会の秩序を維持し，統合を促進する。すなわち，それぞれの社会の秩序が維持され，統合が促進されることで，国民国家レベル，またはグローバルなレベルで見ると，社会間や国家間の差異──分断が明確化されることを意味するのである。

　それでは，破壊的メディア・イベントの場合，儀礼を主催しているのはどの組織なのか。上述の議論では，破壊的メディア・イベントにおける儀礼においても，政府を中心とした公的な機関が主催者であることが念頭に置かれていることは明白である。すなわち，テロや災害，戦争が生じた後，その破壊的な出来事が社会にとっていかなる意味を持つのかを政府などの公的な機関が提示し，その意味づけに沿ってメディアが報道することが想定されているのである。確かに，そうした状況は東日本大震災においても見られた。東日本大震災が生じた直後から「大本営発表」と評されるほど，日本のメディアは政府の提示する意味づけを報道し続けていた。しかし，そうした一連の報道に対して批判的な声があがっていたのも事実である。また，テロや戦争といったように，出来事

に関して「意味づけをめぐる闘争」がみられる破壊的な出来事もある。この場合，そうした出来事の「主催者」を政府などの公的な機関に限定するのは，他の政治的アクターの役割を過小評価することにもなる。

　テロリストたちの目的として，象徴的なものを破壊することで，その組織や社会，その構成員に衝撃を与え，彼らが当然のように享受しているものに対する疑問や不信を植え付けるということが挙げられる。ジャーナリストたちもまた，テロ行為の背景を考察するが，それによりテロリストたちの考えや要求，あるべき社会などがオーディエンスに広く伝えられる。すなわち，彼らは既存の政治・社会システムを批判する，異なる意味づけを提示しているのである。そして，テロ行為が報道されることで，テロリストたちは新しい支持者を獲得すると同時に，テロ組織・集団への支持を補強しているのである（Louw 2005：241-4）。破壊的メディア・イベントにおいては，公的な機関と，それ以外の政治的アクターとの間で誰がそのメディア・イベントの「主催者」になるのかの闘争が行われているのである。メディア・イベントは「多数のメディアの声が競合する場」と指摘されているように，そこでは意味づけをめぐる闘争が生じている（Dayan 2010：28-9）。また，そうした闘争の結果，公的な組織の意味づけが反映された報道が支配的となった場合，テロ行為を行ってもメッセージが伝わらなかったことへの無力感から，逆説的にテロ組織や敵国の凝集性が高まることになる。

　こうした観点からみると，破壊的メディア・イベントにおいては，意味づけをめぐる闘争が生じ，それの結果に関係なく，それぞれの「主催者」の社会や組織，集団の統合が促される。それにより，それぞれの意味づけの差異が明確化されることになり，国民国家における個人間，集団間，組織間，社会間の分断が明示されることになる。

5　今日的なメディア・イベント論を考えるために

　このように，儀礼という観点からメディア・イベントを捉えなおす試みは，

デジタルメディア環境で生じた破壊的メディア・イベントに適用できるものである。最後に，日本社会を分析対象とする場合，いかなる視点が必要となるのかを考えたい。

　日本において，デジタルメディアの普及とともに，既存のマスメディアに対する不信が高まりつつある。それは，ニュース・メディアが祝祭的なイベントを大きく報道しても，日本社会全体の統合へとつながらない可能性が高まっていることを意味する。例えば，ロンドンオリンピック（2012年）では，「観客として参加しない」という選択をした人びとが見られた。マスメディアでオリンピックを楽しむ人びとが紹介される一方で，参加しない人びとが SNS などで意見を表明することで，社会の分断が明示された。しかし，それは「オリンピック」という「特定のテーマ」を議論しており，メディア儀礼の観点からすると，SNS で「批判する」という行為も「オリンピック」という儀礼に参加していることを意味する。そうした儀礼を通じて，それぞれの集団が，自分たちの社会の凝集性を高める。それにより差異が明確となる。このような意味づけをめぐる闘争という視点を持ちつつ，「祝祭的」「破壊的」な両方のメディア・イベントの分析を進めることが求められる。

　破壊的メディア・イベントを検討する際に，日本の事例で「災害」に加えて重要になってくるのは「異議申し立て活動」である。異議申し立て活動をメディア・イベント論の観点から分析する試みは，現在進められている（Baccallao-Pino 2016など）。本章で提示した意味づけをめぐる闘争としてのメディア・イベントという視座は，「異議申し立て活動」の分析にも適用可能である。異議申し立て活動の一つである社会運動は，参加者にとって「祝祭」や「イベント」の側面が存在することはすでに指摘されている（毛利 2003）。参加者にとって，その活動の目的に何らかの貢献をすることよりも，「参加」するという点が重視され，イベントとなっている異議申し立て活動がメディアで大きく報道される。その報道が社会の統合または分断にいかに寄与するのかという点は，メディア・イベント論の観点からの考察が必要だろう。すなわち，国内で異議申し立て活動があると，それに関する報道の支配的な意味づけをめぐ

り，闘争が生じる。当然のことながら，この闘争には SNS などのデジタルメ
ディアも参加することになる。この結果，「パターン化された行為」が見出さ
れ，報道が儀礼化すると，それにより支配的な意味づけを勝ち得た側の凝集性
が高まることとなる。その一方で，意味づけが劣勢となった集団や組織，社会
においては，その支配的な意味づけに対する不信や不満，反感が高まり，それ
らの間で凝集性が高まる。ただし，その意味づけをめぐる闘争の結果は一時点
のものでしかない。時を経ることにより，その支配的な意味づけに対して対抗
的な意味づけが提示され，新たに意味づけをめぐる闘争が生じる。こうした一
連の意味づけをめぐる闘争の過程を通じて，国内における分断状況が明確化す
ることになるのである。

　本章では，メディア・イベント論の近年の動向を提示しながら，儀礼概念の
再検討を通じて破壊的な出来事の分析にメディア・イベントがどう適用可能か
を検討した。本章で繰り返し述べたように，メディア・イベント論に対しては，
破壊的な出来事の分析の必要性や，オーディエンスの多様化・分裂化を踏まえ
国民国家というレベルでの社会を一枚岩的に考えることの問題点が指摘されて
いる。また，「歴史的な」祝祭の生中継が有していた「アウラ」が喪失し，多
くのオーディエンスを「魅了」する「魔法」が失われたとも述べられている
(Katz and Liebes 2010: 34; Dayan 2010: 28)。しかし，国民国家という社会の
「中心」の神話は，他のものよりも強力に作用し，依然として重要であること
を認める必要がある。また，デジタルメディア環境下において，オーディエン
スを大量に獲得することは難しくなったことは確かである。しかし，だからこ
そテレビやデジタルメディアという垣根を越えてオーディエンスを獲得しよう
とする大規模なイベントが企画される傾向も見られる。現代社会におけるメ
ディア・イベントは，一面的に捉えるのではなく，多様な側面を評価しながら
分析していくことが求められている。意味づけをめぐる闘争としてのメディ
ア・イベントという観点は，まさにそうした多様な側面を分析視座に含めた枠
組みなのである。

参考文献

Baccallao-Pino, Lázaro M., 2016, "Transmedia Events : Media Coverage of Global Transactional Repertories of Collective Action," Bianca Mitu and Stamatis Poulakidakos, eds., *Media Events : A Critical Contemporary Approach*, Palgrave Macmillan, 189-206.

Carey, James W., 2009, *Communication as Culture : Revised Edition*, Routledge.

Couldry, Nick, 2003, *Media Ritual : A Critical Approach*, Routledge.

————, 2012, *Media, Society, World : Social Theory And Digital Media Practice*, Polity.（＝2018，山腰修三監訳『メディア・社会・世界——デジタルメディアと社会理論』慶應義塾大学出版会。）

Dayan, Daniel and Elihu Katz, 1992, *Media Events : The Live Broadcasting of History*, Harvard University Press.（＝1996，浅見克彦訳『メディア・イベント——歴史をつくるメディア・セレモニー』青弓社。）

Dayan, Daniel, 2010, "Beyond Media Events : Disenchantment, Derailment, Disruption," Nick Couldry, Andreas Hepp and Friedrich Krotz, eds., *Media Events in a Global Age*, Routledge, 23-31.

Hepp, Andreas and Nick Couldry, 2010, "Introduction : Media Events in Globalized Media Cultures." Nick Couldry, Andreas Hepp and Friedrich Krotz, eds., Media Events In A Global Age, Routledge, 1-20.

Hepp, Andreas and Friedrich Krotz, 2008, "Media Events, Globalization and Cultural Change : An Introduction to the Special Issue," *Communications*, 33 : 265-72.

Katz, Elihu and Tamara Liebes, 2010, ""No More Peace!" How Disaster, Terror and War Have Upstaged Media Events," Nick Couldry, Andreas Hepp and Friedrich Krotz eds., *Media Events in a Global Age*, Routledge, 32-42.

Louw, Eric, 2005, *The Media and Political Process*, Sage Publications.

Scannell, Paddy, 1995, "Review : Media Events," *Media, Culture & Society*, 17 : 151-157.

————, 2014, *Television and the Meaning of Live*, Polity.

Silverstone, Roger, 1999, *Why Study the Media?*, Sage Publications.（＝2003『なぜメディア研究か——経験・テクスト・他者』せりか書房。）

Sonnevend, Julia, 2018, "The Lasting Charm of Media Events," *Media, Culture & Society*, 40(1) : 122-6.

Stępińska, Agnieszka, 2010, "9/11 and the Transformation of Globalized Media Events," Nick Couldry, Andreas Hepp and Friedrich Krotz, eds., *Media Events In*

A Global Age, Routledge, 203-16.

Turner, Victor, 1974, *Dramas, Fields, and Metaphors : Symbolic Action in Human Society,* Cornell University Press.（＝1981，梶原景昭訳『象徴と社会』紀伊国屋書店。）

Weber, Max, 1947, *Wirtschaft und Gesellschaft, Grundriss der Sozialökonomik,* 3 aufl, Mohr.（＝2011，濱嶋朗『権力と支配』講談社学術文庫。）

飯田豊・立石祥子，2017，『現代メディア・イベント論——パブリック・ビューイングからゲーム実況まで』勁草書房。

大石裕，2005，『ジャーナリズムとメディア言説』勁草書房。

津金澤聰広，1996，『近代日本のメディア・イベント』同文舘。

津金澤聰広・有山輝雄，1998，『戦時期日本のメディア・イベント』世界思想社。

津金澤聰広，2002，『戦後日本のメディア・イベント』世界思想社。

福田充，2009，『メディアとテロリズム』新潮社。

吉見俊哉，1996，「メディア・イベント概念の諸相」津金澤聰広編『近代日本のメディア・イベント』同文舘。

毛利嘉孝，2003，『文化＝政治』月曜社。

第9章

メディア社会学における調査分析の基礎
──メディアに関わる現象をいかに捉えるのか？──

池上賢

①　メディアを解き明かすために何をすべきか？

　本章では，メディア社会学において用いられてきた調査方法を紹介する。本書を読んできた読者のみなさんは，メディア社会学においてどのような論点があるのかある程度理解できたのではないだろうか。中には，本書を読み自分なりの新たな問い──例えば，「YouTube はなぜ視聴されているのか」「インターネットニュースには影響力があるのか」など──を見つけた人もいるかもしれない。問いの内容にもよるが，そういった際には，調査を行う必要がある。そこで本章では，調査を行うにあたってどのような手続きを踏めばよいのかイメージできるようになるため，メディア社会学の研究から，調査方法を紹介する。

　メディア社会学における調査手法にはさまざまなものが含まれており，すべて網羅的に解説するのは困難である。本章ではとくに重要な領域を絞り込み，初学者にもイメージしやすいように「どのような手法で」「何を分析しているのか」という 2 つの軸を設定する。

　1 つ目の軸は，調査の手法が量的であるのか，質的であるのかという軸である。量的調査とは，数量化できるデータ，もう少し簡単な表現を使うならば，「数えられる」データを調査するものである。質的な調査とは，数量的ではない，つまり「数えたり，割合を比較したりできない」データを扱う調査である。

　2 つ目の軸は，研究対象となる事柄として，メディアの受信と発信という軸を置く。メディアの受信に焦点化した研究では，ある集団や個人がメディア・

表9.1　本章で紹介する研究の見取り図

		調査データ	
		量的調査	質的調査
調査対象	受　信	ラザースフェルド 『ピープルズ・チョイス』	ラドウェイ 『ロマンス小説を読む』
	発　信	ガーブナー 『培養分析』	フィスク 『抵抗の快楽』

（出典）　著者作成。

コンテンツを受容している際に生じる影響や，その経験が持つ意味に焦点化する。一方で発信に焦点化した研究では，発信されるコンテンツの内容や，発信する過程などが対象となる。

　なお，実際の研究では，本章でも取り扱っている培養分析のように，受信・発信それぞれを対象とした調査を組み合わせて行うことも珍しくないが，本章では分かりやすさを重視して，個別に解説している。

　以上，本章では「量的調査で，受信を対象」「量的調査で，発信を対象」「質的調査で，受信を対象」「質的調査で，発信を対象」という4つの区分を設けてその内容について解説していく。図式化すると表9.1の通りである。なお，この分類は，初学者がメディア社会学の調査方法を学習するために暫定的に設定したものであることは強調しておきたい。

②　メディア社会学の量的調査
――数量化でわかること――

量的調査で受信を対象とする研究――『ピープルズ・チョイス』から

　町中で政治家のポスターを見かけたり，テレビやインターネットで政党のCMを見たことはあるだろうか。政治家や政党は，自分たちの活動を知ってもらい，自身の主張が正当であることを訴えるため，広報活動を行う。これらの広告は，人びとに対して影響を持ち得るのだろうか。この点を，アメリカの大

統領選挙を事例にして，実際に検証したのが，ポール・F・ラザースフェルド（Paul F. Lazarsfeld）らである（Lazarsfeld et al.［1944］1968＝1987）。マスメディアの効果に関する議論は，第4章でも取り扱っているが，本章では先述のとおり調査手法に焦点化して紹介する。

　彼らの“問題意識”の対象になっているのは，人びとの政治行動を決定する条件である。つまり，「人々がどのようにして，そしてどんな理由で，事実あったように投票しようと決めたのか」「1940年のキャンペーン期間に人々に作用したおもだった影響には，どんなものがあったのか」という2点である（Lazarsfeld et al.［1944］1968＝1987：51）。

　では，“どのような調査”が行われたのか。彼らは，オハイオ州のエリー郡という地域を「調査員をきめ細かく管理できるほど小さなこと」「独特の地方色が少ないこと」「全国的な投票傾向とほとんど違わなかったこと」などの理由により調査対象に選定した（Lazarsfeld et al.［1944］1968＝1987：53）。次に，彼らは4軒に1軒の割合で，調査スタッフが調査用紙を持ち，口頭で質問を行い，協力者の回答を記録する面接調査を実施した。まず，およそ3000人をサンプルとして，その中から4組各600人を層化抽出法という手法を用いて，選び出した。そのうちの1グループについては，繰り返し調査を行う対象（パネル）として位置づけ，5〜11月にかけて毎月1回面接調査を実施した。なお，残りの3つのグループは，7月に1グループ，8月に1グループ，10月に1グループという形で面接調査を各1回のみ実施した。これは繰り返し調査をおこなったグループに及ぼされる影響を検討するための処置である。回答者に対して調査したのは，出版物，ラジオ，他人との会話などあらゆるコミュニケーションを通して，どのくらいキャンペーン・プロパガンダ（＝選挙公報）に接触したのかという点である。また，面接調査の中で，各協力者の個人的特性，処世観，政治経験，人柄，対人関係，選挙の争点に関する意見などについての情報も収集した（Lazarsfeld et al.［1944］1968＝1987：53-8）。

　具体的な調査項目も見てみよう。政治的能動性に関する指標については，「あなたは最近，誰かにあなたの政治にかんする考え方をわからせようとした

ことがありますか」という質問に対して，「はい」「いいえ」「わかりません」という３つの選択肢の中から回答を選ばせている。また，キャンペーンに関するメディア（雑誌，新聞，ラジオなど）をどのくらい見たり聞いたりしているのかについても調べた（Lazarsfeld et al.［1944］1968＝1987：255-61）。

　この調査によって得られたデータから，ラザースフェルドらは，選挙に関するキャンペーンが人びとにどの程度の影響を与えたのか検討した。彼らは「あなたは来たる選挙にたいして，大いに関心をお持ちですか，ほどほどですか，わずかですか，それともまったくありませんか」という質問を用いて，選挙への関心の程度も分類した（Lazarsfeld et al.［1944］1968＝1987：96）。そして，関心の程度ごとに，他の質問に対する回答にどのような違いが起こるのか確認した。

　結果は意外なものであった。選挙期間中に行われたキャンペーンは，投票意図の変更という結果には結びついていなかった。つまり，共和党に投票することを考えていた人が，選挙キャンペーンに接触した結果，民主党に鞍替えするといった明白な効果は生まなかった（Lazarsfeld et al.［1944］1968＝1987：148）。一方，次のことが明らかになった。首尾一貫した投票意図を持っている人について，宣伝への接触についてみると，選挙への関心が高い人ほど，自分の支持政党の宣伝に接触していた（Lazarsfeld et al.［1944］1968＝1987：151）。自分の支持候補の選挙に強い関心を持つ人は，偏った宣伝への接触をもっていたのである。ラザースフェルドらは，この結果から，「キャンペーンには当初の投票意図を補強する効果があった」と述べている（Lazarsfeld et al.［1944］1968＝1987：148）。ラザースフェルドらはこの他にも，キャンペーンの効果として，顕在化（Lazarsfeld et al.［1944］1968＝1987：133-47）や割合は少ないが改変（Lazarsfeld et al.［1944］1968＝1987：156-64）があることを示した。また，人びとの意見形成の過程においてマスメディアからの直接の影響ではなく，パーソナルな影響が大きいことも明らかにしている（Lazarsfeld et al.［1944］1968＝1987：220-31）。

　ここまで，ラザースフェルドらの研究の関心とそれを明らかにするための手法を紹介した。彼らは不特定多数の人びとに対して，事前に決められた質問を

使用した量的な調査を行い，マスメディアの効果を明らかにしたのである。

量的調査で発信を対象とする研究──『培養分析』から

　前節では，量的調査で受信を対象にした研究を紹介したが，量的調査は発信
も対象にできる。発信の局面を対象にする場合，テレビ番組の制作者や雑誌の
編集者，新聞の記者などを対象にする場合もあるが，ここでは発信される内容
に注目した研究を，効果研究の中から紹介する。具体的には，ジョージ・ガー
ブナー（George Gerbner）らが行った培養分析の中から，テレビ番組の分析手
順を紹介する（Gerbner and Gross 1976）。なお，量的な内容分析のより詳細な歴
史については，クラウス・クリッペンドルフ（Klaus Krippendorff）らによる整
理を参照したい（Krippendorff 1980＝1989）。

　ガーブナーらは，どのような"問題意識"を持っていたのか。現代の日本に
おいても，テレビやインターネット上のコンテンツが，「有害」なのではない
かと懸念する声はしばしば聞かれる。ガーブナーらはこの点について，当時
もっとも影響力があると考えられていたテレビに注目した。ガーブナーらは，
テレビによって影響されるのは，ラザースフェルドらが分析したような態度や
意見というよりも，人生の「事実」に関するより基本的な仮定や，結論の根拠
となる判断基準であると考えていた（Gerbner and Gross 1976: 175）。

　ガーブナーらは，2つの調査手法を組み合わせる必要があると主張した
（Gerbner and Gross 1976: 181-2）。そのうちの一つは，実際にテレビを視聴して
いる人びとが，どのくらいテレビによって影響されているのか，という調査で
ある。そして，もう一つが内容分析である。テレビの影響力を明らかにするた
めには，ガーブナーらはテレビの世界で表現されている内容について，特徴や
傾向を客観的に把握する必要があると考えたのだ。

　では，"どのような調査"を行ったのであろうか。使用する用語の定義を設
定した後，ガーブナーらは分析の対象となる番組のデータとして，当時のアメ
リカの3大ネットワーク局である，ABC，CBS，NBC のプライムタイム（夜
8～11時）に放送されたドラマ番組に加えて，週末の朝（土日の朝8～午後2時）

に放送された子ども向けのドラマ番組を録画した（Gerbner and Gross 1976：185）。さらに，分析を行うため，ガーブナーらは12〜18名の分析者を雇用した。彼らは 3 週間のトレーニングと，テストを受けた後，実際に番組の分析にあたった。分析の際は，分析者が 2 人 1 組となり，その番組に暴力が含まれているのかどうかという点や，暴力をふるったキャラクターがどのような人物であるのかなどを記録した。また，1 つの番組のサンプルに対して 2 つのペアが分析を行うようにして，信頼性を確保するようにした（Gerbner and Gross 1976：185）。

　データを収集したのち，ガーブナーらはその結果を集計して，テレビ番組の中で示される「シンボリックな世界」の特徴を明らかにした。例えば，10本に 8 本の番組には暴力が含まれていた。主要登場人物の10人中，6 〜 7 人は何らかの暴力に巻き込まれており，さらに 1 〜 2 人は殺人に巻き込まれていた（Gerbner and Gross 1976：187）。暴力行為に実際にかかわった加害者と被害者についても，高齢男性や階級の低い人が被害者になりやすく，性別でみると女性の方が男性よりも被害者になりやすいなど，偏りがみられた（Gerbner and Gross 1976：189-91）。テレビの中で表現される世界は，現実の社会において人びとが暴力に巻き込まれる確率と比較するとはるかに頻度の高いものであった。

　このようにガーブナーらはテレビ番組の内容を数量化して（数えられるようにして），テレビによって表現される世界の特徴を分析することを可能にした。ちなみに，先述のとおりガーブナーらは受信についても分析を行っている（Gerbner and Gross 1976：191-4）が，その点については，本書第 4 章も参照してほしい。

③　メディア社会学の質的調査
──「深読み」からわかること──

質的調査で受信を対象とした研究──『ロマンス小説を読む』から

　メディア社会学では，質的調査も行われることがある。質的調査が扱う質的

なデータは，量的なそれと違い非常に多様で，通常の統計的分析では扱いにく
いあらゆるデータが含まれている（盛山 2004 : 248）。例えば，フィールド・
ノート，音声記録，写真，日記，映画などが含まれる（盛山 2004 : 248-9）。で
は，どのような調査があるのだろうか。

　現代社会において小説を読んだことがない，という人はあまりいないだろう。
小説には，時代劇やファンタジーなどさまざまなジャンルが含まれるが，それ
らの作品は読者にとってどのような魅力を持つのだろうか。また，何らかの社
会的な役割があるのであろうか。この点を明らかにしようとしたのが，アメリ
カの文学研究者ジャニス・ラドウェイ（Janice Radway）である。ラドウェイが
注目したのが，ロマンス小説と呼ばれる小説ジャンルである。これは，アメリ
カにおいて発達した大衆小説のジャンルであり，女性を主要な読者とする。主
要なレーベルの一つであるハーレクインロマンスの日本版公式サイトでは，
「恋のときめき，せつなさや愛おしさに胸がきゅんとなる瞬間――誰もが味
わったことがある恋愛の醍醐味がハーレクイン社のラブストーリーにはたっぷ
り詰まっています」と紹介している（ハーパーコリンズ・ジャパン 2021）。

　ロマンス小説は，女性のドラマティックな恋愛を描くものであるが，批判に
もさらされた。尾崎俊介によると，1970年代後半～80年代にかけて，ロマンス
小説のブームが起こる一方で，フェミニズム陣営から批判論が提示されるよう
になった。当時のアメリカでは，女性たちを父親中心の社会から解放しようと
いう動きがあった。そのため，ヒーローに従順に従うことが肯定的に描かれて
いるロマンス小説は「女性を奴隷化するもの」であり，「女性のために水増し
されたポルノ」などと批判された（尾崎 2019 : 188-91）。

　だが，批評家たちによる指摘は，はたして正しいのであろうか。そもそもロ
マンス小説の読者たちは，なぜそのような小説を読んでいるのだろうか。ジャ
ニス・ラドウェイはこのような“問題意識”を持ち，実際にロマンス小説の読
者を対象にした詳細な調査を行い，『ロマンス小説を読む』（Reading the
Romance, Radway［1984］1991）としてまとめた。

　ラドウェイがロマンス小説の分析を行う際に注目したのは，熱心なファンで

あり有能なロマンス小説のレビューの書き手としても活動していたドロシー・エヴァンス（Dorothy Evans）という女性であった。若い読者には，ゲームや製品の紹介動画をアップロードしている YouTuber を想像するとわかりやすいかもしれない。ラドウェイはエヴァンスに彼女自身の評価基準とロマンス小説について話してもらえないか依頼する手紙を書いた。また，ロマンス小説ファンの知人を集めて，彼らが作品のどのような点が好きで，それは何故なのかを話し合ってもらいたいとも伝えた。依頼は快諾され，ラドウェイは1979年と1981年に彼女が住むスミストンに滞在した（Radway［1984］1991：46-9）。

　1979年の１回目の調査において，ラドウェイは最初の１週間，２〜４時間程度の討論をエヴァンスが集めた16人の女性に対して実施した。そこでは「ロマンス小説を読み始めた年齢」「最も好きな小説タイトル（幼少期と思春期）」「最初にロマンス小説を読み始めた理由」「１月に読む冊数」などについて自由回答形式で話し合ってもらった（Radway［1984］1991：47-8；223-5）。もっとも熱心な読者である５人に対して個別のインタビューも実施し，エヴァンスに対しても，インタビューを行っている（Radway［1984］1991：48）。

　滞在終了後，ラドウェイは，インタビューで言及されたロマンス小説をすべて読んだほか，テープ起こし（録音された内容を書き出すこと）を行い，フィールドワークで付けた記録を加筆した。ラドウェイは１回目の調査の結果を踏まえて，新しい質問用紙を作って，エヴァンスに送付し，彼女の顧客（エヴァンスは書店員である）に渡してもらった。その結果，42名の回答を得ることが出来た。回答が記載されたアンケート用紙は，1981年１月における２回目の滞在で受け取った（Radway［1984］1991：48-9）。

　1981年の２回目の調査では，ラドウェイはエヴァンスの自宅に１週間ほど滞在し，エヴァンスの日常的なルーティンを観察するとともに，頻繁に会話を行った。また，３日間を，エヴァンスが働く書店で過ごして，エヴァンスと彼女の顧客の間の会話を観察した。また，自分自身でも顧客と会話した。１回目の調査で個別インタビューに応じてくれた５人の協力者に対して再度のインタビューを実施した（Radway［1984］1991：48）。

　ラドウェイはフィールドワーク，グループディスカッション（討論），個別インタビューからさまざまな点を明らかにしているが，ここではロマンス小説が読者である女性にとって持つ意味に注目してみよう。ラドウェイは調査で得られたインタビューデータを分析する中で頻出した単語に注目した。

　　　みんなたくさんのプレッシャーにさらされているのです。彼らは逃避させてくれる本を求めているのです。

　　　逃避主義ですね。

　　　私は世界には十分な“リアリティ”があると推測していますが，読書とは私にとって逃避なのです。（Radway［1984］1991：88）

　このような複数の語りに見られた共通点や，エヴァンスによる「（本を読んでいるときは）私の体は部屋の中にあっても，残りの部分はそうではないのです」（Radway［1984］1991：87）といった発言から，ロマンス小説というジャンルが，家父長制（父親が家族の中でもっとも「えらい」という考え方）によって抑圧された状況にある主婦にとって「逃避」をもたらす存在であると論じている（Radway［1984］1991：86-118）。ラドウェイはロマンス小説という大衆文学のジャンルが，読者にとってどのような意味を持つのかという点について，読者に対するインタビュー調査という質的な調査により明らかにしたのである。

質的調査で発信を対象にした調査──『抵抗の快楽』から

　質的調査においても情報の発信を対象とすることがある。ここでは，ジョン・フィスクの議論を紹介する（Fiske 1989＝1998）。ポピュラー音楽には，しばしば「常識を壊せ」とか「良い子ではいられない」といったメッセージがみられる（そして，しばしば批判の対象となる）。そういったものを，どのように捉えればよいのか。この点について，分析を行ったのが，ジョン・フィスク

(John Fiske) である。

　フィスクはどのような"問題意識"をもっていたのか。ラドウェイと同じく，フィスクも大衆文化が持つ，抑圧からの逃避やそれに対する抵抗に焦点を当てた研究者である。フィスクは文化の創出は社会的なプロセスであり，社会体制との関係なしには意味を持ちえないと主張する（Fiske 1989＝1998：8）。ポピュラーカルチャーは経済的・イデオロギー的な支配層の利益のために作られており，体制維持の力に組み込まれている。ポピュラー音楽から利益を得るのは，レコード会社の社員のような経済的エリート層である。だが，その素材は社会体制内部の支配層とは異なる人びとによって利用され，そのような人びとのためになる対抗的な力を同時に持っている（Fiske 1989＝1998：9）。フィスクはポピュラーカルチャーにわずかではあるが，社会的な権力関係を変化させる可能性を見出している（Fiske 1989＝1998：22）。

　そこで，フィスクが分析の対象としたのが，さまざまなポピュラーカルチャーのテキストである。テキストと聞くと文字を思い起こす人が多いかもしれない。だが，カルチュラル・スタディーズと呼ばれる研究領域では，画像や映像，音声なども含む幅広いものとしてとらえられている。グレアム・ターナー（Graham Turner）によると，カルチュラル・スタディーズにおいて「テキスト」として「読む」対象になるのは，文化生産物，社会的実践であり，制度も含まれる（Turner 1996＝1999：113）。

　ここではフィスクによる歌手マドンナ（Madonna）に関する分析を紹介する。著書における説明は最低限のものとなっているが，本書の読者には分析対象であるマドンナについて，説明を付け足す必要があるかもしれない。日本でのレコード販売元であるユニバーサルミュージックジャパンのウェブサイトに設置された紹介では以下のように紹介されている。

　　1958年米国ミシガン州生まれ。1982年「エヴリバディ」でデビュー，
　　1984年の 2nd アルバム『ライク・ア・ヴァージン』で世界ブレイク，以
　　来"クイーン・オブ・ポップ"として世界トップ・アーティストに君臨。

（ユニバーサルミュージックジャパン　2021）

　フィスクによれば，（研究が行われた1980年代において）マドンナは，「社会で
もっとも無力で搾取しやすい層，すなわち少女たちから大金を稼ぎだした」女
性であり，マドンナのファンは，「文化的中毒者」であるとみなされることも
あった（Fiske 1989＝1998: 152）。ミュージックビデオでは「マドンナの顔や肢
体が放つセクシャリティが大いに利用され，男性に対して降伏的（中略），従
属的な姿勢をとることも多い」ため，彼女は一面では男性中心的価値観の代理
人であるとも指摘された（Fiske 1989＝1998: 152）。

　しかし，フィスクは反対の見方を提示する。マドンナは逆に「男性社会に抵
抗する機会」を提供しているというのだ（Fiske 1989＝1998: 153）。フィスクは
この点を明らかにするため，ファンである少女たちを対象にしたインタビュー，
楽曲の歌詞にみられる語呂合わせ，マドンナ自身に対するインタビュー内容な
どを分析している（Fiske 1989＝1998: 153-78）。

　フィスクの分析は多岐にわたるが，ここでは「バーニングアップ」（1983年）
という楽曲のミュージックビデオの映像に関するフィスクの記述を紹介したい。
フィスクは，「バーニングアップ」のテキストには「男性社会における女性の
従属性」という「伝統的にイデオロギーにしたがいながら，読者がそれをいつ
でも覆すことが出来るような仕掛けをいたるところに用意している」（Fiske
1989＝1998: 174）と述べる。フィスクは「バーニングアップ」の冒頭部分を分
析するため，冒頭部分33秒間に現れる21のショットを書き出している。なお楽
曲のミュージックビデオは2021年12月現在，YouTube の公式チャンネルにて
公開されている（Madonna 2009）。

（1）女性の目が開く。

（2）白い花，そのうちの一つが光る。

（3）女性の口，口紅が塗られている（おそらくマドンナの口）。

（4）青い自動車，ライトがつく。

（5）白いドレスのマドンナ，道路に横たわっている。

（6）うつろな目をした男性のギリシャ彫刻。

（7）金魚鉢の金魚。

（8）男性像のアップ，両目が光る。

（9）彫像のミドルショット，目はまだ光っている。

（10）彫像の目の超クローズアップ，まだ光っている。

（11）女性の首に巻かれた鎖が締められ，首に食い込む。

（12）かすみがかったマドンナのクローズアップ，鎖がくびからぶらぶらと揺れている。

（13）レーザー光線が女性の手首の手錠のような重いブレスレットにあたる。

（14）レーザー光線が金魚鉢の金魚にあたる。

（15）マドンナ，サングラスをはずし，カメラを見据える。

（16）マドンナ，路上に座っている。

（17）マドンナ，サングラスをはずす。

（18）マドンナ，道路に仰向けに寝転ぶ。

（19）道に落ちたサングラス，片方のレンズに目が現れる，緑がかった電子光が本物の目のようなイメージを描き出す。

（20）マドンナ，路上に座って，カメラの方を向いている。

（21）路上でのけぞるマドンナのアップ。

（Fiske　1989＝1998：174-5）

　フィスクは，それぞれの映像表現が何を暗喩しているのか一つひとつ記述していく。例えば，冒頭に現れる男性の彫刻の目が写しだされていることと，マドンナが路上で服従のポーズをとっていることから，「見ることは伝統的に男性が女性に権力を行使する重要な方法であった」と指摘し，途中で映る金魚鉢で泳ぐ金魚は「男の眼差しに捉えられた女の皮肉なメタファー」であるとする。しかし，映像が進むと，「伝統的な男の視線とは違う近代的な『視線』であるレーザー光線があたることで，女性を縛る手錠は解け，金魚は自由になる」

（Fiske 1989＝1998：176）。フィスクはミュージックビデオで表現されている項目一つひとつが何を比喩したものなのかを記述することにより，この作品が持つイデオロギーを明らかにしようとした。フィスクは対象とした部分の後の映像も分析している。フィスクは，首に巻き付いていた鎖はマドンナが歌うにつれ解けていき，男の目のコラージュとうたっているマドンナの唇が交互に現れると述べ，「このパフォーマンスは女性がどうすれば男の眼差しや権力から自由になれるのかを示している」（Fiske 1989＝1998：176）とする。

　このような分析を踏まえて，フィスクはマドンナの魅力について以下のように述べる。

　　　少女ファンにとってマドンナの魅力は，この女性が自分自身のイメージを自分で操作し，女のセクシャリティの意味を自分で決める権利を主張しているところにある。そのことによって，マドンナは政治的な意味でも対抗的な立場に立っている。というのも，それは，結局，父権的な権力にとっての2つの重点領域における支配に挑戦することでもあるからである。その領域とは，一つは言語／表象の領域であり，もう一つはジェンダーの領域である。（Fiske 1989＝1998：204-5）

　このようにフィスクはマドンナの対象として，彼女の発信したメディア・コンテンツ（インタビュー記事やミュージックビデオ，歌詞など）を詳細に分析することで，ポピュラーカルチャーが現代社会において果たす役割を明らかにしたのである。なお，このような分析手法は記号論と呼ばれる。カルチュラル・スタディーズにおける記号論の展開については，ターナーの整理（Turner 1996＝1999：113-65）などに詳しい。また，前節と本節で扱っているメディアに関する質的調査は，オーディエンスの能動性に関する議論とも関連している。この点については，本書第6章も参考にしてほしい。

4　メディア社会学的調査を実践するために

インターネット時代の調査

　本章では，メディア社会学の調査方法を具体的な事例と共に紹介してきた。これらの調査はいずれもインターネット登場以前に行われたものであるが，近年ではメディア社会学の調査手法も変化してきている。例えば，インターネットを通じて量的調査を行うという事例も見られるようになった。インターネット調査の場合，回答者がネット・リテラシーの高い人に偏りがちになるなどの問題はあるので，その点は留意しなければならないが，郵送やデータ入力の手間が省けるなどの利点がある。他，Yahoo! や Google のような大規模インターネットサービスに残されたアクセスログを用いたビッグデータの分析や，大量の文章データを分析するテキストマイニングなど新しい手法も登場している。木村忠正は，著書『ハイブリッド・エスノグラフィー』において，「Yahoo! ニュース」に書き込まれたコメント（ヤフコメ）を事例として，ネット世論の構造について分析を行っている（木村 2018: 246-93）。この研究では，2015年の４月20日から26日までに配信されたニュースと，投稿されたコメントに関して分析が行われた。この研究では，「ヤフコメ」投稿者の構造として，投稿者のうち２％が積極的に肯定的な反応を求めたり，激しい言葉で罵ったりする「尖った」投稿者であること（木村 2018: 263）や，「尖った」投稿者のコメント投稿動因として「韓国，中国に対する憤り」「被害者が不利益を被ることへの憤り」が働いていることなどが明らかにされた（木村 2018: 282）。「Yahoo! ニュース」のコメントは，不特定多数の人びとに見られるもの（発信）であると同時に，特定のニュースへの反応（受信）を表すものである。このような分析は受信／発信両方を同時に対象にした研究とも位置付けられる。

メディア社会学の調査実践にむけて

　最後に，実際に学生が調査を行う際に留意すべき点を記載する。まず，問題

意識をしっかりと設定することである。本章で紹介した研究は調査方法に違いはあっても，明確な問いを設定していた。学生が調査を行う際にも，「問いは何であるのか？」「それに対する回答を得るために，どのような対象に，どのような調査が必要か」しっかりと考えてほしい。

　調査にあたり専門的な知識を身に着けておくことも重要である。本章では，読者が調査のイメージをつかむために実際の手順や分析内容を紹介した。しかし，ここで紹介したのは単なる手順に過ぎず，実際に行うに当たっては，さまざまな知識が必要である。

　重要なものとして，調査倫理の問題がある。調査という行為は，対象者にとって迷惑なものになり得るし，場合によっては協力者や関係者に害をもたらす場合がある。例えば，盛山は社会調査においては，以下の3点に留意すべきであるとしている（盛山 2004: 16-7）。第一に，「インフォームド・コンセント」である。これは，調査においては原則的に，調査目的，収集データの利用の仕方，結果の公表の仕方を対象者に知らせて了解をとる必要があることを示す。第二に「ハラスメントの回避」であり，これは対象者に対して，暴言を吐いたり，セクシャルハラスメントを行わないようにするほか，傲慢な態度をとらないように注意をしたり，アンケート調査やインタビュー調査における質問文や聞き方が攻撃的・差別的にならないように注意することを指す。第三が「コンフィデンシャリティ」であり，対象者のプライバシーと個人情報の保護を指す。

　このほかにも，調査を行う際にはさまざまな配慮が求められるが，それをすべてここに記述するのは困難である。だが，本章を読んだ学生が実際に調査を行う場合，授業担当者と調査内容について緻密に打ち合わせる，社会調査の専門書の調査倫理に関する記述を熟読するなど，十分に気を付けてほしい。

　本章では，メディア社会学における調査手法について，具体的にどのような調査が行われて来たのか紹介してきた。メディア社会学において調査は必要不可欠なものであるが，実践にあたっては事前の学習，思慮深さ，訓練・経験の積み重ねが必要である。しかし，それによって得られたデータや，分析結果は，貴重な学術的知見をもたらすことへとつながるのである。

参考文献

Fiske, John, 1989, *Reading the Popular Culture*, Unwyn Hyman.（＝1998, 山本雄二訳, 『抵抗の快楽——ポピュラーカルチャーの記号論』世界思想社。）

Gerbner, George and Larry Gross, 1976, "Living with Television : The Violence Profile", *Journal of Communication*, 26(2) : 172-199.

Krippendorff, Klaus, 1980, *Content Analysis : An Introduction to Its Methodology*, Sage Publication.（＝1989, 三上俊治・椎野信雄・橋元良明訳, 『メッセージ分析の技法——「内容分析」への招待』勁草書房。）

Lazarsfeld, Paul, F, Bernerd Berelson and Hazel Gaudet, [1944]1968, *The Peoples Choice ; How the Voter Makes Up His Mind in a Presidental Campaign* : Third Edition, Columbia University Press（＝1987, 有吉広介他訳, 『ピープルズ・チョイス——アメリカ人と大統領選挙』芦書房。

Madonna, 2009, "Madonna - Burning Up" (Official Video), 2022年 8 月19日取得, https://www.youtube.com/watch?v=pufec0Hps00.

Radway, Janice, [1984]1991, *Reading the Romance : Women, Patriarchy, and Popular Literature*, The University of North Carolina Press.

Graeme, Turner, 1996, *British Cultural Studies : An Introduction*, Second Edition, Routledge.（＝1999, 溝上由紀・毛利嘉孝・鶴本花織・大熊高明・成美弘至・野村明宏・金智子訳『カルチュラルスタディーズ入門——理論と英国での発展』作品社。）

尾崎俊介, 2019, 『ハーレクイン・ロマンス——ロマンス小説から読むアメリカ』平凡社。

木村忠正, 2018, 『ハイブリッド・エスノグラフィー—— N ^ネットワークコミュニケーション C 研究の質的方法と実践』新曜社。

盛山和夫, 2004, 『社会調査法入門』有斐閣。

ハーパーコリンズ・ジャパン, 2022, 『はじめてのハーレクイン』（2022年 8 月19日取得, https://www.harlequin.co.jp/series）。

ユニバーサルミュージックジャパン, 2021, 「BIOGRAPHY-MADNNA」（2022年 8 月19日取得, https://www.universal-music.co.jp/madonna/biography/）。

第Ⅲ部　メディア社会学の現代的展開

第**10**章

メディアの発達と変化する音楽実践

井手口彰典

⓵ 音楽〔を伝える〕メディア／音楽〔という〕メディア

　本章では「音楽」と「メディア」との関係について考えていくが，話の枕として，まずはこれら二つの言葉の意味を簡単に確認することから始めたい。とはいえ「メディア」については既に本書のなかで十分に論じられてきたはずだから，ここでゼロから説明し直す必要はないだろう。誰かと誰かの間に入って双方を"媒介"するのがメディアだ，という基本さえ押さえておいてもらえれば，本章ではとりあえず十分である。

　続いてもう一方の「音楽」だが，音の正体が物体（ないしはその周辺の空気）の振動である，という点はみなさんもよく知っているとおりだ。この「音＝振動」という事実は，音楽にいくつかの重要な，しかし考えてみればごく当たり前の性格を付与している。第一に，振動としての音楽はそれが減衰し停止すると同時にこの世界から消え去ってしまう。要するに音楽それ自体は物質性をともなわず，そのままでは時間を跨いで存在しえない（時間的制約）。また第二に，私たちは当の振動が伝播する範囲のなかでしかそれを聴くことができない。音量を上げれば音はより遠くまで伝わるが，生身の人間が生み出せる音量には限界があるし，あまりにも大きな音は人体に有害でさえある（空間的制約）。

　以上に見たような制約が音楽につねにつきまとうものである以上，その限界を超えて音楽を"媒介"するメディアに人びとの注目が集まるのはごく自然な流れだろう。例えば私たちは，放っておけば消えてしまう音楽を記録し任意に再生するために録音技術を用いるが，その際に重要となるのが音楽を保存する

「容器」としての録音メディアである。レコードや CD，mp3 ファイルなどが
そうだ。これらの容器に音楽を封入することで，過去にそれを録音した誰か
（音楽の送り手）と，未来にそれを聴く誰か（音楽の受け手）とが"媒介"される
のである。また私たちは，より遠くに音楽を届けるために放送や情報通信を用
いるが，そのための「経路」もメディアと呼ばれる。ラジオやテレビ，イン
ターネットなどがこれに該当する。例えば年末の紅白歌合戦ではテレビ中継に
よって音楽が"媒介"されることで，東京の NHK ホールと全国のお茶の間，
さらには特別出演のミュージシャンがうたう地方の会場とが互いに結び付けら
れる。

　「容器」としてのレコード・CD・mp3，「経路」としてのラジオ・テレビ・
インターネット。一見したところ多様に見えるこれらの諸メディアだが，それ
らはいずれも，音楽を任意の相手先に適切に受け渡すことを目的にしていると
いう点で共通している。そうした性格を有するメディア群を，以下「音楽〔を
伝える〕メディア」と表現しよう。

　さて，現代の生活において録音や放送・通信をまったく用いない状況がほと
んど想像しえない点に鑑みるならば，上述した「音楽〔を伝える〕メディア」
の存在が私たちの音楽文化にとって非常に重要であることは明らかである。例
えば21世紀に入り CD の販売不振が続いていることや，逆にインターネット上
の動画共有サイトやサブスクリプションサービスが盛り上がっていることなど
はよく知られているとおりだが，私たちの音楽文化はそうしたメディアの衰勢
によって色濃く特徴付けられていると言ってよい。またそれゆえ，メディア論
やメディア社会学の文脈で音楽を考える際にも，（とくに卒論のテーマなどでは）
そうした現代的なメディア状況に関心が集まりがちである。

　ただ，私たちの音楽文化を考える上で現在進行形のメディア状況が重要であ
ることは疑いないとしても，音楽とメディアに関する議論をそうした身近な話
題だけに限定してしまうことには多少の問題が含まれるように思われる。それ
は二重の意味で近視眼的な態度だと言えよう。

　第一に，「音楽〔を伝える〕メディア」は普段私たちが漠然とイメージする

よりも遙かに多様な対象をその範疇に含んでいる。詳しくは次節で述べるが，それは決して録音の「容器」や放送・通信の「経路」に限られるものではない。私たちは録音や放送の登場するずっと前から，さまざまな「音楽〔を伝える〕メディア」を利用し続けてきた。その意味で音楽の歴史とは，それを伝えるメディアの歴史であると言っても過言ではない。そうした点を踏まえるならば，私たちは目の前のよく目立つ対象のみに照準を合わせるのではなく，より柔軟で幅広い視野のなかで音楽とメディアとの関係を考えていく必要があるのではないか。

　また第二に，音楽とメディアとの関係は，決して前者（音楽）を後者（メディア）が媒介するというばかりではない。状況によっては，それが生演奏なのか録音なのかライブ中継なのかといった相違とは無関係に，音楽そのものが誰かと誰かをメディエイト（mediate：調停・仲立ち）するような状況も生じうる。つまり音楽はそれ自体がメディアとして機能することもあるのだ。例えばプロ野球のチーム応援歌をイメージしてみよう。それをスタジアムの観客席で聴くのか，あるいはラジオやテレビやインターネットの中継で聴くのかにかかわらず，応援歌はそれ自体の効力として，ファンと選手とを媒介し一つに繋ぎ合わせる。こうした事態を本章では以下，「音楽〔という〕メディア」と表現することにしたい。音楽とメディアとの関係を考究しようというのであれば，私たちは「音楽〔を伝える〕メディア」ばかりでなく，いま述べたような「音楽〔という〕メディア」についても目を向ける必要があるはずだ。

　以上二つの問題意識に立脚しつつ，本章では可能な限り巨視的な観点から音楽とメディアの関係を考えていく。まず第2節〜第4節では「音楽〔を伝える〕メディア」の多様性を取り上げ，それらの諸メディアが音楽の在り方をどう規定し，私たちの音楽観をどのように方向付けてきたのかを明らかにしてみよう。またその上で，第5節では「音楽〔という〕メディア」をテーマに，それが私たちをどう結び付けうるのか，またそこにどのような問題が含まれるのかを検討していきたい。

2　「音楽〔を伝える〕メディア」の諸相

　音楽を任意の相手に適切に受け渡すこと，それが「音楽〔を伝える〕メディア」の役割であった。では具体的にどのようなメディアがその範疇に含まれるのか。前節では録音の「容器」としてレコードやCD，mp3を，また放送・通信の「経路」としてラジオ・テレビ・インターネットを挙げたが，そこから類推すれば，他にもカセットテープ，MD，YouTube，ニコニコ動画，Spotifyなどが思い浮かぶかもしれない。ただ，そうした類推も決して悪くはないのだが，それだけではやはり発想に限界がある。ここではもっとドラスティックにイメージの翼を広げてみたい。ポイントは，音楽を伝えたい誰かとそれを聞きたい誰かとの間に何が介在するのか，だ。その介在がなければ音楽が適切に伝わらなくなってしまうような「何か」——。

　切り口はいろいろ考えられるが，ここでは最初の足がかりとして，録音にも放送にも用いられる1組の装置に注目してみよう。それはマイクロフォン（以下，マイク）とスピーカーだ。今日，音楽を録音したり放送したりする際には，マイクによってそれをいったん電気信号へと置き換えるのが常である。そしてその電気信号は，スピーカー（あるいはその仲間としてのヘッドフォンやイヤフォン）によって再び音楽へと変換される。あまりにも当たり前のことなのでつい見過ごされがちだが，実はこれらの装置なしでは，私たちは録音も放送もできない。ならばマイクやスピーカーは，今日の音楽文化にとって欠くべからざるメディアである，と言えないだろうか。

　だが話はそれで終わりではない。マイクが拾った電気信号は，そのままスピーカーへと流れるだけだろうか。もちろんそのようなことはない。多くの場合，両者の間には電気信号を増幅させる目的でアンプリファイア（以下，アンプ）が挟み込まれる。とくに音楽を届ける先が広い空間である場合には，大音量を得るためのアンプは欠くべからざる装置となるだろう。つまり，アンプもまたメディアである。

　この調子でどんどんアイデアを膨らませていこう。マイクとスピーカーの間には，他にもイコライザーやエフェクターが挟み込まれる場合がある。複数のマイクを使うのであれば，それらを集約するためのミキサーも必要だ。さらにデジタル放送やインターネット通信を行うのであれば，アナログの電気信号をA/Dコンバーターでデジタルパルスに変換しなければならない。それらの装置もまた，音楽の送り手と受け手とを繋ぐための重要なメディアだと見なしうる。

　さて，ここまでマイクとスピーカーを起点に話を広げてきたが，次は少し視点を変え，過去に目を向けてみよう。既に述べたとおり，「音楽〔を伝える〕メディア」の歴史は録音や放送の歴史よりも遙かに古い。ならば，例えば蓄音機が発明される以前には，音楽はどのようなメディアによって記録・保存されていたのだろうか。答えはさほど難しくないだろう。それは楽譜だ。とくに近世以降のヨーロッパでは，楽譜こそが当地の音楽文化を支える柱となってきた。私たちが普段「クラシック」と呼んでいる音楽の大部分は，そうした楽譜によって今日まで伝えられてきたものである。つまり，楽譜もまたメディアなのだ。

　だがそんな楽譜も，決して最初から現在のような形であったわけではない。専門的な話は控えるが，ヨーロッパの楽譜が音高を正確に示せるようになるのは10世紀〜11世紀頃，またリズムを自由に記述できるようになるのは13世紀後半頃になってからのことで，それ以前の時代の楽譜は音高・リズム共に曖昧な部分を多く含んでいた（そうした話をより詳しく知りたい人には，コンパクトかつ図版豊富な皆川（1985）をお勧めする）。では楽譜がまだ十全に音楽を記述しえなかった時代，あるいは何らかの理由で楽譜が使えなかったり，そもそも楽譜が存在しなかったりする状況下では，音楽はどのようなメディアによって媒介されてきたのか。

　それは音楽をうたい奏でる人間（広義のミュージシャン）自身の脳と身体によって，である。例えば中世のヨーロッパには宮廷や貴族に仕えたり村々を放浪したりして音楽を提供する楽師が存在していたが，彼らは習得したレパート

リーを必要に応じて再生する音楽の媒介者，すなわち生きたメディアに他ならなかった。また専門家としての楽師に限らず，市井の人びとが自分たちの音楽（民謡）を記憶し口伝で次世代へと歌い継ぐこともごく当たり前に行われていた。日本を含む世界中には，そのようにして（楽譜を用いず口伝で）伝えられてきた音楽が無数に存在している。

　放送が登場する以前の状況についても考えてみよう。ラジオもテレビもない時代，人びとはどのようにして音楽に接していたのか。すぐに思いつくのは，音楽が鳴り響いている「現場」に直接出向いてそれを聴くという方法である。実際，今日でも私たちは特別な音楽体験のためにコンサートホールやライブハウスへと足を運ぶ。だが当の現場，すなわち演奏が行われる会場は，その空間的な広さや収容人数，遮音性やアクセスの利便性，また入場に関する諸条件（お金を払いさえすれば誰でも入れるのか，あるいは特定の身分や地位の人のみが利用可能なのか）などに応じて，音楽が誰に対してどのように伝わるかを大きく左右する要因となる。ならばそうした個々の現場もまた，音楽の送り手と受け手とを媒介する重要なメディアの一様態として捉えうるだろう。

　さらに言えば，メディアとしての現場はなにもコンサートホールやライブハウスなどの専用施設に限られない。とくに近代以前には宮廷，教会，貴族のサロン，街や村の広場など，さまざまな性格の空間が人びとに音楽を提供するメディアとして活用されていたと考えられる。また2020年からのコロナ禍にあっては多くのコンサートや音楽フェスがオンライン上で開催されることになったが，それらのバーチャル空間もまた，メディアとしての現場の重要な一例である。

　もう一つ，境界的な例として楽器の存在にも触れておきたい。一般に楽器は，音楽を媒介するものというよりもむしろ音楽の発振源としてイメージされる傾向が強いだろう。しかし他方で楽器は，ミュージシャンたちが心に思い描く「このような音を伝えたい」という理念を実際のサウンドへと具現化して私たちに伝える装置としての側面も持ち合わせている。また楽器はその種類や各個体の性能によっても伝えうる音楽の内容や伝達範囲が異なってくる。楽器の選

択を誤れば音楽は効果的に伝達されず，また楽器が故障すればミュージシャンは自分の音楽を適切に表現できなくなってしまうだろう。その意味では楽器もまたメディアとしての側面を持っていると言える。

　さて，ここまで「音楽〔を伝える〕メディア」の多様性を概観してきたが，もちろん以上に取り上げたものがすべてというわけではない。注意深く観察すれば他にも多様なメディアの例が見えてくるだろう。だがページ数の都合もあるので，さらなる具体例についてはみなさん一人ひとりに考えてもらうことにして，そろそろ次の議論に進むことにしたい。

③　メディアによる音楽の規定

　「音楽〔を伝える〕メディア」について考える上で重要なのは，それらの諸メディアの登場や普及が，社会における音楽の在り方をしばしば強力に規定し，また劇的に変えてきた，という点である。だがいきなりそのように言われてもピンとこないかもしれない。具体的に見ていこう。

　比較的分かりやすい例として，ここでもやはりマイクとスピーカーの登場が音楽に与えた影響について考えることから始めよう。これらの装置が発明されるまで，私たちはいわゆる「生の声」でうたっていた。だが広い空間で多くの聴衆を相手にうたう場合，小さな声では音楽がよく聞こえない。そこで仕方なく声を張り上げることになるわけだが，やりすぎると喉を痛めてしまうし，がなり立てるような歌唱では美しくない。そのためヨーロッパでは，声量とその美しさとを両立させるため，ベル・カント（bel canto）と呼ばれる特殊な発声法が編み出された。「オペラっぽい歌い方」と言えば，みなさんもなんとなく想像できるはずだ。

　しかし，やがてマイク他の装置が登場すると，ベル・カントなどの技法に頼らずとも電気の力でいくらでも音量を上げることができるようになる。そればかりか，抑えた声で囁くようにうたうクルーナー（crooner）唱法などの新しい表現さえも可能になった。今日，私たちがカラオケでポップスをうたう際には，

いわゆる地声を用いることが多いが（2006年頃に流行した『千の風になって』は顕著な例外だ），そうした歌唱スタイルが当たり前のものとなった背景に，マイクなどの存在があることは疑いようがない。つまり，メディアの登場が私たちの歌い方のスタンダードを変えたのである。

　別の例も見てみよう。レコードもまた，私たちにとっての音楽の在り方を方向付けた重要なメディアの一つだと考えられる。みなさんはクラシック音楽を聴くとき，１曲の演奏時間がポピュラー音楽に比べてずいぶん長いと感じたことはないだろうか。作品によって差はあるが，一般的な交響曲だと４楽章構成で30分〜60分，そのなかの第１楽章だけを取り出しても10分〜15分程度はかかる場合が多い。他方，ポピュラー音楽では１曲の長さは概ね３分〜５分といったところだろう。

　この３分〜５分というポピュラー音楽の長さに少なからぬ影響を与えたのが，レコード，とくに初期の SP（78回転盤）の存在である。録音時の設定によって多少の増減はあるが，SP は10インチサイズで約３分，12インチでも４分程度しか音楽を記録することができなかったのだ。もちろん録音技術が登場する以前の作曲家たちにしてみれば，そうした時間の制限などまったく気にする必要はなかっただろう。だが楽曲を SP に記録し商品として売ることを前提とするならば，１曲の長さは録音時間の上限内に収まっていたほうが都合がよい。かくして，レコード産業に牽引されたポピュラー音楽の世界では１曲３分程度が標準的な長さとして定着していった（このあたりの経緯については谷口（2015）を参照）。その後，1948年に LP（33回転盤）が登場するとレコードの記録時間は片面30分程度に伸びる。しかしシングルで曲を発表する際に用いられたドーナツ盤（45回転盤）が片面５分程度だったことなどもあり，ポピュラー音楽の標準的な長さが大幅に変わることはなかった。

　もう一つ，メディアとしての楽器が音楽を規定する例も見ておこう。今日「楽器の王様」と言えば一般にピアノを指すが，この楽器が誕生したのは18世紀初頭頃のことである。バルトロメオ・クリストフォリ（Bartolomeo Cristofori 1655-1731）という人物が従来のチェンバロを改良し，グラヴィチェンバロ・コ

ル・ピアノ・エ・フォルテ（Gravicembalo col piano e forte），つまり「強弱を
もったチェンバロ」を発明したのだ。やがてこの楽器は「ピアノフォルテ」と
略称されるようになり，さらに縮まって「ピアノ」となった。

　ただ，クリストフォリの楽器と私たちの知っているピアノとの間には，重要
な相違点がある。現存する彼の楽器は，音域が４オクターブ（49鍵）または４
オクターブと４度（54鍵）で（渡邊 2000：273），今日の標準的なピアノ（88鍵）
に比べて約３オクターブも狭いのである。その後，ピアノは18世紀後半から19
世紀前半にかけて次第に音域が拡張されていくのだが，そうした楽器の変化を
作品に如実に反映させたのがルートヴィヒ・ヴァン・ベートーヴェン（Ludwig
van Beethoven 1770-1827）であった。

　ベートーヴェンは，おそらく1802年頃まで5オクターブ（61鍵）のピアノを
使っていたと考えられている。その証拠に，彼が1802年以前に作曲したピアノ
ソナタは（わずかな例外を除き）基本的にこの音域のなかに収まっている。だが
1803年の夏，彼は新しくエラール製のピアノを入手した。この楽器は68鍵で，
それまでのものに比べ高音域が５度ほど拡張されたものであった。すると面白
いことにベートーヴェンは，この新たに利用可能になった高音域を使う曲を急
に多く作り始めたのである（例えば1804年のピアノソナタ第21番〈ワルトシュタイ
ン〉や，翌1805年の第23番〈熱情〉など）。また同じことは，彼が1817年頃にブ
ロードウッド製のピアノを手に入れた際にも起きている。この楽器は73鍵で，
こんどは低音側に４度ほど音域が広がったのだが，彼はこの楽器の入手後とな
る1819年のピアノソナタ第29番〈ハンマークラヴィーア〉の終楽章において，
しっかりとその最低音まで使い切っているのだ（詳しくは大宮（2009：chap. 9））。

　このようにベートーヴェンは，所有するピアノの音域が広がるたびに，その
性能をフル活用して作曲を行った。従って「もしも」の話だが，1802年以前の
彼が本来よりも広い音域のピアノを持っていたならば，初期の有名作品である
ピアノソナタ第８番〈悲愴〉や第14番〈月光〉なども，現在とは多少違う形に
なっていた可能性がある。世界でもっとも高名な作曲家であるベートーヴェン
でさえ（いや，だからこそと言うべきか），その音楽表現の“幅”は楽器というメ

ディアの性能に大きく依存していたのである。

④　今日のメディア環境と音楽

　前節で私たちは，主に過去の事例を参照しつつ，音楽の在り方がメディアによって方向付けられていく様子を確認した。だが音楽がメディアによって左右されるのはなにも過去に限った話ではない。とくに今世紀に入って以降の加速度的なメディア環境の移ろいは，私たちの音楽を現在進行形で変質させつつある。

　そうした今日的な変化の顕著な例として，「次に何を聴くのか」問題を考えてみよう。かつてアナログレコードやカセットテープが主流であった時代，目下再生中の箇所から別の箇所（例えば次の曲の冒頭）に移動するには結構な手間がかかった。LP レコードの場合は音溝を走っている針をいったん持ち上げ，盤面に入った薄い線を頼りにアームをおおよその位置に移動させてから再び音溝に針を落とす。カセットの場合は早送りボタンを押してテープを高速で巻きながら，経過時間を測りつつ「えいやっ！」と再生に切り替える。だがそうした作業は頻繁に繰り返すには面倒臭く，それゆえにレコードやカセットに記録された楽曲は往々にしてそのままの順番で聴き進められることが多かった。

　しかし1982年に CD が登場すると，プレイヤーのボタン一つで容易に頭出しが行えるようになる。さらに21世紀に入りデジタルオーディオプレイヤーが普及すると，いちいち CD を交換する必要さえなくなり，メモリに保存された何百，何千という楽曲のなかから任意のものをセレクト（あるいはシャッフル再生）できるようになった。さらにオンラインでのストリーミング視聴が一般化した昨今では，レコメンド機能がネット上の膨大なストックのなかから次に聴くべき曲を“オススメ”してくれるようにさえなっている。このように見ると，20世紀後半から今日までのメディアの変化は，「次に何を聴くのか」をめぐる自由度の漸次的な増大過程として理解しうるだろう。

　ではそうした自由度の増大は，私たちの音楽文化に何をもたらすのか。真っ

先に思いつくのは「アルバム」という単位の失効だ。「次に何を聴くのか」を
リスナーが自在に選択し，あるいはシャッフルやレコメンドの偶然性に身を委
ねたりするようになると，複数の楽曲をその順番も含めてセットにした「アル
バム」という単位がかつてほどの積極的な意味を担わなくなるのは当然である。

　だが訪れる変化はそればかりではない。いつでも・どのような曲にでも即座
に移動できるということは，いま聴いているこの曲に無理に留まる必要がなく
なる，ということでもある。少しでもつまらないと感じれば，リスナーはすぐ
に別の曲に逃げていってしまうのだ。それゆえに，音楽の制作サイドは，いま
それを聴いてくれているリスナーを逃がさずいかにそこに留めるかに腐心する
ようになる。

　こうした状況変化を裏付ける興味深いデータがある。音楽理論を専門とする
ユベール・L・ゴーヴァン（Hubert Léveillé Gauvin）は，1986〜2015年の期間を
対象に，アメリカ『ビルボード』誌掲載の年間チャートから各年のシングル・
トップ10を抽出し，その内容的な変化を比較分析した（Gauvin 2018）。その結
果，この30年で楽曲の平均的なテンポはより速くなり，他方で楽曲開始から歌
が入ってくるまでの時間（いわゆるイントロ）や，歌詞のなかでその曲のタイト
ルが言及される箇所（それはしばしば当該楽曲の"hook"＝「聴かせどころ」に該当
する）への到達時間は短くなったことが分かったという。ゴーヴァンは，今日
のストリーミング環境（曲が簡単にスキップされてしまう状況）を踏まえつつ，こ
れらの変化がリスナーの注意・関心（attention）をより強く引くために生じた
可能性を示唆している。つまり私たちを取り巻くメディア環境はどうやら，ポ
ピュラー音楽が持っていたいくつかの標準を，いままさにじわじわと変えつつ
あるようなのだ。

　さらに別の側面からも今日の音楽文化とメディアとの関係を見ていこう。み
なさんは近年のポピュラー音楽について，国民的で世代横断的な大ヒットが生
まれなくなった，という話を聞いたことがないだろうか。実際にオリコンなど
の年間チャートを眺めてみても，上位に挙がった曲をまったく知らないという
ことは今日決して珍しくない。もちろんその背景にはさまざまな事情が絡み

合っていると考えられるが（そうした議論の一例として柴（2016）など），重要な一因としてメディアの変化，とくにその多チャンネル化を挙げることができそうだ。

　かつてラジオやテレビが一家の中心であった時代には，家族全員がお茶の間で同じ番組を楽しむのが普通だった。歌を聴くにしても，子どもからお年寄りまでみんな同じ曲を耳にしていたのである。だがそんなラジオやテレビがお茶の間から個室に移動し，各人が見たいチャンネルを独占できるようになった頃から，徐々に視聴者の分断が始まった。子どもは子ども，若者は若者，高齢者は高齢者で，自分の好きな番組や音楽を任意にセレクトするようになったのだ。

　そうした視聴者の分断傾向は，CS 放送が始まりインターネットが登場したことでさらに加速していった。テレビのチャンネルばかりでなく，インターネット上の動画共有サイトやサブスクリプションサービスなども含めた情報経路（＝広義の channel）の増加とその個人占有化によって，自分の好きな音楽だけを視聴し続けることがより容易になったのである。そのため現在では，異世代間はもちろん同世代の間でさえ，趣味や嗜好に応じて知っている楽曲が大きく異なる状況が常態化している。そうした背景を踏まえるならば，誰もが知る大ヒット曲の出現が難しくなるのはごく自然な流れだと言えるし，それでもなおヒットを狙うのであれば，そうした各情報経路の間の壁をどう乗り越えるかが重要な鍵となるだろう。

　最後にもう一つ，昨今の音楽文化をめぐる重要な変化として，音楽がもはや音楽だけで完結しなくなりつつある，という話をしておきたい。近年の国内外のヒット曲を眺めていると，単に歌としてそれが流行するばかりでなく，特徴的な振り付けやダンスをみんなで真似るような例が増えている印象を受けないだろうか。ニコニコ動画などでは2000年代後半頃からいわゆる「踊ってみた」動画が人気を博していたが，そうした傾向は2010年代に入って以降，より一般的なものになっている。代表例としては AKB48 の『恋するフォーチュンクッキー』（2013年），ピコ太郎の『PPAP』（2016年），星野源の『恋』（2016年），Foorin の『パプリカ』（2018年）などが挙げられよう。また同様の例は海外に

も多く見られ，とくにインターネット経由で広まったものはしばしばバイラル
ダンス（Viral dance）と俗称されている。

　とはいえ，特徴的な振り付けをともなう歌が流行する例はもちろん過去にも
あった。ピンク・レディーの『UFO』（1977年）などはその代表格だろう。し
かし近年では，各人がそれぞれ個別に踊って終わるのではなく，それを映像の
形で「共有」する点に大きな特徴がある。そうした実践の背景に，自身のダン
スを簡単に撮影・公開することのできるメディア端末（ブロードバンドに常時接
続されたスマホ等）の一般化があることはまず間違いない。加えて，TikTok な
どのアプリの出現も見逃すことができないだろう。

　ただ，考えてみれば音楽とダンスの結合は決して現代に固有の現象ではない。
先の『UFO』に限らず，歴史的に見れば音楽はもともと身体運動と不可分的
に結び付いたものであった。世界各地の伝統音楽がほとんどつねにダンスをと
もなっているのはその端的な証拠である。それにもかかわらず，もしも私たち
が「音楽」なるものを単なる音響としてのみ想像してしまい，あるいはダンス
とセットになった楽曲の流行を何やら新奇な現象と感じてしまうのだとすれば，
それは私たちがレコードや CD といった（音響だけを限定的に扱う）メディアに
あまりにも慣れすぎてしまった結果だとは言えないだろうか。だがスマホに搭
載されたビデオカメラや常時接続のブロードバンド網は，そうした認識を現在
進行形で揺さぶりつつある。「音楽」を単なる音響に還元してしまうような理
解は，まもなく時代遅れの感性へと変わっていくのかもしれない。

　では以上の話をすべて踏まえ，重要となるポイントを再確認しておこう。
「音楽〔を伝える〕メディア」は，社会における音楽そのものの在り方を強力
に規定し，あるいは劇的に変える。それは，「何が音楽なのか」をめぐる私た
ちの理解さえをも容易に揺り動かす力を秘めているのだ。そこから私たちが学
ぶべきは，「自分たちの常識を絶対視しない」姿勢だろう。メディア環境が変
われば（あるいはもちろん他のさまざまな要因によっても），私たちの“当たり前”
はすぐに当たり前ではなくなってしまうのである。

⑤　結び付ける音楽／切り離す音楽

　私たちはここまで，もっぱら「音楽〔を伝える〕メディア」についての議論を続けてきた。だが本章の冒頭でも述べたとおり，音楽は単にメディアによって運ばれるだけでなく，音楽それ自体が媒介となって誰かと誰かを結び合わせることもある。ここから先は，そうした「音楽〔という〕メディア」に議論の照準を移し，その働きや，また想定される問題点について考察を深めていくことにしよう。

　一般にも広く知られているとおり，音楽は人と人との繋がりを確認したり集団の凝集力を強めたりする上で非常に有効である。その一例として既にプロ野球のチーム応援歌に触れたが，他にも例えば校歌や国歌などが挙げられよう。みんなで声を揃えてうたうことで，私たちはたとえ見ず知らずの他人とでも，同じチームのファン，同じ学校の先輩後輩，同じ国の同胞として互いに肩を組むことができるようになる。

　また音楽は個々の楽曲単位だけでなく，より大きなジャンルの単位でも，しばしば特定の社会集団と強固に結び付く。例えば1950年代にアメリカで生まれたロックンロールは，世界各地の「反逆する若者」たちに支持されるなかで発展を遂げてきたものである。同様に，ラップミュージックはヒップホップ文化と，アニメソングはオタク系文化と，それぞれ不可分的な関係を持っていると言ってよい。だからこそ，ロックやラップやアニソンを聴くことはしばしば，自分が当該の文化集団に属する者だということを周囲にアピールする明確な符丁ともなる。

　ただ，「音楽〔という〕メディア」の実例のなかには，いま列挙したような分かりやすい（つまりメディアとしての音楽の力を想像しやすい）ものも多い一方，なかにはもっと分かりにくい（それと気付きにくい）ものもある。そうした，普段はあまり意識されないような「音楽〔という〕メディア」の例として，ここでは「唱歌」を取り上げてみたい。唱歌といえば『蝶々』や『蛍の光』，また

『紅葉』や『故郷』などが有名だが，なぜそれらの曲が「音楽〔という〕メディア」の例になるのか。その答えは，唱歌が誕生した背景を考えれば自ずと見えてくる。みなさんは，唱歌がなぜ作られたのかを説明できるだろうか。

　唱歌誕生の理由を求め，1872（明治5）年まで時間を遡ろう。明治政府はこの年，わが国で最初の近代的な学校制度である「学制」を発布し，そのなかで小学校の授業科目の一つに「唱歌」を設定した。今日の「音楽」科の前身である。だが明治維新からまもないこの時期，科目としての唱歌は教員・教材共に十分でなく，「当分之ヲ欠ク」，つまりすぐには実施されないものとして位置付けられていた。最初の音楽教科書である『小学唱歌集』初編が完成するのは「学制」の発布から10年後，1882年になってのことである。

　このようにして成立した「唱歌」だが，その経緯を眺めていると素朴な疑問が湧いてくる。なぜ明治政府は，教員も教科書も不十分ななか，わざわざ唱歌という科目を作ったのだろうか。富国強兵・殖産興業こそが急務であったはずの当時，「国家に益なき遊芸」と揶揄されることさえあった音楽など，もっと後回しでもよかったのではないか。

　実は，そこには明治政府による，ある重要な意図があったようだ。音楽学者の渡辺裕は，唱歌が「国民づくり」のためのツールであったのだと指摘している（渡辺 2010: chap. 1-2）。現代の私たちの感覚とは異なり，江戸時代の人びとにとっての「国」とはすなわち武蔵国や相模国のことであった。だが明治に入り西洋列強と渡り合っていくためには，「日本」を一つの単位として北から南まで人びとをまとめ上げる必要が出てくる。そこで注目されたのが，人びとを媒介し繋ぎ合わせる音楽の力であった。つまり唱歌とは，国民全体にそれをうたわせることで「自分たちは日本人である」という意識を植え付け，あるいは「日本人ならこう考えこう振る舞うべき」という規範を刷り込むための教育装置だったのである。

　それから百数十年，今日では唱歌が「国民づくり」のツールであった事実はほとんど忘却されている。だがそんな現代でさえ，唱歌が（しばしば童謡とセットで）「日本人の心のふるさと」などと形容されているのは非常に興味深い。

　私たちは普段，特別な思慮などないまま唱歌の世界をなんとなく日本人の原風景のごときものとして愛でている。だがよく考えてみれば，私たちの大部分は山で兎を追った記憶も川で小鮒を釣った経験も持っていないはずだ。にもかかわらず，そんな私たちが唱歌を「日本人」に共通する「ふるさと」としてごく自然に受け入れているのだとすれば，ひょっとするとそれは，日本国民をまとめ上げるという明治政府の思惑が百余年の時間を経てなお影響を及ぼし続けているから，なのかもしれない（唱歌・童謡が「日本人の心のふるさと」とされるようになる経緯について興味があれば井手口（2018）を参照されたい）。

　さて，ここまで唱歌を例に「音楽〔という〕メディア」の働きを見てきたわけだが，音楽を介した人びとの結び付きは時に好ましいものである一方，状況次第では無視できないネガティブな性質を帯びることもある。

　第一に，メディアとしての音楽が持つ凝集力は，特定の集団に所属する人びとに，その集団への献身や同一化を過剰に要求する契機となりかねない。戦争プロパガンダにおける音楽の利用などはその最たるものだろう。例えばナチスドイツでは第三帝国を鼓舞・称揚するために前出のベートーヴェンやリヒャルト・ワーグナー（Richard Wagner 1813-83）らの音楽が積極的に活用された（ナチスの音楽政策については Levi（1994＝2000）に詳しい）。あるいは日中〜太平洋戦争下の日本でも，一般向けの『愛国行進曲』から子ども向けの『欲しがりません勝つまでは』まで，実にさまざまな歌（戦時歌謡・少国民歌）が作られ，人びとの意識を総動員体制へと組み込んでいった。人びとは音楽を通じて一丸となり，戦争の道を突き進んでいったのである。このように，「音楽〔という〕メディア」は使い方次第で強力なマインドコントロールの手段になりかねないということを，私たちはよく覚えておく必要がある。

　また第二に，私たちは音楽によって媒介され結び合わされた当の集団に，何らかの理由で加わることができない（あるいは困難を感じる）人びとの存在についても，しっかりと目を向けなければならない。考えてみれば当たり前のことなのだが，特定の誰かと誰かが音楽によって結び付けられるとき，その隣には，結び付けられることのなかった別の誰かが必ず存在している。集団が形成され

るということは，その集団に属さない（あるいは属せない）人びとが外部として
切り離されるということと表裏なのだ。

　結び付けられた人びとと切り離された人びとは，しばしば反目し合う。卑近
な例となるが，例えば野球場の一塁側スタンドで『闘魂こめて』をうたう集団
に対して，三塁側の別集団がどのような感情を抱くのかを考えてみればよいだ
ろう。その意味で，音楽は決して世界共通語などではない。

　だがそれでも，音楽によって接続される人びとと切断される人びとの力関係
に極端な差がないのであれば，問題はさほど深刻ではないのかもしれない。つ
まり，たとえ『闘魂こめて』の集団に一塁側を占拠されたとしても，三塁側に
仲間が集えば対抗的に『それ行けカープ』をうたうことはできるわけだ。それ
よりも私たちが憂慮すべきなのは，切り離される側がいわゆる社会的弱者やマ
イノリティーであり，またそれゆえに自身の歌をうたう居場所を他のどこにも
確保できないような場合だろう。そのような状況下では，彼・彼女らは本心を
押し殺してうたいたくもない歌に参加するか，さもなければ泣く泣くその場を
立ち去る他ない。

　その具体例として――。いや，この最後の問題については敢えて具体例を挙
げることを控えよう。表では誰かと誰かを繋ぎつつ，その裏で別の誰かを切り
離してしまうような音楽の実例。それがもたらしかねない社会的不幸の実像に
ついては，みなさん一人ひとりが，これまで学んできたことや自身の体験を振
り返りつつ考えてみてほしい。社会学にとってもっとも重要なのは，そうした
「普段見えていなかったこと」に自分で気付く力なのだから。

参考文献

Gauvin, Hubert Léveillé, 2018, "Drawing Listener Attention in Popular Music : Testing Five Musical Features Arising from the Theory of Attention Economy", *Musicae Scientiae* 22(3) : 291-304.

Levi, Erik, 1994, *Music in the Third Reich*, Macmillan. (＝2000, 望田幸男監訳『第三帝国の音楽』名古屋大学出版会。)

井手口彰典, 2018,『童謡の百年――なぜ「心のふるさと」になったのか』筑摩書房。

大宮眞琴，2009，『ピアノの歴史——楽器の変遷と音楽家のはなし』新版，音楽之友社。

柴那典，2016，『ヒットの崩壊』講談社。

谷口文和，2015，「レコードという器——変わりゆく円盤」谷口文和ほか『音響メ
　　ディア史』ナカニシヤ出版，161-81。

皆川達夫，1985，『楽譜の歴史』Music gallery 8，音楽之友社。

渡辺裕，2010，『歌う国民——唱歌，校歌，うたごえ』中央公論新社。

渡邊順正，2000，『チェンバロ・フォルテピアノ』東京書籍。

第11章
メディアにおけるジェンダー表象

藤田結子

---

① ジェンダーと身体イメージ

「インスタ疲れ」

　若い女性を中心に Instagram が人気だ。Instagram は Facebook や Twitter と比較して，ファッションやライフスタイルに関する投稿が多い点に特徴がある。ユーザーは工夫をして自撮り（selfie）をし，写真を加工して，グルメや旅行など友だちとの思い出を記録したり，趣味の世界を表現したりして楽しんでいる。その一方で，Instagram は「疲れる」という声も聞こえてくる。ユーザーは，自分が見ていない間に何かおもしろいことが起きていたのではないかと不安になる，また周囲の人びとの充実した生活を見て自分と比べてしまうことがあるというのだ。

　Instagram での投稿がプレッシャーとなるのは，ほかにも理由がある。その1つは，写真や動画に映る人物の「美しさ」がいいねやフォロワーの数に関係していることだろう。ファッション研究者のアニェス・ロカモラ（Agnes Rocamora）は，最も有名なファッションのインフルエンサーたちは見た目がいいとされる女性であり，流行の服はモデルのような身体に着せられていると指摘している。ファッションの「場」では，とりわけ「若い」「痩せている」「白人の」身体が高く評価されやすく，一部のインフルエンサーはその傾向を利用して知名度と人気を高め，社会的評価や経済的利益を得ている（Rocamora 2016＝2018）。

　このような理想とされる「美しさ」はソーシャルメディアに限ったことでは

178

なく，以前から雑誌，広告やテレビ，映画などで表現されてきた（落合 2009）。日本やアジアの国々の女性たちが，美白にこだわり，目を二重にし，カラーコンタクトをつけ，必死に痩せようとするのには，若く痩せた白人女性の俳優やモデルを理想的な美しさとして表現してきたメディアの影響と無関係ではないだろう。

　最近では「美しさは多様であっていいはずだ」と，「ボディポジティヴ」という言葉でプラスサイズの身体の美しさが表現されるようになった。それでもなお，多くの女性が「痩せてみられたい」「若くみられたい」と，自分自身の身体を管理するストレスやプレッシャーに苦しんでいる。「完璧な」体型やライフスタイルを映す Instagram が，とくに10代女性のメンタルヘルスに悪影響を与えているという報告もなされている。

　その一方で，男性は，女性ほど自己の身体イメージにとらわれずに済んでいる。その理由の一つには，男性優位の社会で，女性は性的対象としての魅力を備え，美しくあるよう求められてきたことがある。他方，男性は美しさよりも，権力や経済力を獲得するべきだという規範がつくられてきた。スキンケアやメイクにこだわりたくても，就活や仕事における競争に勝ち，経済力や社会的地位を得ることの方が男らしい，といった考え方を押し付けられる。そういった競争からこぼれ落ちるととたんに生きづらくなるといった状況がある。そのような「男らしさ」の構築や広まりにもメディアは深く関わってきた。

　本章では，このようなソーシャルメディアやマスメディアにおける表現と，その表現をつくり出す組織や人びとをテーマに，ジェンダーの視点から論じていく。以下の節で，まず，マスメディアとジェンダーについて，表象と制作の面から検討する。つぎに，より新しいメディアであるソーシャルメディアとインターネットをめぐる状況をみていく。最後に，よりよくメディアと関わっていく方法について触れておきたい。

「ジェンダー」とは

　次節に進む前に，ここで「ジェンダー」という概念について確認しておきた

い。「ジェンダー」にはさまざまな定義があるが，ここでは，「社会の中で言語を通してつくりだされてきた性別や性差についての知識」とひとまず理解しておこう。私たちは，女／男として生まれたゆえに，自然に「女らしく」「男らしく」なるのではない。成長する過程で，家族や学校，メディアなどとの関わりを通して「女らしい」「男らしい」話し方や振るまいを身につけるように強いられ，促されていく。つまり，日々の相互作用のなかで「女らしさ（femininity）」「男らしさ（masculinity）」は「達成される」「行われる」ものだといえる。

　アーヴィング・ゴッフマン（Erving Goffman）によれば，人は周囲の人びとに対して，男であることや女であることの「提示」を行う。このような振るまいは，人間の本質というよりも，社会的に受け入れられた「男らしさ」「女らしさ」を「演じる」ことであり「パフォーマンス」である。彼はこれを「ジェンダー・ディスプレイ」と呼んだ（Goffman 1956＝1974）。例えば，はじめて会う人の前で「おしとやかな女性を演じる」といったりするが，そのような狭義の「演じる」という意味ではない。そもそも，自分のことを女性だと自認している人の多くは，「女らしい」とされる話し方をしたり，スカートをはいたりと，周囲から「女」とみなされるように日常生活の中で「女らしさ」を演じているのである。

　ハロルド・ガーフィンケル（Harold Garfinkel）は，人は「男らしさ」「女らしさ」を学習することによって男性／女性としての「パッシング」が可能になると考えた（Garfinkel 1967＝1987）。パッシングとは，自分自身の性自認が，社会的な性と一致するようにみなされること，またその行為や能力のことである。

　ところで，「ジェンダー」は「社会的・文化的性別」であるが，「セックス」は「生物学的性別」であると論じられることがある。しかし，「生物学的性別」もそれ自体が本質的なものではない。人間の歴史のなかで発展してきた生物学や医学では，主に男性の科学者やそれに関わる人びとの言説を通して，「生物学的性別」としての「女」「男」という2つの性別カテゴリーが創り出されてきた。つまり，還元不可能なものだとされてきた「セックス」自体，「ジェンダー」と同様に社会的に構築されてきたものなのである。

　したがって，人びとの性は，女／男に限らない。自分のことを「女」「男」というカテゴリーで表すことに違和感を持つ人もいれば，伝統的な「女らしい」「男らしい」とされるふるまいや服装をすることにしっくりこない人もいる。現実には，女／男という性別二元論では表せない多様な性のあり方が存在しているのである。

　これに関連する「LGBT」という語は，「レズビアン」「ゲイ」「バイセクシュアル」「トランスジェンダー」の英単語の頭文字を並べた言葉である。レズビアン，ゲイ，バイセクシュアルは性的指向に関わるカテゴリーであり，L・Gは同性愛，Bは両性愛の人びとを示す。Tのトランスジェンダーというカテゴリーは，肉体のつくりに応じて社会から割り振られた性別と自分自身の性自認との不一致があるために心理的な葛藤をもち，自分にとって心地よい性別を手に入れたいと望んでいる人，あるいは実際にそれを手に入れた人びとの総称である。さらに，「クイア（Queer）」というどのカテゴリー，アイデンティティにも当てはまらない人を表す語がある（加藤 2017）。LGBT にクイアのQ（及び Questioning のQ）を加えて，LGBTQ と表されることもある。「クイア」はもともと「変態」「おかしい」といった侮辱的な意味を持つ言葉だったが，1980年代以降「それの何が悪い？」とあえてポジティヴな意味合いで自ら名乗る言葉として使われてきた（北村 2017）。

　さらに，同じ性別カテゴリーであったとしても，人種・民族，階級，セクシュアリティなどの背景は多様である。例えば，裕福な家庭に生まれた男性と，経済的に恵まれずに育った男性では，前者のほうがはじめから有利な条件で人生を送ることができるだろう。また，「女性」と自認する人でも，異性愛者と同性愛者では葛藤や差別の経験が違ってくるだろう。このようにジェンダー，セクシュアリティ，階級，人種・民族等が交差することは「インターセクショナリティ（intersectionality）」と呼ばれ，近年重要な研究関心となっている。1960年代にミドルクラスの白人女性を中心に起きた第2波フェミニズム運動は，女性の「普遍的な」経験を想定していたが，階級，人種・民族，セクシュアリティが異なれば女性の経験も異なるという点を見過ごしてきた。80年代以降に

なると，ジェンダー，人種，そして階級を交差させる分析の重要性が盛んに議論されるようになった（黒木 1999）。

　また，このようなジェンダーや人種のカテゴリーは，人間の身体の特権的地位を示す指標となっている。欧米の社会では，人種が「白人」で性別が「男性」であれば人間の「標準」として認識される。他方，「有色人種」「女性」は規範からの逸脱とみなされ，偏見や差別にあうことが多くなる。このようにジェンダーや人種によって，人びとは複雑にかつ多層的に「有標化」される。有標化は家族や学校などあらゆる社会制度の中で行われ，その制度の一つがメディアなのである。

② メディア・イメージの制作

男性優位のメディア組織

　テレビのニュース番組には女性のアナウンサーがよく出演する。彼女たちは「女子アナ」と呼ばれ，私生活がニュースになるほどの人気者もいる。一方，男性のアナウンサーは「アナウンサー」と呼ばれ，男子アナとはいわない。これは有標化の一例だといえる。男性は標準とみなされるが，女性は非標準として「女子」がつく。そして，日本のテレビのニュース番組では，男性がメインで，女性がサポート役をする組み合わせがよくみられる。男性キャスターの年齢や容姿はさまざまだが，「女子アナ」の容姿は「若く」「痩せている」ことが多い。ミスコンの受賞者の割合も高い。男性のキャスターはときに意見を述べるが，「女子アナ」はそれに比べて控えめにふるまっているようだ。

　斉藤慎一によれば，ニュース番組の出演者の非対称性は複数の研究によって明らかにされてきた。ニュースキャスターなどニュースの送り手に関して，これまで日本を含め各国で行われた諸研究をみると，性別役割を反映した報道姿勢が明らかになっている。日本においてはニュースを伝える人の6～7割を男性が占め，NHK ニュースにおいても男性が中心となっていた。斉藤が視聴者の意識を調査したところ，「女性キャスターは若い人より経験豊富な年配の人

がいい」と答えた人は，女性回答者のうち47％，男性回答者のうち33％，「女性キャスターは容姿が重要だ」と答えた人は，女性回答者のうち28％，男性回答者のうち40％であった。斉藤は，視聴者の回答に男女差はあるものの，「視聴者の側よりむしろメディアの送り手側の方に，旧態依然とした性別ステレオタイプがより強く残っているのではないだろうか」と指摘している（斉藤2012）。

　最近では，変化も見られる。2021年春の民放キー局夜のニュースの主要な出演者を見てみると，女性の年齢は20代～50代，男性の年齢は20代～60代と大差なく，男女比もほぼ半々である。女性は20代～30代の若い年代がやや多いものの，キャリアを積んだ女性が夜のニュースを伝えるようになっている。だが，出演者の「職業」に関しては偏りが見られた。上記の出演者の元々の職業は，女性は全員テレビ局のアナウンサー，男性出演者は若手がアナウンサー，ベテランには記者出身が多かった。つまり，女性は「女子アナ」のみで，記者はいなかったのである。

　「女子アナ」という職業には「若さ」「かわいらしさ」が求められる傾向が指摘されているが，このような「外見のよさと適切なふるまい」を要求される労働は「美的労働（aesthetic labor）」と呼ばれる。メディア，観光や接客などのサービス経済に多く存在し，近年とくに欧米諸国で問題とされてきた。「美的労働」の負の側面として，その人全体が商品の一部となり，雇用主が労働者の感情や身体をコントロールすることがあるからだ。例えば，しんどさを感じても笑顔でいなければならないし，太らないようダイエットをすることを求められるのである。当然のことながら，世の中の女性には，体が大きかったり，眼鏡をかけていたりする若い女性がたくさんいるし，経験豊富な中高年の女性記者も存在する。それなのに，ニュース番組は特定の「女らしさ」を望ましい姿として描いてはいないだろうか。

　こういった視点からみると，テレビにはステレオタイプ化された「女性」のイメージが溢れていることに気づくだろう。といっても，現実のどこかに「正しい女性像」があるというわけではない。田中東子が指摘するように，「正し

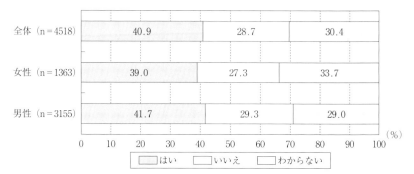

図11.1　男女別「記事や番組の表現方法に性差による意見の違いはあるか」
（出典）　内閣府男女共同参画室「メディアにおける女性の参画に関する調査報告書」2011年。

い」「本当の」女性という現実の存在があり，あらゆるイメージはその本当の
ものを正しく反映するべきだという考え方は，「女性」という本質的な存在が
あるということを前提としてしまう。「女性」というカテゴリーは本質的なも
のではなく，言語やイメージを通して社会的に構築されていく。必要なことは，
メディアを通して表現が構築されていくメカニズムを批判的に考えてみること
なのである（田中 2012）。

　林香里らの調査によると，日本のメディアは世界的に見ても，「男性支配が
際立っている」という。新聞・放送を会わせた報道に携わるメディア企業社員
のうち，女性の割合は全体で13％にとどまっていた。この数字は世界平均の
33％をはるかに下回る。また上級管理職となると，日本は全体の５％弱に留ま
り，「男性支配」はいっそう顕著であった（林 2013）。

　このような男女差は，メディア表現にも反映されるだろう。新聞・放送・出
版関連で働く人を対象にした調査によれば，「男女間で記事や番組の素材選択
に差があると思う」「男女間で記事や番組の表現方法に差があると思う」と回
答した人は４割に達していた（図11.1）（付記(1)参照）。そうであれば，男性が多
い制作現場では，男性の視点から選んだ素材や表現が多くなってしまう。

女性記者の「セカンド・シフト」

　女性管理職が少ない理由の一つとして，妻のサポートがある男性と比べて，子育てしながら働く女性は家事育児に時間をとられ，十分に取材をしたり記事を書いたりする時間が少ないことがあげられる。アメリカの社会学者・アーリー・ホックシールド（Arlie Hochschild）は，家庭内での家事や育児などの労働を「セカンド・シフト」という語で表した。第一の勤務が「職場での仕事」であり，第二の勤務が「家庭での仕事」というわけである。ホックシールドが1960年代〜70年代に行われた主要な生活時間調査の数字から平均値を計算したところ，賃金労働と家事労働にとられる時間の合計で，女性は男性に比べ週に15時間も長く働いていた。年間にすると，女性たちは24時間連続勤務にして，1ヶ月分も多く働いていたことになる（Hochschild 1989＝1990）。

　現代日本においても，父親たちの育児・家事参加の時間は，1990年代から現在まであまり増えていない（図11.2）（付記(2)参照）。政府の調査では，6歳未満の子どもを持つ親が育児・家事に費やす時間は，母親が1日約6時間（共働き）〜約9時間（専業主婦）だが，父親はわずか1時間程度。共働き世帯の場合，7割〜8割の父親が平日に育児や家事をほとんどしていないという実態が報告されている。

　花野泰子によると，女性記者に両立の道は開けたものの，管理職の昇進は難しい状況にある。管理職は「24時間臨戦態勢」でなければならず，子育てに時間を取られる働き方では登用されない。また，性別役割分業意識が根強い日本では，女性記者も子育てを犠牲にしてまで管理職になることはできないと考えがちである（花野 2013）。

　このような「女性は家事育児」といった性別役割分業の影響によって，メディア組織で働き続ける女性の割合や女性管理職の割合が少ない。その結果，報道の内容も家事育児に関わってきた人の視点が反映されにくくなる。ニュース番組を伝える側に「女子アナ」が多く女性記者がいないのも，このような組織のあり方や男性中心の視点が影響しているからだろう。

　ニュース以外の制作現場に関しても同様の点が指摘されている。テレビドラ

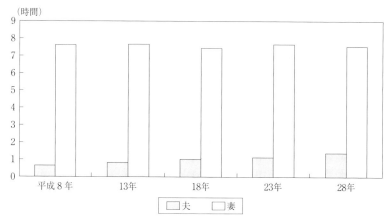

図11.2　6歳未満の子どもを持つ夫・妻の家事関連時間の推移（平成8年〜28年）
　　　　　—週全体，夫婦と子どもの世帯

（出典）　総務省「平成28年社会生活基本調査」。

マの制作現場を調査した国広陽子によれば，テレビディレクターが気づかない
うちに内面化した価値観が送り出す番組に反映され，それが問い返される機会
は少ないという。テレビドラマで繰り返し描かれる主婦のステレオタイプは，
家事育児を担う当事者として生活しているスタッフが増え，その発言が影響力
を発揮するような場としてテレビの現場をつくりかえることでしか実現しない
（国広　2001）。

　メディアが表現する内容と，制作する組織は深く関係している。ニュースや
ドラマを視聴したり研究したりするときに，その内容だけでなく，どのような
組織で制作されているのかをチェックすることも理解を深めるうえで役に立つ
だろう。

ジェンダー表記と多様性

　新聞やテレビのニュースでは，「30代の男性」「50代の女性」など匿名で人を
表す場合に「女性」「男性」などのジェンダーによる表現が使用される。しか
し，性の多様性や LGBTQ に対する理解の広まりから，この点も課題となっ
ている。なぜなら，性による匿名表現は，ニュースで報道された当事者の性自

認が「女性」「男性」のどちらでもないケースを想定していないからである。また，トランスジェンダーである人が，自分の性自認とは異なる性で表現されてしまう可能性もあるだろう。ニュースの内容に関して，男女の明記がとくに必要でなければ，「Aさん」などの表現に変えていくことを検討すべきだという声もあがり始めている。

　また，個人のプロフィール欄に，（he/him）（she/her）（they/them）など，さまざまな代名詞の組み合わせが示されているのを見たことがあるだろうか。欧米では，自分を呼ぶときに使って欲しい代名詞をプロフィールに記載する人が増えている。複数代名詞の they，them，their は，男女のどちらにも分類することのできない「ノンバイナリー」や，自認する性が流動的である「ジェンダーフルイド」として，自分の性を捉えている個人を表す単数代名詞になっている。

　自分が希望するジェンダー代名詞を周囲に知らせることで，自分の性自認と異なる性で呼ばれてしまうことを減らせる。また，生まれたときに割り当てられた性と性自認が同じである「シスジェンダー」の男性や女性でも，ジェンダー代名詞を表記している場合がある。そうすることによって，性自認は多様であるという考え方を標準化していくことができるのである。

3 インターネットとソーシャルメディア

デジタル格差

　ソーシャルメディアは，マスメディアと異なり，原則的には誰もが発信することが可能だ。冒頭の「インスタ疲れ」は身近な人びとが気軽に発信することで生じた副作用ともいえる。しかしインターネットにはいまでも情報格差が存在し，それにはジェンダーが関係している。90年代まで女性は男性に比べて，コンピューターの使い方を学ぶ機会や，職場でインターネットにアクセスする機会が少なかった。しかしインターネットが商業化されるにつれ，オンライン・ショッピングやニュースサイトが増加し，日常生活と深く関わる使いやす

いものへと変わっていった。さらに，子どもの頃からインターネットを利用して育ったデジタルネイティヴも登場し，先進国におけるジェンダー・デジタルデバイドは緩和されつつある。だがその一方で，コンピューター製作者やインターネット管理者の大半は男性が占めている。その理由として，技術的な知識・スキルの獲得，設備やメンテナンスにお金がかかるという経済的要因，コンピューター・サイエンスを専攻する学生に男性が多いという文化的要因があげられる。

アイデンティティとオンライン・ハラスメント

　さらに，インターネット上のアイデンティティの問題は，ジェンダーと深く関わっている。このようなインターネットの問題に関する研究は，日本よりもアメリカなど欧米を中心に行われてきた。アメリカ雑誌 *The New Yorker* は，1993年にコンピューター・スクリーンの前に座ってキーボードに手を置く犬のイラストを掲載した。「インターネット上では誰もあなたが犬だとわからない（On the Internet, nobody knows you're a dog）」というキャプションとともに，この風刺画は有名になった。この画が示すように，当初，サイバー空間では身体を現さずともコミュニケーションが行えると楽観的な見方がなされていた。「男／女」「異性愛者／同性愛者」という二分法から解放される空間だと考えたのである。しかし，現実には，サイバー空間はジェンダーが不可視となる空間ではなく，リアルな身体と密接に関連するアイデンティティが現れる空間となっている。

　例えば，会話のスタイルを通して，無意識のうちに，あるいは現実世界で用いている話し方を変えることが難しいために「男」であること，「女」であることが表れる。テキストだけでも，利用者のジェンダーに関わる情報は十分に伝わってしまうのである（Herring 2003）。

　最近では，ソーシャルメディアに写真や動画がよく使用されている。利用者は，自己プロフィールに自分の顔や上半身，全身を写した映像や写真を用いるようになった。この状況の中，ジェンダーに関わるオンライン・ハラスメント

が多発している。Twitter では，女性に対する「侮辱的，差別的，性的な言葉を使って攻撃する」「ストーカーをする」といった行為がなされ，異性愛主義に基づく LGBTQ バッシングやトランスジェンダー差別もみられる。

　オンライン・ハラスメントを調査した研究グループによると，自己防衛ではオンライン・ハラスメントの問題は解決できない。個人がどれほど慎重になったとしても，ソーシャルメディア上の発言はリスクがともなう。また，自己防衛は「感情労働」でもあり，ハラスメントの被害者は消耗し，場合によっては自分を責め，公的な言論から撤退していく。問題の解決には，組織的な対応が欠かせない。プラットフォームにはこの問題に対処する義務があり，被害者とともに，意志決定や技術開発，法の制定を行うことが重要なのである（Veletsianos et al. 2018）。

自己ブランディングと不平等

　「仕事で成功するためには，自分というブランドを築き，成長させなければならない」などといった「自己ブランディング」の考え方が，90年代後半以降に広まった。もちろん，誰もが起業家になれるわけではないが，雇用されている人びとも起業家精神を持ってふるまうことが望ましい，自己を管理し商品のようにブランディングするべきだ，というメッセージが自己啓発書やマスメディアに溢れている。

　さらに，スマホの普及とソーシャルメディアの広がりが，働く人びとの自己ブランディングを後押ししている。とくに若い女性たちは，新しい技術を利用して，伝統的に女らしいとされる分野——ファッション，美容，料理や手芸などで，自己表現を行い，起業家として活動する者もいる。彼女たちは，やりがいのある仕事，情熱をもってできる仕事（passionate work）を手に入れ，魅力的なライフスタイルを送っているかのようだ。だがこれは，自ら搾取されるような状況に陥る仕事でもあるといえる（McRobbie 2016）。

　ブルック・E・ダフィー（Brooke E. Duffy）の研究によると，インフルエンサーたちのリアルな生活は，表面上の生活と大きく異なっている。企業に依頼

された商品の宣伝をしても報酬がもらえないことも多い。また，家族と休暇を過ごしているときでさえ，いいねをもらえる写真を撮ることが気になり，労働と生活の境界が曖昧になっていく。他のインフルエンサーとの競争に勝つには，わずかな報酬でも，自分の生活すべてを商品として売りものにせざるを得なくなるのである。

　経済的な側面に注目すると，魅力的なライフスタイルを演出するために，多様なアイテムを購入し続けなければならない。そのため，恵まれた家庭出身の女性が有利である。また，インフルエンサーとして人気を得るのは，冒頭で述べたように白人女性が多い。つまり，裕福な白人女性が優位に立つという，階層や人種による社会的不平等を強化する構造があるといえる（Duffy 2017）。

　男性の場合も，階層や人種によって成功の可能性が大きく異なっている。数多くの男性がアメリカのシリコンバレーのテクノロジー業界をめざすが，そこには明確なヒエラルキーがあるという。アリス・マーウィック（Alice Marwick）の研究によると，頂点に成功した起業家がいて，中間にスタートアップ企業を起こして成功をめざしている若者たちがいる。お金のためだけに働いている人や成功しそうもないプロジェクトを行っている人びとは下だとみなされる。テック業界で働く人たちは，生活や遊びよりも仕事を優先し，新しいテクノロジーを創出しようと日々競っている。また，彼らの間では，ソーシャルメディアが個人の人気や影響力などの指標になっている。Twitter や YouTube でフォロワーやリツイート，登録者が多ければ IT 業界での重要人物だとみなされる。

　しかし，誰にでも平等にチャンスがあるわけではない。成功者の多くは，裕福な家庭に生まれ，有名大学を卒業した白人男性である。その一方で，女性は「ボーイズクラブ」（男性中心の非公式なネットワーク）から排除されやすく，長時間労働により仕事と家庭の両立が難しく，業界を去って行く者も多い。また，性的・人種的マイノリティの男性も周縁化されやすい。業界の中心を占める異性愛主義の白人男性たちは，はっきりものをいう女性や，ゲイであることをカミングアウトしている男性，人種問題について議論しようとする人を歓迎しな

いという（Marwick 2013）。

　日本でも，YouTuber やインスタグラマーとして，あるいは起業家として，一旗あげようと夢見る若者は多い。しかし，これらの研究が明らかにしたように，誰にでも平等に成功の可能性があるわけではないだろう。ソーシャルメディアやテクノロジーには利点も多いが，ジェンダーや階層，人種における不平等を再生産する装置にもなっているのである。

④ 偏見や不平等について考える

　本章ではメディアの表現，それを制作する組織，ソーシャルメディアやインターネットの状況について，ジェンダーに注目しながら検討してきた。私たちの行動によってこれらの問題を解決へと導くこともできる。例として，2017年に起きた #MeToo 運動があげられる。ハリウッドの有力映画プロデューサーが長年，業界の女性たちに性的暴行やセクシュアル・ハラスメント（セクハラ）を行っていたが，俳優を中心とする数十名の女性たちが実名でこれを告発した。このセクハラに対する告発から，世界中の人びとが，Twitter や Instagram で「#MeToo」というハッシュダクを使って自分自身が受けた性的暴行やセクハラを語る運動が展開された。フェミニズム運動がソーシャルメディアによって促された一例だといえるだろう。

　私たち１人ひとりが，メディアのジェンダー表現を批判的に捉えること，ときに企業に意見を伝えることが重要である。また，自分がソーシャルメディアで発信するとき，軽い気持ちで差別的な表現をしていないか気をつけることも大切だ。何気ない一言の書き込みが誰かを深く傷つけるかもしれないと心にとめておこう。さらに，ソーシャルメディアで自己ブランディングをしてみたいと思ったときには，自分の大切な時間を使うことで誰が利益を得る仕組みが背後にあるのかについても考えてみよう。

　ジェンダーとメディアの問題は多様で複雑である。だからこそ，誰にとっても生きやすい社会をつくりあげていくために，みんなで考え実践していく必要

がある。

付記

⑴　内閣府男女共同参画局が調査検討会を組織し，2009年12月～2010年1月，新聞，放送，出版業に分類される1013社の正社員を対象として，ウェブアンケート形式で実施。296社の4518名が回答。新聞14％，放送69％，出版17％と放送会社社員が多く，男性69.8％，女性30.2％，20代以下17％，30代35％，40代30％，50代17％，60代以上1％。

⑵　総務省が5年毎に，各年10月に実施。層化2段抽出法により，日本全国，10歳以上の世帯構成員を対象。平成8年は約27万人，それ以降は，19万人程度が回答。詳細は，http://www.stat.go.jp/data/shakai/2021/pdf/hensen.pdf（2022年8月19日取得）を参照。

参考文献

Duffy, Brooke Erin, 2017, *(Not) Getting Paid to Do What You Love : Gender, Media, and Aspirational Work,* Yale University Press.

Garfinkel, Harold, 1967, *Studies in Ethnomethodology,* Englewood Cliffs : Prentice-Hall.（＝1987，山田富秋・好井裕明・山崎敬一編訳『エスノメソドロジー──社会学的思考の解体』せりか書房。）

Goffman, Erving, 1956, *The Presentation of Self in Everyday Life,* University of Edinburgh, Social Sciences Research Centre.（＝1974，石黒毅訳『行為と演技──日常生活における自己呈示』誠信書房。）

Herring, Susan. C., 2003, "Gender and Power in Online Communication," Janet Holmes and Miriam Meyerhoff eds., *The Handbook of Language and Gender,* Malden : Blackwell, 202-28.

Hochschild, Arlie. R., 1989, *The Second Shift : Working Parents and the Revolution at Home,* Viking Penguin（＝1990，田中和子訳，『セカンド・シフト』朝日新聞社。）

Marwick, Alice E., 2013, *Status Update : Celebrity, Publicity, and Branding in the Social Media Age,* Yale University Press.

McRobbie, Angela, 2016, *Be Creative : Making a Living in the New Culture Industries,* Cambridge, Polity Press.

Veletsianos, G. S. Houlden, J., Hodson and C. Gosse, 2018, "Women scholars' experiences with online harassment and abuse," *New Media & Society,* 20(12):

4689-708.

Agnès Rocamora, 2016, "Pierre Bourdieu : The Field of Fashion," Agnès Rocamora and Anneke Smelik, eds., *Thinking through Fashion A Guide to Key Theorists.* I. B. Tauris（＝藤嶋陽子訳，蘆田裕史監訳，2018，アニェス・ロカモラ「ピエール・ブルデュー　ファッションの場」アニェス・ロカモラ＆アネケ・スメリク編『ファッションと哲学』フィルムアート社，358-84。）

落合恵美子，2009，「ビジュアル・イメージとしての女──戦後女性雑誌が見せる性役割」天野正子他編『表現とメディア』新編日本のフェミニズム7，岩波書店，39-70。

加藤秀一，2017，『はじめてのジェンダー論』有斐閣。

北村文，2017，「ジェンダーをする」藤田結子・成実弘至・辻泉編『ファッションで社会学する』有斐閣，111-30。

国広陽子，2001，『主婦とジェンダー──現代的主婦像の解明と展望』尚学社。

黒木雅子，1999，「日系アメリカ女性の自己再定義」『社会学評論』50巻1号，59-74。

斉藤慎一，2012，「ニュース報道とジェンダー研究」国広陽子・東京女子大学女性学研究所編『メディアとジェンダー』勁草書房，31-63。

田中東子，2012，『メディア文化とジェンダーの政治学──第三波フェミニズムの視点から』世界思想社。

花野泰子，2013，「ポスト均等法世代のワーク・ライフ・バランス──30代記者への聞き取り調査から」林香里・谷岡理香編『テレビ報道職のワーク・ライフ・アンバランス』大月書店，147-59。

林香里，2013，「ジャーナリズム研究の新たな方法論を目指して」林香里・谷岡理香編『テレビ報道職のワーク・ライフ・アンバランス』大月書店，9-22。

第12章

情報技術と社会の再設計
——労働からみたメディア社会の変容——

和田伸一郎

1 AI社会の背景にある「大きな政府」から「小さな政府」，そして「大きな社会」への変遷

　いまや，私たちのスマートフォンやウェブ上のサービスなどを含む，情報技術によって日常的に行われるコンピューティングのさまざまなところに，AI（Artificial Intelligence：人工知能）が実装されている。そして，社会のさまざまな領域が，これらによって自動化されつつある。しかし，AIの開発，普及は，優秀なエンジニアや経営者がいたから可能になっただけではなく，その背後にある，歴史的な政治経済の変化を見ないと理解できないところがある。それらをまずは見ておこう。

　2010年に入ってイギリスのデーヴィッド・キャメロン（David Cameron）首相は「大きな社会」構想を打ち出した。これは，戦後の社会民主主義的（ケインズ主義的）な「大きな政府」（福祉国家），1980年代以降のイギリスのマーガレット・サッチャー（Margaret Thatcher）首相，アメリカのロナルド・レーガン（Ronald Reagan）大統領による「小さな政府」（新自由主義国家）に続く国家政策である。この政策は，先進国の多くに，すなわち，日本にも浸透している。

　「大きな政府」が機能したのは，戦後の先進諸国の経済成長が背景にあったからだった。すなわち1960年代末頃までだった。その後，1970年代に二度の「オイルショック」が起きたことがきっかけで，世界的に経済混乱がもたらされた。これにより，世界各国で国家の財政赤字が膨らんだため，国家負担を軽減すべく，1980年代以降，新自由主義国家政策すなわち，「小さな政府」が謳

われることになった。これによって目指されたのは，国営事業や公営事業の民営化，また，国家による市場介入を制限して，市場を自由放任にすることが国民に公平と繁栄をもたらすとする市場原理主義である。これを推進するためにも市場の自由を妨げるさまざまな領域での規制が緩和されていった。

　ここで注目したいのは，これら新自由主義政策の推進が，社会サービスからの国家の撤退を意味するというところである。そうすると，国家の保護に守られない人びとが出てくることになり，こういった人びとを支援することが求められるようになる。当初，この支援を担ったのが，例えば，NGO（Non-Governmental Organization）だった。デヴィッド・ハーヴェイ（David Harvey）は，NGO の台頭が，新自由主義政策が各国でとられ始めた時期（1980年代）と同時期に顕著になったことを指摘している（Harvey 2005＝2007: 132）。一方，「小さな政府」が国民に求めたのは，社会保障など国家による保護の外に，程度はさまざまであるにせよ，放置される人たちに，その説明として，自己責任という論理で納得させることだった。これに対して，「大きな社会」では，自己責任論を押しつけるのではなく，保護の外でも自分たちで互いに協力し合って何とかやっていきなさいという，強制された自助努力，相互扶助とでもいうべき論理で人びとを納得させることになった。なお，日本で「一億総活躍社会」（2015年 - ）という名称で表現されているものは，ほぼこれにあたる。

　一方，この「大きな社会」の提言がなされたのとほぼ同時期にあたる，2010年頃から GAFA（Google, Amazon, Facebook, Apple の頭文字の略）や BATH（Baidu, Alibaba, Tencent, Huawei の頭文字の略）のような巨大な IT 企業（以下，テック企業）が，いわゆる「メディア」という枠を大きく超える，いわば，ほとんど公共インフラといっていいようなサービス，すなわち，電話，メール，検索エンジン，EC サイト，チャットアプリ，決済アプリなどを無料で提供し始めた。ここで起きていることは何だろう。かつては，国家や民間企業が，国民の日常生活のさまざまな場面にとってのインフラを提供し，国民の生活を支えていた。それがいまや，GAFA，BATH のようなグローバル・テック企業が提供するインフラがなければ，日常生活に不備をきたすほどにまで，私たち

の日々の活動はそれらによって支えられている。ここで注目したいのは，テック企業が提供するサービスが，国家が撤退した領域に置き去りにされた人びと（後でも触れるように，待機児童問題に直面している子育て世帯など）を支える役割も担っているということである。NGO とは異なる営利企業であるテック企業が，こうした人びとを支えるとはどういうことか。

　この役割を担うテック企業は，こうした領域に，市場を発見し，開拓している。そしてまさにこれによって，結果的にではあるとしても，社会の構造的欠陥を改善し，人びとを支えている。その一例が，自動車配車アプリ Uber を提供しているシリコンバレーの企業である，Uber 社が行っていることである。Uber というアプリ自体は，2020年時点の日本では，国内のタクシー業界を保護する規制が緩和されず，禁止されている。しかし，Uber とは別に Uber 社が提供している UberEats というサービスは日本では2016年からまずは東京で開始された。このサービスは，料理を欲している人と店舗と配達人をマッチングする効率を上げることによって三者のニーズを支えるものだが，それだけにとどまらない可能性をもっている。以下で考えたいのは，このサービスが家事労働としての料理をつくることの意味を変える可能性をもっているということについてである（ただし，後述するように，これを実現するには法的整備が必要になる）。家事労働は，「無償労働」とされ，ジェンダーギャップ指数が長らく最低ランクにある日本においては，いまなお，女性がやるべきものという考え方が根強くある。こうした家事労働の性質を，テック企業の起業家精神が，どう変えるのかについて本章では考えてみたい。その前に，今日における家事労働とは，あるいはそもそも労働とは，どういうものなのかについて，ハンナ・アーレント（Hannah Arendt）の古代の労働概念からこれらを改めて捉えなおし，アーレントが労苦でしかない「労働」（labor）と区別している「仕事／制作（work）」すなわち，満足を得ることができ他者から〈評価〉してもらえる「仕事／制作」とは何かについてまとめておきたい。

2　アーレントによる古代ギリシア時代の労働観

アーレントの労働概念の特徴

　古代ギリシア時代の労働観に基づいて，アーレントは，「労働」と「仕事／制作」にそれぞれ異なる定義を施している。アーレントは，古代ギリシアには奴隷制があり，奴隷が労働を担ったからこそ，自由人は仕事／制作に専念できたとし，仕事／制作と労働を区別している。アーレントによれば，労働とは「苦痛に苛まれ疲労に襲われて懸命に働く」ことである（Arendt 1960＝2015：167）。そして，労働の「この労苦をはなはだ面倒なものにしているのは，それが危険だからではなく，それを果てしなく反復しなければならないからである」（Arendt 1960＝2015：119）。また，次のようにも述べられている。

> 労働する動物は，世界から逃避するのではない．そうではなく，世界から追放されて，他人には立ち入ることのできない自分の肉体の私的性格へ閉じこもるのである。肉体というこの私的なもののうちで，労働する動物は，誰とも共有できず，誰にも十分伝達できない必要や欲求の囚われの身になっている自分を，意識させられる。（Arendt 1960＝2015：140）

　アーレントの労働についての概念の特徴をまとめてみよう。（1）労働は，果てしなく反復しなければならない労苦である。（2）労働において人は，その労苦を共有する他者を欠いており，（3）その分，世界から孤立している。これは〈世界性〉，〈公共性〉の欠如とも呼ばれる。（4）裏返せば，世界から孤立化した私的領域で強いられるのが，労働である。

　これに対し，例えば職人が行うような仕事／制作は，「自信や自負を生じさせるし，それどころか，生涯にわたる満足感の源泉とすらなりうる」（Arendt 1960＝2015：167）。つまり，仕事／制作において人は，その成果を〈評価〉してくれる他者に開かれており，その分，複数の他者たちの住む世界に開かれて

いる。これは仕事／制作が，〈公共性〉を帯びることを意味する。例として，労働を家事労働に当てはめて考えてみよう。まず，家事労働は，家の中で行われるので，例えば，どんなに掃除や料理，片づけが上手であっても，そのことを〈評価〉してくれるかもしれない，世界にいる複数の他者に知られないまま行われる。とはいえ，すばらしい料理をつくることは，本来的には，芸術家が作品をつくる場合の「制作」することと同じものであるはずである。しかし，私的領域に閉じ込められており，そこに〈公共性〉，〈世界性〉がないため，仕事／制作は労働に成り下がってしまう。

　なお，この労働の定義は，もちろん家事労働に限らず，すべての労働に当てはまる。例えば，工場のベルトコンベアに配置された人びとやオフィスに並べられた机で作業をする人びとですら，工場や会社といった空間の中で複数の人びとと働いているにもかかわらず，実際のところ，与えられた労働を，自分の持ち場という私的領域の中で，反復している限りにおいて，それは仕事ではなく，労働なのである。もちろん，どちらかに必ず切り分けられるものではなく，労働になっている時間帯もあれば，仕事になっている時間帯もあることに留意しておきたい。

近代の産業革命の「分業」の功罪

　アーレントはこの古代における労働の定義を，さらに近代以降にも応用し議論を展開している。アーレントによれば，近代の産業革命以後，導入された「分業」システムが，生産活動の多くにおいて，仕事／制作を，一層，労働に格下げした。農業を具体例として分業を考えてみよう。農家が，手間をかけて，おいしいトマトを作ったとしよう。これが制作であるためには，〈世界性〉が必要である。つまりそれは，農家がなじみの客である食べる人に対面で直接，それを提供し，感謝され，おいしいといってくれるというような状況を示している。しかし，この直接性は，近代的生産体制である「分業」によって，細かい「最も単純な操作」に分解されてしまった。

かくて，われわれは，仕事という活動を労働へ転化させ，その活動を極微の断片へと分解し，ついには，その活動や分業に適合させられ，最も単純な操作という公分母に到達するに至った。(Arendt 1960＝2015: 151（強調は引用者による））

　農業で言えば，成果物が労働者から消費者に提供される一連のプロセスは，農家（耕作人／収穫者），さまざまな中間業者（卸売り業者，集配工場など），配達人，小売店の店員といった人たちによって分業されている。ここにおいて，それぞれの細切れにされた「最も単純な操作」は，先述したように，オフィスや倉庫や店舗やトラックといった分離され孤立化された私的空間内で，同じことを「反復」することによって成し遂げられ，最後の出口である店頭で，一連のプロセスを全く知らない消費者がカネで買う消費財へと〈制作〉物が格下げされている。

　しばしばメディアで，どれだけ手間がかけられて，おいしい農産物，ブランド牛等々がつくられているかが紹介され，農家，畜産業者たちが，それゆえに消費者には大事に食べてほしい，と訴えかけるような場面が喧伝される。これは，制作物であるはずのものが複数の孤立化した操作によって消費財へと格下げされていることへの反発の表れであると解釈できる。しかしいくらこうしたことを喧伝しても，ここでの制作は，分業化されており，同じことを反復し続けるものであり，〈世界性〉を欠いていることに変わりはない。

家事労働としての料理と仕事としての料理

　しかし，こういった近代以降の労働のあり方は，クラウド・コンピューティングが普及し，スマートフォン上で，誰もが簡単にコンピューティングの力を借りられるようになって以降，変わり始めている。これは，私たちの日常生活での活動のうち，例えば，「反復」されるほかない労苦のいくつかが，コンピューティングによって自動化されるようになったことを意味する。こうしたことは，さまざまな場面で起きている。本章で検討するのは，先述したように，

こうした変化の一つとして，労働の在り方の変化が起きつつあるということである。では，具体的に，家事労働としての料理に焦点を当て，料理をつくることがどう変貌しつつあるかを考えてみたい。

　まずスマートフォンとアプリの普及によって，ユーザーの誰もが，簡単に，世界中の料理について Google 検索して情報収集したり，Instagram のような画像共有アプリでそれらの画像を共有したりできるようになった。他方で，グローバリゼーションが進み，モノや人の移動が国境をまたいで高頻度に行われようになった現代社会では，世界中で使われる料理のための道具や食材，調味料などもリアル店舗だけでなく EC サイトから簡単に手に入るようになった。誰かに頼まれたわけでもないのに，手間をかけて，きれいな料理などをつくって，その画像を SNS 上に投稿し，共有することにより，〈評価〉される。ここで起きる「いいね」や「フォロー」という形でのフィードバックループは，投稿者と複数の他者たちとの間にコミュニティを生む。さらに，クックパッドや DELISH KITCHEN のようなレシピアプリの普及によって，世界中の料理や創作料理のレシピが一般ユーザーによって作成，共有され，〈評価〉されるようになる。これによって，料理をする人たちの料理の幅が大きく広がった。これらの中で行われていることが意味するのは，料理というタスクが，単なる労苦でしかない労働から，仕事へと変化している可能性が高まるということである。まず一つ挙げられるのは，料理とその環境の多様化が，料理というタスクに創意工夫を加える余地を生み出す。これによって，料理をつくる人びとは，料理をつくることをコントロールする〈自由〉を持てるようになる。これは労働の性質に含まれていた，同じことの「反復」という性質が変化することを意味する。創意工夫をこらすということは，同じものばかりをつくらないということであるため，料理をつくることは，制作／仕事のカテゴリーに入る。ここで重要なのは，これを担うのは，プロの料理人といった特権的な人びとだけでなく，「すべての」人びとということである。

　次に注目したいのは，家事労働とされてきた料理が，もはや私的領域の中で労苦をともなう労働ではなくなるということについてである。

〈公共性〉を帯びる家事労働

　家事労働としての料理をつくることが〈公共性〉を帯びる可能性について，先に触れた，UberEats というサービスの仕組みを参照しながら検討してみたい。ただし，ここでまず留意しておきたいのは，UberEats という特定のアプリの仕組みだけを問題にしたいわけではないということである。このアプリの仕組みには，起業家精神に基づくテック企業の，社会の構造的欠陥を改善しようとする〈設計思想〉が反映されている。ここでは，この設計思想が成し遂げることは何かについて，このアプリを通じて考えたい。ただしここで行いたいのは，単にこのサービスを賛美するということではない。というのも，このサービスはいくつか厄介な問題を抱えているからである（これについては後述する）。

　まずは，この UberEats がすでに行っていることの重要性を理解しておく必要がある。そのために，トロント大学のアジェイ・アグラワル（Ajay Agrawal）らによる「仕事」（この仕事の概念は，アーレントのものとは直接関係ない）についての非常に先進的で，示唆的な考えを参照しておきたい。アグラワルらは，近年しばしば注目を集めている人工知能（AI）が人間から仕事を奪うという議論に対して，根本から異なる観点を提示している。それについては，仕事におけるタスクの分解と再結合といういわば，メタ・タスクの論理によって説明される。

　　　仕事はタスクの集合体である。ワークフローを分解したうえで AI を導
　　入すると，以前は人間が行なっていたタスクの一部は自動化される。さら
　　に，自動化されずに残されたタスクの序列や重要性が変化するだけでなく，
　　新しいタスクが生まれるかもしれない。したがって，仕事を構成するタス
　　クの全体像も変化する可能性がある。(Agrawal et al. 2018＝2019: 194（強調
　　は引用者による))

　仕事はそもそも複数のタスクから成り立っている。そのいくつかは AI やロ

ボットなどによって自動化されるだろうが，AI やロボットが不得意な，ある
いはできないタスクというものが必ず残るのであって，それらのタスクは人間
にしかできない。さらにいえば，人間はこれまで自動化できるはずの複数タス
クをこなさないといけなかったため，これが自動化されれば，人間にしかでき
ないタスクの重要性が高まると同時に，これらのタスクに人間が専念すること
ができるようになる。

　ところで，UberEats がしていることの一つである自動化は，出前という
ワークフローを，料理の注文と料理をつくること，配達というタスクに分解し，
分解されたタスクを最適にリアルタイムで再結合することによって成し遂げら
れている。かつての「出前」と UberEats が異なるのは，このマッチングアプ
リが，再結合を〈最適化〉してくれるところにある。これによって，注文者は
代金さえ払えば（決済は登録されているクレジットカードで行われるため支払いとい
うタスクも自動化されている），料理をつくる必要はなくなるし，そのための食材
を買いに行く手間，また外食するために出かける手間が不要になり，その分，
自由時間が増える。一方，リアル店舗の料理をつくる人は，つくりたいときに
（注文を止めることができるため）調理することだけに専念でき，配膳や会計と
いった手間が不要になる。他方で，配達人は，アプリに登録しておけば，働き
たいときだけ，自分がもっているバイクや自転車を利用して配達し，報酬をも
らえる。配達にとくに特殊なスキルは必要ない。つまりこのタスクは誰でもで
きる。ここで重要なのは，注文者が料理を購入する場合のワークフローに含ま
れるさまざまな手間が不要になることに加えて，分解されたタスクが最適に再
結合されることによって，ワークフロー全体が効率化され，仕事の成果物が消
費者に提供される全体プロセスに要する時間がきわめて短く短縮されることで
ある。どのように短縮されているのだろうか。

　アプリの背後で動いているアルゴリズムは，調理の時間と配達人が配達する
時間が，注文者にとって最も短い時間でなしえる最適な組み合わせを，早けれ
ばだいたい数秒で提示する。まず店が注文を受ける。その瞬間，待機している
配達人が表示され，その中で，注文者に短い時間で配達できる配達人が配達を

引き受ける。次に，配達人が店舗まで料理をとりにくる時間が算出され，可能な限りそれまでの間に料理がつくられる。そして，配達人も，できあがったタイミングですぐに受け取れるぐらいの時間内に店舗に到着するようにする。最初に注文が受け付けられた時点で，注文者には，これら一連のタスクが要する時間の推計値が計算され，到着予定時間が提示される。また，配達人は１人や２人ではなく，注文者が住んでいる地域にだいたい10分〜１時間以内で配達できる範囲に，配達人として登録している多くの人たちが，待機状態にある。また，登録している店舗も，配達可能な地域に住む注文者から常時注文を受け付けている待機状態にある。つまり，配達可能地域の人びとは，フードデリバリーという仕事に限ってのことだが，互いに助け合うことができる。

　ここで，ただちに留意しておきたいことがある。配達人は，配達の仕事だけを待機している人びとではない，また，店舗（料理する人）も，UberEats を経由した料理への注文を待機しているだけの人びとではない。これだと，近隣地域に形成されるこのシェアリングエコノミーは，「臨時労働者への依存を中心にした経済」（ハオ 2019）ということになってしまい，彼らはやはり労働者であることから抜け出せないということになってしまう。カーレン・ハオの記事では，人類学者のメアリー・グレイ（Mary Gray）の主張，すなわちテクノロジーの進歩（ここで挙げられているのは自動化）が，新たな貧困層を生み出すということが取り上げられている。この主張が前提としているのは，人間は一つか少なくともいくつかの労働にしか携われないということである。そのため，多くの労働者は，労苦でしかない労働から抜け出すことはできない，と。しかし，本章で前提にしたいのは逆のことである。すなわち，人間は多様であるということ，つまり，人間は誰もが一人でありながら，同時に複数でありうる，ということである。あるいは，誰一人同じ人間はいない。このことが意味するのは，人間には，その分だけ，膨大で多種多様な能力，スキルというものが存在しうるということ，そしてそれらは誰かが欲している仕事の成果をもたらしうるということにほかならない。このことから，人間は，一つの仕事だけをするのではなく，いろんな仕事ができる存在でありうる。いろんな仕事があり，

一人の人間は，複数の仕事を構成するタスクが重なり合うネットワークの複数の交差点に出入り可能な〈自由〉を有する存在である。例えば，ちょっとした趣味が，UberEats にある設計思想に基づくようなマッチングアプリによって，仕事になるかもしれない。日によって，気分によって，時間帯によって，マッチングが行われるようになれば，自分のライフスタイルにおける仕事を最適化することができる。その〈自由〉を持つことになる。

　このタスクの分解と最適な再結合の何が重要なのか。先述したように，ここで考えたいのは，この分解，最適な再結合が料理という労働を仕事／制作へと変えるポテンシャルをもっているということについてである。日本のUberEats では，いまのところ，まだ既存の飲食のリアル店舗からの注文しか受け付けていない。しかしながら，原理的にいえば，提供される料理をつくるのは既存のリアル店舗に限定される理由などない。つまり，このタスクの分解，最適な再結合（マッチング）は，理論的には，一般家庭のキッチンで料理をつくる普通の人たちと，家庭料理を食べたい人たちとのマッチングまで拡張可能である。もし，これが実現可能になれば，そのときこそ，家で料理をつくることが，もはや，私的領域の中で労苦をともなう労働ではなくなる。つまり，配達可能な範囲に住む近隣住民，例えば，育児休暇中の人で少し空き時間ができた場合，空き時間に料理をつくって，他人に提供できるということが可能になる。こういった人たちが，UberEats のようなマッチングアプリに，登録できるようになるとすると，孤立化された，家のキッチンという私的領域で，反復的な労苦であった，料理をつくるというタスクが，近隣の他者たちに〈評価〉され，ありがたがられる仕事に変化する。料理をしない，あるいは（時間がないなどの何らかの理由から）できない人びと，例えば，子育て中の夫婦，高齢者が自分で行わねばならないタスクを誰かにやってもらえるようになるのだから。つまり，すべての料理をつくる人たち，バイクや自転車をもっている普通の人たちが，近隣地域で困っている人を助け合う担い手になりうる。

労働が，〈公共性〉を帯びて仕事になること

　これまでもまた現在もなお，家事労働は，無賃労働として批判されている。しかし，先述したことが可能になれば，家で料理をつくっても，報酬をもらうことができるようになる。ただ，ここでも留意が必要である。すなわち，報酬をもらうことはあくまで二次的なことにすぎないということである。重要なのは，料理をつくることが，労働ではなく公的領域で行われる仕事になりうるというところの，〈公共性〉を帯びるところにこそあるからだ。

　以上のことの重要性を改めて強調しておきたい。かつて，女性解放運動が1960年代後半〜1970年代前半に先進国で行われ，日本でも男女雇用機会均等法が1980年代に施行された。しかしながら，いまなお家事労働に多くの女性が縛られている状況は続いており（多少夫が家事をやるようになっているとしても），それを当たり前とする強い風潮がとくに日本社会に根強く存在し続けている。しかしこれまで論じてきたが可能になれば，家事が仕事として，公的領域で〈評価〉され，主婦，主夫は，家事のプロとして報酬をもらえるようになる。こういったことが重要なのは，これまで幾度となく多くの思想や提言，政策が投入されても，どれも十分に実現できなかったことがテクノロジーによってより実現可能性を持ち始めているという，まさにこのことにこそある。この点で，シェアリングエコノミー，またマッチングアプリは，社会にイノベーションと同時に，社会の構造的欠陥の革命的改善を起こしうるといえる。

　その改善をなすこと，すなわち，仕事が〈公共性〉を帯び共有されるようになったことの理由についてアルン・スンドララジャン（Arun Sundararajan）は，現ハーバード大学教授のヨハイ・ベンクラー（Yochai Benkler）の論文を参照しながら次のように述べている。こうなってきているのは，人びとが「倫理的理由から共有に目を向けた」からではない（Sundararajan 2016＝2016：61）。テクノロジーの高度な発達，すなわち，無料アプリが配布され，それがクラウド・コンピューティングで動き，居住環境に無線 Wi-Fi が完備されることによって，タスクを共有してフルにこなすのが容易になったからである。

　併せて，ここで強調しておきたいのは，「大きな社会」での「一億総活躍社

会」という政策に合致する点において，シェアリングエコノミーを評価したいわけでは全くないということである。生産労働人口が減っているのだから，働いていない女性も，高齢者も働け，といった労働を強制するような論理に従うものではない。シェアリングエコノミーによって，働き手が増えたとしても，それは二次的な派生的な結果であって，繰り返すが重要なのは，シェアリングエコノミーが，人びとに，仕事をコントロールする〈自由〉を持つことを可能にさせ，仕事が〈公共性〉を帯びることを可能にさせることにこそある。

③　従来型ビジネスモデルの構造的欠陥の改善

　このマッチングアプリによるタスクの分解と最適な再結合というメタ・タスクには，労働の仕事への格上げという側面とは別にもう一つ重要な側面がある。それは，経済低成長時代において，料理を提供する店舗がビジネスを運営するにあたって，リスクをいかに減らすかという側面である。

　既存のデリバリー飲食チェーン店と異なる点として，バイクを数台用意するための初期費用と維持費が不要になるということがある（日本での先行サービスである「出前館」との違いはここにある。出前館では，会社が配達用のバイクとバイクが待機する拠点，配達員を用意する（出前館ウェブサイト 2022））。UberEats の場合，配達人はバイクや自転車さえもっていれば登録可能であるゆえ，毎日フルに使われることの少ないという点で半ば「遊休資産化」した地域住民のバイクや自転車が配達車としてシェアされる。さらにいえば，先述したように料理するキッチンさえあればいいのだから，リアル店舗すら不要になる。そうすると，配膳する店員の人件費もいらなくなる。これはとりもなおさず，飲食業を営むリアル店舗が，いかにリスクを抱えているかを示している。

　実は，これらのリスクを最小限にする，リアル店舗をもたないレストラン，すなわち，「バーチャル・レストラン」（あるいは，「ゴースト・レストラン」）が，すでにアメリカで増えつつある。以下では，このバーチャル・レストランが，シェアリングエコノミーという業態において，フードデリバリーのワークフ

ローのさらなる〈最適化〉を行うことによって，いかに外食産業におけるリスクを減らしうるかという別の側面から考えてみたい。

　実は，このバーチャル・レストランは，日本でも東京ですでに開店している。バーチャル・レストラン「キッチンベース」のオーナーは次のように語っている。「オープン1年でつぶれてしまう飲食店がどれぐらいあると思いますか。3割です。さらに開業3年で7割が閉店します。10年後も残っている飲食店というのは，1割ほどといわれています」。このオーナーはこうした事情を踏まえてバーチャル・レストランを始めた理由について次のように語っている。「飲食の開業に際してかかる資本金は，低く見積もっても1000万円。それだけの資金や人件費をかけてオープンしても，実際そのほとんどが閉店に追い込まれてしまう。そんな飲食業の高いハードルを下げることはできないかと思って，ニューヨークのゴースト・レストランを参考に『キッチンベース』を始めました」（藤野 2019）。

　まず，店を開店するだけで，相当な費用がかかる。初期費用として言われている1000万円があり，どんな料理店をオープンするか，そのコンセプトを考えること，店舗を構える立地探し，場合によってはコンサルティングの料金も支払う必要がある。また店内のインテリアをそろえることなど，多大な時間と手間がかかっている。開店後は，初期費用に加えて，当然毎月数十万もの賃料を支払わねばならない。客がいない間も配膳のためのアルバイトは必要であり，そういった人びとを雇う人件費が必要である。また，ピザデリバリーのような店舗だと，客席は不要である一方で，配達用バイクを数台用意する初期費用（あるいはレンタル費）とその維持費と配達人の人件費が必要である。

　これに対し，「キッチンベース」のようなバーチャル・レストランというビジネスモデルでは，仲介会社を設立し，会社がどこかのスペースを間借りして，収容可能な数のキッチンを複数つくり，料理人と契約し，配達人とマッチングさせ，初期費用50万円と間借り料と売り上げ手数料を支払ってもらうという方法が採られている。このビジネスモデルは，今後，確実に伸びると言われている。2019年エレナ・カドバニー（Elena Kadvany）によって書かれた "Your food is here…it's from a restaurant that doesn't exist" という記事の中でアメリカ西部のベイエリアにあるフードチェーン店の経営者は，今後，レストラン産業が，このバーチャル・レストラン化の流れに逆らうことはできず，適応するしかないと話している (Kadvany 2019)。今後飲食業のリアル店舗が経験することは「Amazon の台頭に伴ってリアル店舗での小売業が経験したものと何ら変わらない」(強調は引用者) ものになる。Amazon が書店だけでなくさまざまな業種のリアル店舗を破壊してきたことは，いまや日本でも周知の事実となっている。

　先述した，一般家庭のキッチンと近隣地域での料理の配達というマッチングアプリのリリースの可能性と同様，このバーチャル・レストランにおいても，理論的には，さらに発展可能性がある。というのは，このビジネスモデルの発展形を考えると，後述するが，クリアしなければならない法的な問題があるとはいえ，「キッチンベース」のような仲介会社もいらないからである。そうすると，複数のキッチンを設置するために，一定のスペースを借りる必要もなくなる。ここで再び，一般家庭のキッチンと近隣地域での料理の配達というモデルに戻ってくる。というのも，ほぼすべての住居に備わっているキッチンをバーチャルキッチンとして，配達人をマッチングすることが可能になるのなら (住居に備えられているのだから)，キッチンをつくる初期費用も不要になり，家賃に含まれることになるが間借り料もいらない (また，購入済みの家ならなおさらコストがかからない)。これは，社会全体が負担する社会的コストが改善されるということを意味する。

④　課題と求められる国家の最小限の役割

　ただし，UberEats は，多くの問題を抱えている。とくに配達人の場合，配車アプリの Uber と同じように，個人事業主という扱いになるため，被雇用者としての社会保障の対象とならない。したがって，配達人が事故に遭った場合や，配達された料理を食べて衛生事故があった場合，配達員または店が責任を

負わなければならない（出前館は，飲食店の資格がある店舗と契約しているため，こうした問題は起きにくい（出前館ウェブサイト 2022））。つまり，事故に遭った場合，労災の対象にはならない（立入 2018: 138）。これに関しては，後述するように，国家が負担すべき領域になる。一方，報酬が少ないという声が多いことに対して，UberEats ではユニオンも結成されている。報酬の問題に関しては，市場競争が活発化されれば解決に向かう可能性がある。というのも，先述したように，UberEats のサービスが日本で開始されたのは2016年であり，2022年 6 月の時点でまだサービス地域は一部の都市部に限られており，この点で，この市場はまだまだ未成熟と考えることもできるからである。これから競合他社が増え，市場競争が活発化すれば，配達人（と同じく，料理を提供する側）は，自分の仕事の〈自由〉を享受できるようなサービス，あるいは報酬が多いサービスに移っていくだろう。しかし，市場競争が，結局のところ，企業の利益追求の方向を強めることにしかならないとすれば，市場競争が労働状況の改善をもたらすということは難しいかもしれない。とはいえ，そもそも先述したように，本章で根本的に問題にしているのは，報酬を得ることは二次的なことでしかない。

　そうすると，ここで最初に論じた国家の問題に戻ってくる。市場競争だけで解決できない部分が出てくるとすれば，国家が国民の保護をしない領域での活動において，やはり，国家が何らかの最小限の保護をすることがどうしても求められてくる。そのためのタスク，すなわち，配達人たちに労災を適用する仕組みや，先述した，ゴースト・レストランを一つの家のキッチンでできるようにする場合も，保健所への登録を課して衛生管理を行うといった部分は，国のタスクとなる。こういったことは市場競争に任せておけない領域である。シェアリングエコノミー全体のタスクを分解し，最適に再結合するところに，国家が担うタスクも分解されて，再結合されるものになるのだ。

　まとめよう。仕事を構成するタスクの分解と，最適な再結合というメタ・タスクであるところの最適化が行われることによって，アグラワルらがいうように「仕事を構成するタスクの全体像が変化する」（Agrawal 2018＝2019）。この

中で，一方では一部のタスクが自動化され，他方では，それぞれのタスクの再定義が起きる。後者において例えば，労苦でしかなかったものが仕事へと格上げされるということが起こりうる。すなわち，料理をつくることの再定義，配達する（誰かが誰かに何かを届けるタスク）ことの再定義などである。

　このメタ・タスクが向かっているのは，それぞれ固有の論理で動いていた，国家，市場，労働といった領域の運用を構成していた多くのタスクが分解されると同時に，AI の社会実装による自動化されうるタスクが加えられることである。その上で，これらのタスクの全体の最適な再結合が行われる。これが意味するのは，これまでなかった類の，壮大な社会の再設計にほかならないのである。

参考文献

Agrawal, Ajay, Joshua Gans, Avi Goldfarb, 2018, *Prediction Machines : The Simple Economics of Artificial Intelligence*, Harvard Business Review Press.（＝2019, 小坂恵理訳『予測マシンの世紀——AI が駆動する新たな経済』早川書房。）

Arendt, Hannah, 1960, *Vita activa*, München : Piper.（＝2015, 森一郎訳『活動的生』みすず書房。）

————, Ursul Ludz, und Ingeborg Nordmann eds., 2002, *Denktagebuch 1950-1973, Volume1&2*, Piper Verlag GmbH.（＝2006a, 青木隆嘉訳『思索日記Ⅰ　1950-1953』法政大学出版局。）

————,（＝2006b, 青木隆嘉訳『思索日記Ⅱ　1953-1973』法政大学出版局。）

出前館株式会社, 2022, 出前館ウェブサイト（2022年8月19日取得, https://corporate.demae-can.com/）。

Kadvany, Elena, 2019, "Your food is here…it's from a restaurant that doesn't exist : Virtual restaurants are a reality," THE SIX FIFTY.com,（2021年11月3日取得, https://thesixfifty.com/your-food-is-here-its-from-a-restaurant-that-doesn-t-exist-the-rise-of-virtual-restaurants-fe69cb6ef713）.

Harvey, David, 2005, *A Brief History of Neoliberalism, Oxford*, Oxford University Press.（＝2007, 渡辺治監訳『新自由主義——その歴史的展開と現在』作品社。）

Sundararajan, Arun, 2016, *The Sharing Economy : The End of Employment and the Rise of Crowd-Based Capitalism*, MIT Press.（＝2016, 門脇弘典訳『シェアリン

グエコノミー――Airbnb，Uber に続くユーザー主導の新ビジネスの全貌』日経
BP 社。）

立入勝義，2018，『Uber――ウーバー革命の真実』ディスカヴァー・トゥエンティワ
ン。

ハオ，カーレン，2019，「自動化が生む新たな貧困『ゴーストワーク』は他人事では
ない」，MIT Technology Review（2022年 8 月19日取得，https://www.technolo
gyreview.jp/s/144976/the-ai-gig-economy-is-coming-for-you/）。

藤野ゆり，2019，「NY で大流行『ゴースト・レストラン』が日本の外食を救う理由」，
DIAMOND online（2022年 8 月19日取得，https://diamond.jp/articles/-/220340）。

第13章
地域とメディア

庄司昌彦

---

① 「地域」という社会

地域の範囲とメディア

グーテンベルクに始まる印刷技術は，紙メディアによって情報流通の範囲を広げた。その結果，メディアを手にする人びと（読者）の共通言語を規定し，そして「想像の共同体」を生み出す基礎となった。メディアは，私たちが思い描く「社会」がどの範囲のものであるかということに影響を与えている。掲示板や立て札は物理的に移動できる範囲の近隣社会において人びとの話題となり，政府の免許に基づく放送は国内で話題を共有する。グローバルなコミュニケーションを可能にしたインターネットは，物理的に離れた世界の出来事も迅速に届け，私たちのグローバル社会としての認識を強化し続けている。私たちは，さまざまなメディアを駆使し，さまざまな範囲の社会と多層的にかかわりながら日々を過ごしている。

以下では地域とメディアの関係について述べていく。ここで扱う「地域」とは，私たちの生活の場としての地域社会である。それでもかなりの幅があるが，社会を構成する最小単位である個人と家族のすぐ外側にある「隣近所」の範囲から，電車・バスや自家用車などの交通手段によって規定される。例えば半径数十キロ程度の「生活圏」である。行政単位でいえば町内会から市町村が主な範囲で，通勤圏・医療圏などのテーマによって規定される範囲や，かかわるメディアによっては郡や県といった範囲も議論の対象となる。これらの「地域」を対象とするさまざまなメディアを「地域メディア」と呼ぶ。

　地域は日々の仕事や教育，福祉，消費などの生活の場である。そうした地域
社会で日々をどのように過ごし，またその地域をいかに運営していくのかとい
う自治や政治・行政，防災などにかかわるテーマは，いかに世界中が常時接続
された時代になろうとも，物理的な身体を持つ私たちにとっては一定の関心事
である。したがって地域におけるメディアも，こうした私たちの関心事とのかか
かわりが深い。

「地域情報化」と人びとの共働

　地域とメディアの関係を論じる際に「地域情報化」という言葉がしばしば用
いられる。1980年代から政府主導による地域の情報化に対する取り組みが始ま
り，1990年には当時の自治省が「地方公共団体における情報化の推進に関する
指針」によって全国の自治体に「地域情報化計画」の策定を促した。その後も
地域情報化という言葉は使われ続けており，2007年に創設された総務省の「地
域情報化アドバイザー」派遣制度に代表されるように現在でも政府ではしばし
ば使われている。また2003年〜08年には日本経済新聞社が「日経地域情報化大
賞」を設け，政府・自治体と協力しながらさまざまな事例を発掘し表彰した。
　地域の通信ネットワーク整備のような物理インフラに関する取組みや，地元
企業のデータベース整備のような事業のための取組みと並び，ブログやソー
シャルメディア，動画などさまざまな「メディア」を活用した地域の取組みも，
2000年代中盤以降は施策の対象になったり，先進事例が表彰されたりしている。
したがって地域メディアを活用する取組みは，「地域情報化」の主要な一部を
担うものであるといえる。
　丸田一は，「地域情報化」が「自治体内部の情報化」と「自治体が行う情報
化」を主に扱い，「自治体以外の主体が行う情報化」が対象から外されがちで
あったことを指摘し，自治体内部の業務の情報化を「行政情報化」，自治体や
自治体以外の主体が行う地域社会の情報化を「地域情報化」と区別するよう提
起した（丸田 2006）。
　このような区別が論じられる背景には，地域情報化がたどってきた歴史があ

る（中村・瀧口 2006）。小林宏一は，2000年時点までの政府の地域情報化政策が
3つの期間に整理されることを指摘している（小林 2000）。第1期は1983年に
郵政省が「テレトピア構想」，通商産業省が「ニューメディア・コミュニティ
構想」を提唱して以降の政府主導による模索期・導入期である。第2期は1990
年代の「地方公共団体の行政情報化に関する指針」を契機とし，行政情報化の
施策が活性化した時期である。そして第3期は1990年代後半以降の，インター
ネットの普及などの社会環境の変化や技術イノベーションを背景として，市民
や企業も加わった新しい地域情報化が模索された時期ということになる。これ
を丸田の議論も踏まえて整理すると，政府がビジョンを示し始めた時期，大規
模な投資ができる「行政情報化」が進んだ時期，インターネットの普及を踏ま
えて企業や市民から新しい「地域情報化（地域社会の情報化）」が立ち上がった
時期，と捉えることができるだろう。

　そして，紙媒体や放送媒体，ブログやソーシャルメディア，動画などの多種
多様な「地域メディア」は主に行政・市民・企業による「地域の情報化」にか
かわるので，「（行政による）行政内部の情報化」ではなく「（行政・市民・企業に
よる）地域の情報化」の中に位置づけられることになる。

　「行政・市民・企業による地域の情報化」としての地域情報化について，も
う少し議論を掘り下げる。前述の丸田は，地域情報化とは「地域で住民などが
進める情報化。地域が進める情報化」であるという。より詳細には，「情報技
術で知的にエンパワーされた住民等が，地域において，アクティビズムを発揮
し（中略）共働型の社会を作ることである」と述べている（丸田 2006）。この定
義では，単に何らかの情報通信技術を活用したツールやメディアを地域社会で
導入すれば地域情報化，ということにはならない。もちろんツールやメディア
を使うことに特徴があるのだが，使う人びとが社会的に活動し協力すること，
それによって協働型の社会を作っていくというビジョンに向かうことが「地域
情報化」の核心となっている。

　つまり地域社会におけるメディアのあり方を論じていく上では，あるメディ
アを通じてどのような情報が発信されているのかということだけではなく，そ

のメディアにかかわる人びとが地域社会においてどのような関係を結び，どのような活動を行っているのか，その結果として地域社会はどのような影響を受けるのかということにまで視野を広げることが必要である。また，行政は「地域社会の情報化」にもかかわっているが「行政内部の情報化」にも取り組んでおり，とくに政府の政策文書などではそれらが混在していることに注意が必要である。地域社会の情報化において行政は地元企業や市民組織などと並ぶ担い手のひとつである。それゆえさまざまな主体の立場を意識して地域メディアを論じていくことが求められる。

「コミュニティ」とそのハイブリッド化

　地域メディアに深くかかわる概念に「コミュニティ」がある。ロバート・マッキーヴァーが議論を提起して以来さまざまな議論が行われており，ここでその議論をまとめることはできないが，基礎的な部分を確認しておきたい。マッキーヴァーは「コミュニティ」を一定の地域で営まれている自主的な共同生活として捉え，「アソシエーション」と区別した（MacIver 1917 = 2009）。アソシエーションとは，コミュニティを土台として特定の目的を実現するために形成された集団であり，共通の関心事や目的意識を持った人びとが集い自主的に作った組織である。したがってコミュニティには多様な目的をもった人びとがおり，またコミュニティは共通の目的意識を持った人びとのアソシエーションを生み出す母集団となるともいえるだろう。

　マッキーヴァーは，コミュニティは客観的な地域性と，同じ場所に共に属しているという主観的な感情に基づくとも述べている。コミュニティの原点は地域性と共同性の感情であり，近くで生活している人びとであっても共に属しているという感覚がなければコミュニティとはいえないということになる。

　ただし近年は，インターネット上に形成され，地域性を共有していないが感情的には結びついているという意味でマッキーヴァーの想定を超えたコミュニティも出現している。メディアがさまざまな範囲で情報共有を進め人びととのつながりを生み出し，交通手段の発達などによって人びとの行動範囲が広がった

ことで，身近な地域コミュニティに対する帰属意識は薄れ，私たちの中にはさ
まざまな領域への帰属意識が混在するようになった。遊橋裕泰・河井孝仁は，
これまで個人は地理的な制約の中で身近な地域社会や国などのコミュニティに
同心円状に包まれてきたが，地理的な範囲を超える関心のコミュニティによっ
て貫かれるようにもなったことを指摘し，これを「ハイブリッド・コミュニ
ティ」と呼んでいる（遊橋・河井 2007）。

さまざまな地域メディア

　地域メディアには，さまざまなものがある。ここではメディアの特質に注目
し「伝えるメディア」と「双方向コミュニケーションのメディア」に分類する。
「伝えるメディア」には，新聞紙（地方紙），テレビ・ラジオ（地方局），ケーブ
ルテレビ，コミュニティ FM，雑誌，自治体広報紙や自治体ウェブサイトなど
一方向的に情報を届けるマスメディア型のメディアが含まれる。そして「双方
向コミュニケーションのメディア」には，主にインターネットの双方向性を活
かした，電子掲示板（BBS：Bulletin Board System），ブログ，SNS（ソーシャル
ネットワーキングサービス），メッセージアプリ，動画アプリなどが含まれる（詳
細は後述）。

　地域における「伝えるメディア」の代表例である「地方紙」は，全国を対象
とする「全国紙」とは異なり特定の地域に向けて発行されている新聞紙である。
対象とする地域は県単位であることが多いが，複数の県を対象にしたものや，
市や町を対象としたものなどもある。地域に密着した取材体制を敷き，地元で
起きた政治・経済・生活・文化関連のニュースを報じたり，全国的なニュース
の地元への影響を解説したりする役割を担っている。多くの道府県では全国紙
より地方紙の方が普及している。日本 ABC 協会「新聞発行社レポート　半
期」「新聞発行社レポート　普及率」（2020年 7 ～12月平均のデータ）を元に読売
新聞が集計したものによると，全国紙（読売・朝日・毎日・日経・産経）が普及
率 1 位を獲得している都道府県は 9 都府県のみ（うち 5 つは関東地方）である
（読売新聞広告局ポータルサイト）。

　ただし近年はスマートフォンやソーシャルメディアの普及などの影響を受けて紙媒体で新聞を読む人が急速に減少しており，地方紙の経営は厳しい状況にある。それでも地元の情報には一定の需要があり，インターネットを通じて地域外の人びとにもニュース等を届けられるようになったというプラス面もあるが，インターネット上では全国紙や他の地元メディア，ネットメディア，SNS上の口コミ等と読者（の注目や時間）を奪い合う必要もあり，将来展望は不透明である。こうした状況は地方の放送局や雑誌メディアでも同様である。

　地元の情報を誰がどのように集め，検証・評価し，伝えていくことが望ましいのだろうか。あるいはそうした役割は従来のメディア企業等ではなく，ソーシャルメディアを活用する一般人の手で担っていけば十分なのだろうか。地域の「伝えるメディア」のあり方は，それぞれの地域の将来にもかかわる問題である。歴史的にさまざまな地域メディアが担ってきた公共的な役割をさまざまな環境変化のなかでどう維持していくかという点は，日本に限らず各国で社会課題となっている。これらについては脇浜・菅谷編著（2019）などが詳しい。

②　双方向コミュニケーションのメディアと地域

草の根 BBS・電子会議室

　地域社会でさまざまなメディアを活用し人びとを結びつけようという取組みの起源は，インターネット以前（1980年代後半〜）の，パソコン通信の時代に運営されていた「草の根 BBS」にまで遡ることができる。地域内ではパソコン通信の参加者が少なかった当時，草の根 BBS は少数の同好者がつながり情報交換を楽しむ居心地のいい場所であった。また初期の「地域情報化」活動では，メインのテーマは物理的な情報通信インフラの整備であり，ネットコミュニティはそこに付随していた。

　その後，1990年代後半から家庭やオフィスからのインターネット接続が普及したことにともない，地域情報化のテーマはインフラ整備から地域内企業のデータベース整備や物販サイト運営など地域のビジネス基盤整備などにも広

がった。またこの頃インターネット上の BBS が人気を集めるようになり，多
種多様なテーマの掲示板を抱える「2ちゃんねる」から独立した巨大な匿名掲
示板「まち BBS」が地域ごとの雑談的な話題で人気を集めた。

　地域社会の自治や自治体の政治・行政にインターネットを活用する取組みも，
インターネット普及の初期から見られた。代表例は神奈川県藤沢市の「藤沢市
市民電子会議室」(1996年開設) である。慶應義塾大学 SFC 研究所・株式会社
NTT データシステム科学研究所によるとこのようなインターネット上の電子
掲示板を活用した地方自治関連の取り組みは，ピークとみられる2002年には全
国733の自治体で行なわれていた (慶應義塾大学 SFC 研究所・株式会社 NTT デー
タシステム科学研究所 2002)。インターネット普及の初期からこのような取り組
みが広がった背景には，特定非営利活動促進法 (NPO 法，1998年) により地域
経済振興や医療福祉，教育，環境，自治といった身近な課題に取組む人びとが
行政の外部に増加したことや，情報公開法 (1999年) によって政府関連の公開
情報が増加し，民間主体が政策評価を行いやすくなったことなどが挙げられる。
またこれを社会の「情報化」，すなわち情報技術の普及や，それによる知識生
産や協力行動の変化が後押ししたことも指摘できる。

　だが，地方自治体の電子掲示板は短期のうちに続々と閉鎖されていった。筆
者が行った調査では，2003年に活発に利用されていた全国の上位16自治体のう
ち，2005年にさらに活性化していたのは2自治体のみで，6自治体は電子掲示
板を廃止し，8自治体は活性度が著しく低下していた (庄司 2006)。上位16自
治体中14自治体で廃止や活性度低下がみられたことから，他の自治体も同じよ
うな状況であったと推測される。例外的に発言数が増加していた自治体では，
人的・資金的資源を投入し，機能改善や，オフラインも含む活動の「場」の整
備，ユーザー間の関係構築支援などに力を注いでいた。一方，人的・資金的資
源の投入がほとんどなく，また議論の成果を実際の行政過程に取込む手順など
も整備できず，参加者の熱意が失われていったものも多かった。担当の自治体
職員が盛り上げや誹謗中傷，ヒートアップした議論 (当時は「荒らし (嵐)」と呼
ばれていた) への対応などで疲れ果てたり，部署異動によって離れてしまった

りすることも閉鎖の原因であった。

地域ブログポータル

　2000年代初頭の BBS の衰退と並行したのがブログ（blog）の普及である。ブログは Movable Type や Blogger といった簡易なツールを使えばウェブサイトを作る HTML の記述方法を知らなくても手軽にウェブページを更新できることが大きな特徴で，Web＋Log（記録）という語源のとおり日々の出来事や論評，ニュースなどをウェブ上に発表，更新する人びと（ブロガー）を大幅に増やした。とくに2003年から始まったイラク戦争ではイラク在住と思われる個人がマスメディアを介さずに現地にいなければ分からないような一次情報を世界に向けて発信し続けたことで注目を集めた。

　日本では2002年頃から無料でブログを開設できるサービスが始まり，著名人ブログが人気を集めたり，一般人の中から多くのファンを獲得するブロガーが現れたり，企業による活用が進んだりした。ブログの普及は世界的な現象となったがとくに日本でのブログの普及は顕著で，テクノラティ社によると2006年には全世界のブログ投稿中の37％を日本語が占め，英語等を抑えて世界のブログで最も利用されている言語となった（Sifry 2007）。英語より話者が少ない日本語のブログが盛んに書かれていた背景には，日本ではブログ登場以前から個人が運営する日記サイトやニュースサイトが注目を集めていたことや，大手のインターネットプロバイダーなどが手軽にブログを開設でき横断的に閲覧できるポータルサイトを競って設置したことなどがあるだろう。このようなブログポータルサイトの中には，地域密着型で展開するものもあった。代表例は，静岡県浜松市地域の「はまぞう」である。ユーザーのほとんどが浜松の住人であるため地元情報が充実しており，またブログのコメント欄などでやり取りしていた人びとがオフラインで交流することが新鮮に受け止められた。こうした賑わいが評価され「はまぞう」は2007年の日経地域情報化大賞（CAN フォーラム賞）を受賞している。

　また，和歌山県北山村の「村ぶろ」というブログポータルサイトもユニーク

である。村外から「バーチャル村民」と呼ばれるブログユーザーを積極的に誘致し，村の人口440人の38倍である1.7万人に達した。バーチャル村民は「村ぶろ」でブログを運営できるほかに，住民との交流や，特産品の果物「じゃばら」等の購入においてメリットを受けることができる。実際に住んでいない人びとであってもインターネット上の交流を通じて地域に帰属意識を持ち，特産品の販売にもつながるというこの取組みも先進性が評価されて2010年の情報通信月間総務大臣表彰と地域づくり総務大臣表彰を受けた。

地域 SNS の栄枯盛衰

　ブログの普及から少し遅れた2004年には SNS が登場し，地域メディアとしても急速に普及した。日本では2004年初頭から GREE や mixi などの国産サービスが普及した。その当時，インターネット上のコミュニティとして影響力が大きかったのは「2ちゃんねる」に代表される公開型で匿名制の掲示板サイトであったため，会員制サイトの中で個人がハンドルネーム（インターネット上での仮名・ニックネーム）だけではなく所属や趣味などのプロフィールを公開して交流する SNS は，運営方針が対照的であった。

　SNS の普及によって，技術的な知識をそれほど持たない人でもインターネット上の交流に参入しやすくなった。SNS を地域コミュニティで最初に活用したのは，熊本県八代市役所が開設した「ごろっとやっちろ」である。2004年12月，BBS 型であった市のコミュニティサイトを，さらにユーザーの滞在時間が長い場所にするために，友人とのリンクや日記，コミュニティ等の SNS 機能を導入した。これにより600人であった登録者が1.5倍の900人にまで増加し，アクセス数も急増した（安藏 2005）。この SNS では，子育てやグルメに関して活発な情報交換が行われたり，ユーザーが自発的にオフラインイベントを企画して実現したりするなどの効果がみられた。

　総務省ではこの八代市の成功に注目し，2005年12〜2006年2月まで，新潟県長岡市と東京都千代田区で「地域 SNS」の実証実験を行った。この実験は行政への住民参画や防災情報の共有をテーマとして行われ，その結果，SNS が

地域情報の交換・共有に活用できる安心な場であると報告された（総務省 2006）。また同じ頃にオープンソースの SNS 運営プラットフォーム「OpenPNE」が登場し，2006〜08年にかけて地域 SNS の設置が全国で相次いだ。同時に，この実験の報道などを通じて「地域 SNS」というアイデアが全国的に認知され，地域の人的ネットワークを SNS で広げ，地域情報の生成・流通・蓄積や，まちづくり，商業振興，観光振興などに活かそうという取組みが全国に広がった。2005年末から地域 SNS の数は増加し始め最盛期の2010年には519事例が全国で確認されたが，翌2011年からは減少に転じ，世界的に多くのユーザーを抱える Twitter や Facebook などの大手 SNS が地域メディアの場としても使われるようになっていった。

　一部の地域 SNS は，地域社会に新たな活動やコミュニケーションを生み出したことが評価され，政府や民間のさまざまな表彰を受けた。地元メディアで報道される等の成果を残した事例はさらに多く，数十カ所にのぼる。また 2007〜2014年には年 2 回のペースで「地域 SNS 全国フォーラム」が各地の SNS 運営者のリレーによって開催され，関係者らが情報を交換し交流を深める場として機能した。その一方で，大半の地域 SNS は参加者が十分に集まらず盛り上がりが続かないなどの課題を抱えた。また比較的好調に運営してきたものの，国や地方自治体からの助成金が終了し，自立して運営するためのビジネスモデルが確立できないため資金調達に苦労し閉鎖する事例も相次いだ。

　筆者の調査では，最盛期の2010年時点において活動が盛んな45の地域 SNS の運営母体は「民間企業（22％）」が最も多く，次いで複数主体の組み合わせによる「共同運営（20％）」がつづき，以下「任意団体（18％）」「地方自治体（16％）」「NPO 法人（11％）」であった（庄司 2018）。民間企業の内訳として主なものは新聞・テレビなどの地方のマスメディアや，インターネット接続・パソコン教室・ウェブ制作などを手掛ける地域密着型の企業であった。またこれらの地域 SNS が対象とする地域の範囲は「市区町村」が最多で53％，次いで「都道府県」が27％，「複数の市区町村」が16％，「町内会・小学校区」は 2 ％であった。また主要地域 SNS のユーザー748人の内訳は30代以上が約75％を占

め，一般の SNS ユーザーに多い10〜20代の若年層は合計 7 ％であった。性別では男性が約 7 割であった。この時期の地域 SNS は中年層以上の男性の利用に偏っていたといえる。そして先進事例では，公式・非公式のオフ会や参加者が集う場所づくりがされるなど，活動がオンラインでのコミュニケーションにとどまらず，オフラインでも活発であるという傾向があった。また地域 SNS の利用頻度が高いユーザーほどオフ会への参加経験も多く，利用頻度とオフ会への参加経験には非常に高い相関がみられた。つまりこの時期の地域 SNS は，オンラインとオフラインのコミュニケーションを融合させたメディアであったといえよう。

　この頃，地域コミュニティやソーシャル（社会・社交）にかかわる分野は，政府の政策課題としても重要度が増した。国民生活白書は「つながりが築く豊かな国民生活」と題し，さまざまな角度から国民生活における人の「つながり」を検証した（内閣府 2007）。そこでは近所づきあいや町内会・自治会活動が衰退し，NPO やボランティア活動もまだまだ低調だという状況が示され，同時に「地域のつながりの再構築に向けた新たな動き」として SNS の活用も紹介された。また2008年度の「日本経済の進路と戦略（経済財政運営の中期的方針。閣議決定）」では「つながり力」という言葉を用い，「IT の全面活用により，すべての人がつながる社会にする」など，人と人のつながりに基づく成長戦略を表明した。さらに『情報通信白書』（2010年）も，地域 SNS や地域 Twitter の実態などを紹介した（総務省 2011）。

メディアの乗り換え・使い方の変化

　次に地域メディアとして活用が広がったのが，日本では2009年頃から普及が進んだ Twitter や2011年頃から普及が進んだ Facebook など，グローバルな SNS である。スマートフォンへの対応をはじめとする機能開発や，多数のユーザーがいて多種多様な話題が絶え間なく流れてくる情報量の多さなどの点でグローバルな SNS は地域 SNS よりも優れており，多くの地域 SNS ユーザーはグローバルな SNS に流れた。

　この頃，各地の地域 SNS 運用者にとってはサーバ代や開発運用費，イベント開催費用などの捻出が課題であった。国や自治体の補助金などを活用しても補助期間終了後のビジネスモデルを確立する必要があり，広告モデルや参加費モデルだけでは採算がとれず，独立サイトとしては閉鎖しグローバルな SNS 内のコミュニティへと活動を移行するものが相次いだ。上述の地域 SNS 全国フォーラムでも「地域 SNS かグローバルな SNS か」といった話題がしばしば議論された。その中で見えてきたのは，重要なのはどのツールを使うかということではなく，地域にどのような人のつながりを作り，維持発展させ，どのような目的を達成するかということである。運営が苦しい地域 SNS の維持に苦労するよりは，活動を発展的に解消しグローバルな SNS に場を移して新たなつながりも加えながら地域活動を広げていくということの方が，地域にとっての意義は大きい。つまりツールとしての地域メディアと利用する人びとの人的ネットワークや活動は深い関係にはあるが別物であり，より良いツールが登場すればツールを乗り換えるということもあり得るのである。

　とはいえ，既存のコミュニティがメディアを乗り換えるのは，簡単なことではない。閉鎖という意思決定を運営者が一方的に決めてよいものか，蓄積してきた地域 SNS のデータをどのように残すのか，ユーザーへ返却するのか，あるいは破棄するのか。こうした問題に各地の地域 SNS は直面し，時には地域 SNS に愛着を持つ人びとと運営者が話し合ったり対立したりしながら，メディアの乗り換えが進んだ。

　地域に関心のある人びとばかりが集まり，サービスの名称やロゴ，機能名称など随所にご当地性が現れていた地域 SNS とは異なり，グローバルな SNS の地域性は弱い。しかし地元地域の話題には一定のニーズがあるようで，Twitter や Facebook などグローバルな SNS を地域メディアとして活用する取組みは各地で新たに登場した。秋田県横手市では，地元出身の若者たちが「Twitter でまちおこしをしよう」と呼びかける「ヨコッター（Yokotter）」という取組みを始め，「#yokote」というハッシュタグに横手市の情報を集約させることで情報を入手しやすくしたり，さまざまなイベントを企画・実施した

りする活動がみられた。オンラインとオフラインの活動を組合せて人的ネット
ワークを広げ，地域のまちづくり活動などにかかわっていくという点で，グ
ローバルな SNS から生まれた地域活動は，基本的にそれまでの地域 SNS から
生まれた活動と類似していた。

　一方，2011年の東日本大震災時には，災害対応のための情報を広く迅速に伝
える手段として Twitter が注目され，アカウントを開設する地方自治体が増
加した。ただしグローバルな SNS に開設された自治体アカウントは2000年代
後半に地域 SNS を開設した自治体とは SNS の使い方が異なっていた。自治体
が開設・運営した地域 SNS は，程度の差はあるが基本的には住民同士の交流
を促しそこに自治体も参画する「コミュニティ志向」であり，行政職員個人の
顔や名前がユーザーに認識されていた。しかし，災害をきっかけに増加した自
治体の Twitter アカウントは，個人名や顔を出すことはなく寄せられたコメ
ントに対して返信することもない。つまり一方向的に情報を流す「情報発信志
向」であった。

　こうした「情報発信志向」の SNS 利用にもパターンがあり，情報発信志向
のソーシャルメディア活用にも（1）主に地元の住民に対して行政情報を発信
するものと，（2）地域外の人びとに観光等の地域情報を発信するもの，（3）
行政情報発信と地域情報発信のハイブリッドと整理することができる。

③　地域と人びとの関係とメディア

地域への「複属」化とメディア

　ここまで，「地域とメディア」について，BBS，ブログ，SNS といったツー
ルに注目して発展の経緯を整理した。ここからは，SNS の普及とともにメ
ディアが地域と人びとのかかわりにどのような影響を与えているかという点に
注目し議論を掘り下げる。

　社会人類学者の中根千枝は，1967年の著書『タテ社会の人間関係』で，日本
人の社会集団は「個人に全面的参加を要求」し，個人が2つ以上の社会集団に

所属していても「必ずそのいずれか一つ優先的に所属しているものが明確にあり，あとは第二義的な所属」であること，「第一所属がダメになった場合は，個人にとって致命的であり，その場合，第二所属をもっていてもほとんど大した役に立ちえないのが普通」であると指摘した（中根 1967）。つまり「構造的には集団所属はただ一つ」であるのが日本社会の特徴であり，これを「単一社会」と呼んだ。そしてそれは中国やイギリス，イタリアなどと異なっているという。

　しかしその状況は変化している。すでにインターネット普及初期の1990年代末には，政府の文書の中で「単一社会」とは異なる方向性を読み取ることができる。例えば経済審議会の『経済社会のあるべき姿と経済新生の政策方針』では，社会の傾向・方向性について「「単属者」であり続ける者もいるが，多くは，これらに加えて好みの縁で繋がった集団にも帰属意識を持つ「複属者」となる」と述べている（経済審議会 1999）。たしかに近年では，地域社会での高齢者や若者等の「居場所と役割」づくりや，単一社会的な生き方をできない人びとの社会的包摂を目指す政策方針の中で「複属」が志向されている。1つの企業に所属しないフリーランスの働き方や，企業に所属しつつ NPO 等で社会的な活動にも積極的に打ち込む生き方をする人も増えている。同窓会のつながりや，多様な趣味のつながりに所属し，日々の生活の中でも頻繁にコミュニケーションをとるようになってきている。中根の表現になぞらえれば「第一所属がダメになった場合でも，個人にとって致命的にならず，その場合，第二所属をもっているためにそれが役に立つ」ようになってきているといえるだろう。たしかに，働き方や意識，時間の使い方の複属化は進んでいる。

　複属化を助長しているのが，ソーシャルメディアだ。個人を単位とし，人と人のつながりをベースに情報の共有・拡散が行われるソーシャルメディアは，コミュニケーションを持続発展させるために個人間のつながりの形成を促しつづける。そのため趣味や関心事などに応じて誰でも簡単にコミュニティをつくり，自由に仲間を募ることができる機能も持つ。そして，放送に代表される「一対多」のメディアや，電話に代表される「一対一」のメディアと比べ，

ソーシャルメディアは「多対多」の組合せで多様なグループを作ることが可能
だ。つまりソーシャルメディアは多数かつ多様なグループを次々と生み出す土
壌となり，私たちの「複属化」を後押ししている。このことは，実際の地域社
会における市民活動等にも影響を与えていると考えられる。

　前述の和歌山県北山村「村ぶろ」の事例では，村外から利用登録している人
びとを「バーチャル村民」と呼び，実際の住民ではないが（少なくともインター
ネット上は）村民の仲間であるというアイデンティティを与えていた。このよ
うに地域メディアを通じて個人は，実際にどれだけ足を運んでいるかにかかわ
らず，複数の地域・自治体と関係を結び交流していくこともしやすくなった。
現在住んでいる地域，仕事で通っている地域，過去に住んでいた地域，観光で
訪れた地域，友人のいる地域など，さまざまな場所と私たちは関係を持ってお
り，ソーシャルメディアなどを通じてこれまでより関係を維持・発展させやす
い状況にある。人口減少に直面している地域社会の側でも，そうした住民以外
の人びとを「関係人口」として捉え，かかわり方を模索している。例えばふる
さと納税制度では，自分が住んでいる場所ではない地方自治体への寄付をする
と税額控除が受けることができ，実質的には県民・市民税の一部移転が行われ
ている。ふるさと納税を受けた地方自治体には税収がもたらされ，納税者は得
点としてその地方自治体の特産品などを受け取ることができる。このように，
地域と個人のかかわりは，ソーシャルメディアの後押しによって多様化してい
る。

地域における「小集団」の可能性

　ソーシャルメディアなどの地域メディア（とくに双方向コミュニケーションのメ
ディア）は現実の地域社会の人びとの活動にどう影響し，地域社会の発展にど
う活かしていくことができるのだろうか。多種多様なつながりを作るソーシャ
ルメディアの特性を踏まえて，ここでは「小さな集団」の創発と協働に注目す
る。そして，（1）意思決定の創造性と速度，（2）力の増幅，（3）創発と多
様性という三つの観点からその可能性を考えてみたい。

　まず，ソーシャルメディアによって生み出されるような「小さな集団」は，意思決定の創造性と速度で，既存の「大きな組織」より優れている。大きな組織では創造的な尖がったアイデアが生まれても，多段階の意思決定プロセスを経るなかでさまざまな意見や要望などを受け創造性や一貫性を薄められて，多くの人びとが合意できるものに改変されてしまう。一方，小さな集団では意思決定プロセスがシンプルであるため，アイデアの創造性を損なわずに組織の決定となる可能性が高い。また，大組織では意思決定やアイデアを行動に移すまでに時間がかかり，行動に移すべき機会を逃すこともある。一方，小集団は意思決定にかかわる関係者が少なく，意思決定や実行に移す際のスピードで大組織より優れている。

　次に，情報通信技術が小集団の力を増幅する面に注目したい。一般に，小集団は大組織に比べてヒト・モノ・カネの資源で劣り，自らのアイデアを具体化することが難しい。しかし近年はインターネットを通じて文書作成ツールやストレージ，グループウェアなどのサービスを無料や無料に近い価格で利用できる。さらに，安価なブロードバンドサービスやクラウド基盤，オープンソースソフトウェア等を活用することもできる。ヒトのスキルをマッチングするサービスや，モノの貸し借り，クラウドファンディングによる資金調達なども続々と登場している。つまり情報通信技術関連のサービスや知的財産が手軽に利用できるようになったことで，小集団はその力を急速に増幅させ，大きな社会的影響力を発揮できるようになってきている。

　さらに，不確実性が高く何が答えであるかが分かりにくいような社会状況では，多数の小集団からさまざまなアイデアが生まれ試行錯誤が行われる環境の方が，特定少数の大組織が計画的に対処する環境に比べて有効性が高い。例えば地域経済の振興について，自治体などが一つのテーマを決めて計画的に取り組むよりも，さまざまな個人や小集団がそれぞれのアイデアを具体化していく方が，目的を達成できる確率が高いだろうということだ。

　このようにソーシャルメディアは，さまざまなつながりから多種多様な小集団を次々と生み出す土壌となることによって，地域社会の発展に貢献する可能

性を持っていると考えられる。

シビックテック・シェアリングエコノミーと「協働」

　最後に，地域メディアを駆使して人びとが協働し，地域社会の具体的な課題解決に乗り出している例としてシビックテックとシェアリングエコノミーに注目したい。

　「シビックテック」とは，社会参加志向のエンジニアたちの活動だ。さまざまなテクノロジーを活用し，地域の人びととともに課題を発見し，解決策を考え，合意を形成し，そして解決策の開発や実施まで行っている。とくに近年，行政機関が提供するオープンデータを使い（時にはデータも自分たちで作り），自分たちでアプリを製作することで，課題解決に取り組んでいる。シビックテックの代表的な団体である Code for Japan のキャッチフレーズ「ともに考え，ともにつくる」は彼らの精神をよく表している。

　彼らの「ともに考え，ともにつくる」という考え方を敷衍すると，地域社会を行政が市民目線で運営するのではなく，市民の声を聞きながら運営するのでもなく，市民が主体的に地域社会のあり方をデザインし協働で実施していくというビジョンが見えてくる。メディアを通じて意見を表明したり合意形成をしたりして終わるのではなく，それぞれのリソースを活用して自分たちで社会を運営していくということだ。

　近年，さまざまな IT 企業が普及に取り組んでいる「シェアリングエコノミー」のあり方からも，今後の地域社会と人びとのかかわりを考えてみよう。人口が減少し，地域で使える予算も右肩下がりになっていく中で，既存のモノの稼働状況を把握して使いたい人が有効に活用できるようにマッチングをしていこうという動きがさまざまな分野で進んでいる。シェアをする対象は，モノや空間，お金，スキルなど，多岐にわたる。

　国内では地方自治体が抱える社会課題の解決にシェアリング企業がかかわるという取り組みが各地で行われている。海外ではソウル市やアムステルダム市などが「シェアリングシティ」として広く知られており，国内でも2016年11月

に静岡県浜松市や長崎県島原市，佐賀県多久市などがシェアリングシティ宣言をし，自治体を挙げた「シェア」の推進に着手している。

　歴史的には，世界のどの社会にも「シェア」の考え方は存在する。とくに日本では近所同士の米や醤油の貸し借りをするような近所づきあいだけでなく，農業用水や雑木林，漁場などを地域住民で共同管理する「入会地」の伝統があった。ノーベル経済学賞を受賞したエリノア・オストロム（Elinor Ostrom）は，共有資源に利害関係を持つ人びとが自主的にルールを取り決め，保全すると持続的にうまく管理することができるということを示したが，そこで実例として挙げられているのが，日本における入会地の管理だ（Ostrom 1990）。しかし近代化が進むにつれて共同体社会的なシェアの習慣は失われ，社会制度が所有を前提としたものになるとともに，自ら所有することが豊かさであるという大量所有・大量消費の時代が長く続いてきた。また情報や知識についても，古来より共有をせず独占することが社会的な権力の源泉となったり，ビジネス上の優位性を生む源泉となったりしてきた。だが多くの企業がなるべく「自前のものを持たない」経営を進めて経営にかかるコストやリスクを低減させているように，変化に柔軟に対応し，スピーディな経営をするためには，このような「脱・所有化＝シェア化」は合理的な行為であるともいえる。

　シェアリングエコノミーの普及は，地域社会における資源の活用を柔軟にするとともに，地域社会の住民がヒト・モノ・カネ・情報を出し合い助け合っていく社会の再構成に向かう取り組みであるとも考えられる。

　このようにシビックテックやシェアリングエコノミーの動向は，地域メディアとしてのソーシャルメディアが，これまでの地域の概念や組織の枠を超えて人びとをつなぎ直し，小集団を次々と生み出す土壌となる可能性を示唆している。新たな協働による市民活動やシェアによる資源活用の最適化の成否はさまざまな要素に大きく左右されるが，地域メディアをどのように活用するかという点も，少なくない影響を持っていると考えられる。

参考文献

MacIver, Robert M, 1917, *Community : A Sociological Study : Being An Attempt to Set Out the Nature and Fundamental Laws of Social Life,*" Macmillan.（＝2009, 中久郎・松本通晴監訳『コミュニティ——社会学的研究：社会生活の性質と基本法則に関する一試論』ミネルヴァ書房。）

Sifry, David, 2007, "The State of the Live Web, April 2007," (2022年 8 月19日取得, http://www.sifry.com/alerts/2007/04/the-state-of-the-live-web-april-2007/).

Ostrom, Elinor *Governing the Commons : the Evolution of Institutions for Collective Action*, Cambridge University Press, 1990.

安藤靖志, 2005,「【熊本県八代市】SNS を自治体で初めて導入, 悪意なき電子コミュニティを構築」日経 XTECH（2022年 8 月19日取得, https://xtech.nikkei.com/it/free/NGT/govtech/20050426/160099/）。

稲継裕昭編著, 2018,『シビックテック——ICT を使って地域課題を自分たちで解決する』勁草書房, 2018年。

上野亮・平本一雄, 2010,「地域において総合情報サービスを行うポータル・サイトのあり方に関する研究——八王子市を事例とした考察」『日本社会情報学会学会誌』22(1)：17-30。

慶應義塾大学 SFC 研究所・株式会社 NTT データシステム科学研究所, 2002,『電子市民会議室の設置に関する調査結果』。

経済審議会『経済社会のあるべき姿と経済新生の政策方針』。

小林宏一, 2000,「日本における地域情報化政策の展開とその問題点」『東京大学社会情報研究所紀要』(59)：1-18。

庄司昌彦, 2006,「e デモクラシーの展開から考える地域 SNS（国際大学グローコム—情報社会学シリーズ）」『情報通信ジャーナル』24(4), pp.36-39。

庄司昌彦, 2007a,「政策形成・選挙と情報技術を使いこなす人々(1)（国際大学グローコム—情報社会学シリーズ）」『情報通信ジャーナル』25(10)：34-37。

———, 2007b,「政策形成・選挙と情報技術を使いこなす人々(2)（国際大学グローコム—情報社会学シリーズ）」『情報通信ジャーナル』25(11)：36-39。

———, 2018,「国内における地域 SNS の事例数の推移とその背景」2018年度春季（第38回）情報通信学会大会, 2018年 7 月 1 日。

——— ・三浦伸也・須子善彦・和崎宏, 2007,『地域 SNS 最前線——Web2.0 時代のまちおこし実践ガイド』アスキー。

総務省, 2006,「住民参画システム利用の手引き」（2022年 8 月19日取得, https://www.soumu.go.jp/denshijiti/ict/）。

────，2011，『情報通信白書』。

田中輝美，2017，『関係人口をつくる──定住でも交流でもないローカルイノベーション』シーズ総合政策研究所。

内閣府，2007，『国民生活白書』。

中根千枝，1967，『タテ社会の人間関係──単一社会の理論』講談社。

中村広幸・瀧口樹良，2006，「地域情報化政策は地域を変えたのか」丸田一・國領二郎・公文俊平編『地域情報化──認識と設計』NTT 出版，33-64。

箸本健二，2009，「インターネットを用いた山村活性化の試みとその評価──和歌山県北山村の事例」『早稲田大学教育学部学術研究 地理学・歴史学・社会科学編』(58)：43-59。

丸田一，2006，「いま・なぜ・地域情報化なのか」丸田一・國領二郎・公文俊平編『地域情報化──認識と設計』NTT 出版，3-32。

遊橋裕泰・河井孝仁，2007，『ハイブリッド・コミュニティ──情報と社会と関係をケータイする時代に』日本経済評論社。

読売新聞のメディアデータ，2021，読売新聞広告局ポータルサイト adv.yomiuri（2022年 8 月19日取得，https://adv.yomiuri.co.jp/mediadata/）。

脇浜紀子・菅谷実編著，2019，『メディア・ローカリズム』中央経済社。

第14章

メディアとしての最先端技術と倫理

河島茂生

１ 技術の倫理とは

　技術はメディアであり，人と人とのコミュニケーションを媒介し，また人間の認知や身体の能力を拡大することで人と世界との間を媒介する。その媒介の作用とともに，コミュニケーションのありかたが変わり，ひいては社会が変わる。また，世界観も変わっていく。

　技術の社会的な影響は大きくなってきた。工学的な技術は，社会の隅々にまで入り込んでいる。蛇口をひねると水が出てくるのは，建物や地中に水道管が張り巡らされているからである。電気がつくのは，発電所や変電所，電線といった社会的インフラが整えられているからだ。そうした工学的技術が使えなくなったら，私たちはたちまち混乱に陥る。きれいな水も飲めず，スマートフォンも使えない。

　技術は無色透明ではない。開発者だけではなく広く社会のなかで形成されてその姿を変えながら，社会を導いていく。したがって技術をいかに開発し利活用していくかは私たちに託されている重要な課題である。技術が及ぼす悪影響については誰もが一度は耳にしたことがあるだろう。私たちは，工学的技術が遍在している社会のなかで，技術を全面的に否定することもできなければ全面的に肯定することもできない。技術に対して諾否を同時にいわなくてはならないのだ。

　そのためには技術の倫理を考える必要がある。倫理（ethics）は，語源としては「習慣」（ethos）という意味である。日本語でも「なかま，秩序」を意味

する「倫」という語と「ことわり，すじ道」を意味する「理」の語の組み合わ
せからできている（和辻 2007）。したがって，倫理を考えることは秩序や歩む
道を熟思することである。いかに秩序を形成していくかと問い続けるプロセス
のことである。これまでも技術によって倫理的な議論が引き起こされてきた。
というのも，新しい技術によってこれまでの慣わしとは違った局面が現れるか
らである。免疫抑制剤が開発されてはじめて，ある人の臓器を別の人の臓器と
して使うことが是か非かという議論になり，超音波検査が開発されてはじめて
出生前診断が是か非かという議論になった。コンピューターも次々と技術開発
が進み，コンピューター倫理・情報倫理が問われてきた。

　本章でとくに取り上げるのは人工知能（Artificial Intelligence：以下，AI）やサ
イボーグ等である。まだ方向性が確定しておらずどのような技術として社会に
根づくかがはっきりとしていない最先端技術の倫理を考えていきたい。当然の
ことながらこの議論の目的は，決まった解を単に暗記することで達成されるも
のではない。考え続けなければならず，決して生易しいことではない。しかし
本章では，普段何気なく過ごしていると便利さの陰に隠れて気づきにくい面に
目を向け，AIやサイボーグ等はどういった存在であるかを一度立ち止まって
考えてみたい。こうした議論を通じて，読者がどのような未来になってほしい
かを深く考えるきっかけとなることを目指す。

　具体的には，AI等をめぐる個人のスコア化や格差問題，サイボーグ倫理，
倫理的責任の範囲を中心に扱う。これらのテーマは，人間とはなにかという問
いを投げかけると同時に，未来の社会のありかたを大きく左右しかねない論点
である。

② 個人のスコア化および格差問題

個人のスコア化

　私たちは，どのような個人であっても個人として尊重され，個人間に根本的
な優劣がないという理念を漸進的に獲得してきた。奴隷制度を廃止し，人種や

性別による差別も撤廃してきた。さまざまな思想的展開や社会運動を通して，人間は一人ひとり平等であるという考え方を育んできた。

　当然のことながら，人間は一人ひとり異なる。ゲノムのレベルでも違いがあるし，育つ環境は人それぞれである。そのため，人間は一人ひとりが唯一無二の存在であるといえる。そうした差は，さまざまな領域で現れる。住む場所や趣味，学びたいこと，通う学校，勤務先等が違ったり，同じグループでもリーダー気質の人もいれば事務的な調整が得意な人もいたりする。そうした差が尺度に基づき計算されることも見受けられる。例えば年収である。年収で人を序列化すれば，2000万円の人と1000万円の人を比べれば2000万円の人が金額的には上であるといえる。けれどもこうした序列化は，知っての通り人間の一面をみたものに過ぎず，総合的な序列化ではない。年収が低くても，性格がよかったり社会貢献に熱心だったり，超一流の得意分野があったりする。年収を気にする人は気にする。けれども，たとえ年収が低くとも，尊敬される人は山ほどいる。それがこれまでだった。しかし，さまざまな方面にわたるビッグデータが集積され，それがコンピューターによって計算処理されて分析される昨今，様相が変わり始めてきた。

　行き着く先は，個人の全面的な点数化（スコア化）である。年齢や身長，声色，出身地，学歴，ペットの有無，買い物の履歴，ボランティア活動，テレビの大きさ，ケータイのキャリア，SNS の投稿内容や友達，ゲームの時間等，実に多様なデータが収集され分析にかけられる。一見すると，一要素だけでなく多様な要素を計算にいれて点数をはじき出すため，これまで以上に公平に映る。だが多様性を重んじているようでいて，最終的には合計の点数が出されるのだ。そして，その点数によって人びとは序列化される。Aという人の点数は総合的にみて900点で，Bという人は総合的にみて450点というように，いろいろな指標で計算した，一人ひとりの得点が出される（図14.1）。リーダーシップや趣味まで含めて人びとが点数化される。いままでであれば，「年収は低いけれども，あいつはリーダーシップがあってスゴイやつだ」といえたが，そうした面も含めて点数が算出されている。

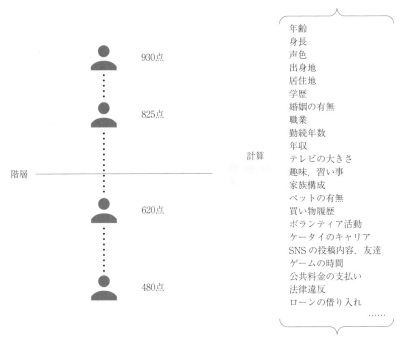

図14.1　スコア社会

（出典）　河島（2020）。

スコア化の問題点

　個人の全面的な点数化は，公平なようでいて過酷なことである。900点と450点の人を比べて，450点の人の価値は半分であるとみなされかねないからだ。このような点数化が普及したときに私たちは一人ひとりが平等であるという考えを維持できるだろうか。点数が低い人への差別が起き，また点数が低い人自身も自尊心を失ってしまいかねないのではないだろうか。友人や恋人の点数が低かったとき，その人を下に見るようなことになってしまわないだろうか。

　全方位的な個人の点数は，コンピューターによる計算結果であるがゆえ，人間の思い込みや勘違い，偏見などがなく，その人のことを正しく評価した数値であるかのように社会のなかで受け止められる可能性がある。そうなると個人の点数は，いろいろなやりとりを効率化することになるだろう。点数が高けれ

ば相手を信頼し，低ければ信頼しなければよい。

　けれどもコンピューターによってはじき出された点数は，人間の思い込みや差別の相対化には役立つだろうが，決して真正な数値とはかぎらない。というのも，プライバシーの考えが根づいているかぎり，個人の行動の24時間・360度の数値化は実現しないし，どのような細かさで計測していくかの問題があるからだ。あらゆる事象のセンサリングはできない。また開発者や運営者がデータをどのように重みづけするかによって，点数が変わってくる。例えばコミュニケーション能力を重視するのか，それとも事務処理能力を重視するかによって点数は変わってきてしまう。コンピューターによる点数化においても，人がまったく関与していないことはありえず，どのようなデータを収集するかという点まで含めて人がかかわっているのだ。

　また一度低い点数になってしまうと，人びとから軽んじられ，なかなか点数が上がらないことも生じうる。若い頃お金がなく，しばしば公共料金の支払いが遅れていたとしよう。その支払いの遅れが気づかないうちに点数に反映されていた。いざ就職活動しようとしたとき，学校の成績がよかったにもかかわらず，周りより点数が低いことに気づいた。しかし，ときはすでに遅く，就職活動をしてもうまくいかない。その不採用の結果も点数に反映され，結果として正社員にはなれなかった。そのため，さらに点数が下がり，収入も多くない状況が続き点数は低いままとなる。自尊心もなくなる。こうしたことが積み重なって新たな格差が生じる。コンピューターによる点数化を介した格差である。

③　サイボーグの倫理

エンハンスメント

　サイボーグは，一言でいえば人間と機械とのハイブリッドであり両者の一体化である。すでに私たちの体内や体の一部として技術的人工物が装着されるようになってきている。心臓のペースメーカーや人工心臓，人口舌，義肢，補聴器，暗視装置などである。神経系にも入り込んでおり，人工内耳や人工眼，脳

深部刺激療法など治療目的ですでに実用化されている。すでに販売されているパワードスーツも，重い物や要介護者を持ち上げるときにかかる身体的負担の軽減に役立つ。こうした動向が続けば，手の皮膚にマイクロチップを埋め込んで買い物や認証などをする人も増えていくだろう。

　サイボーグ技術は人体に組み込むため，安全性や信頼性が重大な課題である。身体の深部に人工物を組み込む場合は取り出すことが容易ではない。長期にわたって使用することを念頭に置かなければならない（Underwood 2015）。脳に組み込む場合は，パーソナリティや行動が変わってしまうことも報告されている。

　倫理的な議論になっているのは，エンハンスメント（human enhancement），すなわち能力増強である。エンハンスメントとは，健康の維持や回復を超えた人間の能力の増進を追求することを指す。いわゆる人間のアップグレードだ。生命倫理の領域では，遺伝子治療や ES 細胞技術などをめぐって活発に議論がされてきた。サイボーグ技術に関しても積極的に体内に取り込み，精神的にも肉体的にも人間の能力の限界を乗り越えることが目指されている。発明家レイ・カーツワイル（Ray Kurzweil）によれば，将来，人間の脳が直接コンピューターとつながり，人間の記憶をクラウド・サービス上に保存することができるようになる（Kurzweil 2005 ＝ 2007）。脳内に極小ロボット（ナノボット）が入って脳細胞と直接結びつき非生物的な第二の大脳皮質が生じ，人間の思考能力が飛躍的に高まる。こうした考え方は，トランスヒューマニズムと呼ばれるものだ。ヒトの肉体は病気やケガに弱く，大きな環境変動にも耐えられない。老い，そして死んでいく。ヒトの認知能力も，視覚や聴覚，嗅覚等に限界があり，記憶力も限られている。そうした生き物としての限界をテクノロジーによって突破するのだ。AI の超知能化論で有名なニック・ボストロム（Nick Bostrom）も設立にかかわった Humanity ＋ という団体が活発に活動している。これまで人間は豚やトマトなどの動植物を品種改良し，食べやすい食料に改造してきた。ならば，人間そのものを改造することにためらう必要はないのではないだろうか。そこに，なにか倫理的問題があるだろうか。

サイボーグに関する世論

　人びとの意見を簡単にみていこう。ピュー・リサーチセンター（Pew Research Center）らが行ったアメリカ人のテクノロジー観・未来観の調査結果をみると，将来の科学技術の変化には楽観的な人が多いが，遺伝子技術や生き物を模したロボット，ドローンには悲観的であり，とくに女性は体内に人工物を埋め込むことに慎重であった（Smith 2014）。脳にチップを埋め込み認知能力を向上させることについては69％の人が警戒しており，66％の人が埋め込みを望んでいない（Cary et al. 2016）。また，筆者らが2019年に行った社会調査で「健康の維持・回復以上の精神的・肉体的能力の向上を目的として，人間の体内にコンピューターを埋め込むことについてどのように思いますか」と聞いたところ，図14.2のようになった（河島 2020）。「強く賛成」「賛成」が合わせて22.6％，「強く反対」「反対」が合わせて47.2％である。エンハンスメントのためのサイボーグ化に対しては抵抗感があることが見てとれる。筆者らは2020年にも社会調査を行い，図14.3の各意見に対して回答者それぞれの考えに近いものを「そう思う」「ある程度そう思う」「あまりそう思わない」「そう思わない」の4択から選ばせた（河島 2020）。図14.3の回答分布をみるかぎり，個々人の判断を優先する考え方に支持が集まっている。けれども人類全体の幸福につながることには疑問を感じているし，またサイボーグ化する人に敬意を払っているわけでもない。また，自分をサイボーグ化することについても否定的である。つまり人びとの意見としては，サイボーグ化は個々人の判断に委ねるが，人類に幸福をもたらさずサイボーグ化する人を称えもせず，自分のサイボーグ化にも抵抗があるということだ。このように人びとは，サイボーグについてなんらかの違和感や不安，不気味さを感じている。

サイボーグ化の問題

　それではサイボーグ化の一体，なにが問題なのか。前にも述べたように人間には生物学的限界がある。視力・聴力・触覚に制限があり，100mも5秒で走れるわけではないし，一般的には1日あたり6〜8時間ほどの睡眠が必要であ

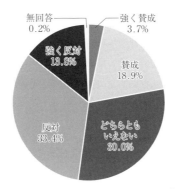

図14.2　エンハンスメントのためのサイボーグ化への賛否
（2019年社会調査）

（注）　N＝623，無回答＝1。
（出典）　河島（2020）。

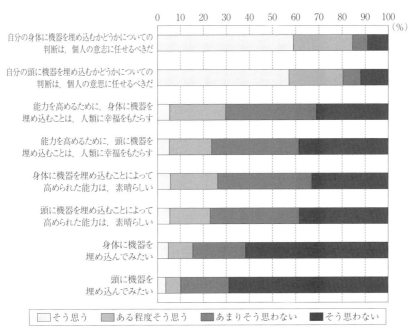

図14.3　エンハンスメントのためのサイボーグ化への賛否（2020年社会調査）

（注）　N＝559。
（出典）　河島（2020）。

239

る。考えるスピードも記憶できる量も，さらには注意力にも限りがあり，物事が覚えられなかったり数式が理解できなかったり，注意すべきところを見落としていたりする。サイボーグ化は，そうした弱点を機械によって補い，人間としての能力を高めるのだ。そもそもサイボーグという語は，人類が宇宙空間で生きていくためマシンと一体化し生物学的限界を超えることがイメージされて造られた。マシンを使って体温や水分を一定に維持して脳が萎縮しないように身体を調節する。栄養分も，パイプで胃や血管に直接送り込む。そうすれば宇宙空間でも生きていける。

　歴史を遡ってみれば，サイボーグという語が生まれるずっと前から，人間はその身体を絶えず加工してきた。三浦雅士によれば，「裸で何も塗らず，形を変えず，飾らない人間の身体」のイメージは，現代文明によってもたらされた特殊な身体観である（三浦 1994）。かつては魔物が耳や鼻の穴から入ってこないように呪いとして耳輪も鼻輪もつけた。中国で1000年ほど続いた纏足や，19世紀でもまだ盛んだったウエストを極端に細くするコルセットも身体加工のよく知られた例である。近代の軍隊や工場の整然とした動きも，身体の所作を加工したものといえるだろう。それならば人間のサイボーグ化は，それほど問題なのだろうか。

　いうまでもなく人間は生き物の一種だ。生き物は，オートポイエーシスという特徴をもっており，生き物そのものに自分で自分を内発的に作るメカニズムが内蔵されている。そのメカニズムにより自分と環境との区分が生じ，それぞれの内面から環境を認知している。内部のメカニズムに沿って栄養を摂取し，ヒトであればたった1個の受精卵が200種類ほどの細胞に分化し身体が作られていく。病気の場合は医師による介入があるが，最初から手足をくっつけたり臓器を開発して装着するわけではない。オートポイエーシスである細胞ならびにその集合体である個体の内部のメカニズムは，分かってきたことが増えてはきたものの，まだ解明されていない領域も多い。いまだ計算不可能性を帯びており制御可能なものではない。

　かたや機械はみずからでみずからの原理を作っているわけではなく，人間に

よって製造されメンテナンスされ役立つように作られる。電源をつないでも，CPU もキーボードも内部から現れてこない。どのように機能するかが予測され製品として仕上げられており，動作は計算され制御可能なものとして組み込まれる。もちろん機械も故障したりしてうまく動かないことがあるが，設計した通りに動くことが期待され，そうであることが求められる。

　したがってサイボーク化は，計算しがたいオートポイエーシスの領域をコンピューター技術によって機能代替させ，身体を計算可能・制御可能なものとして扱おうとすることであるといえる。サイボーク化を推し進めれば，電子機器によって代替可能な側面がせり出し，身体がいわばコンピューター技術の入れ替えやメンテナンスの対象のように扱われていくだろう。オートポイエーシスの領域が次々と機械に代替されていくことによって，唯一無二性が薄らいでいく危険をはらむ。そこでは生き物の内部から湧き出た情報も，デジタルデータも等価で扱われ，人間がまるでコンピューターのようにデジタルデータの集合体として扱われることにつながっていく。

　人間は，次第に計算可能な領域を拡大してきた。豪雨や落雷の発生さえ確率論的計算を行い，被害が出れば天災ではなく人災とみなされるようになってきた。産まれてくる子どもを遺伝子レベルでデザインするデザイナーベビーと同じく，技術の高度化により人間はその手が及ぶ範囲を広げてきた。サイボーグ化もそうした大きな流れの一環であると捉えられる。これは，いわば〈運〉を追放しようとする動きである。〈運〉を追放しようとする動きの先にはなにが待ち受けているだろうか。

４　倫理的責任の範囲

　人間と機械との境界も曖昧になってきた。人間と機械との本質的な違いについても疑問視されてきている。論理的推論やホメオスタシス（恒常性）などの面では違いがなくなってきている（表14.1）。

　しかし本当に人間と機械との間に違いはないのだろうか。前述の通り人間を

表14.1　人間と機械との同質性／異質性

	人　間	機　械	機械の例
論理的推論	○	○	コンピューター
ホメオスタシス（恒常性）	○	○	冷蔵庫，エアコン
自己複製	○	○	コンピューターのミラーリング，バックアップ
学習	○	○	迷惑メール・フィルター
ニューロンの働き	○	○	ニューラル・ネットワーク
オートポイエーシス	○	×	

（出典）　河島・久保田（2019: 26）。

含む生き物は，オートポイエーシスという特徴をもっている。オートポイエーシスであるということは，内部に動きの原理があり，内発的に自己や環境を認知しているということだ。当然のことながら，人間にも他律性があるのだが，それは社会の動きを捉えようとする目線から見えてくる特徴であり，どのように内部が作られ動いているかに着目すると生き物の根源的な自律性が見えてくる。これは，現時点での機械の自律性とはまったく違っている（河島 2019）。たとえ AI であっても，機械は，いまだに人間がどのようなデータをソフトウェアに組み込むかを決め，機械学習のタイプを決め，精度も確かめてメンテナンスも行っている。原理的なメカニズムが外から作られている。人間の介入が徐々に少なくなり高機能化しているものの，人間が開発や運営を行ってようやく作られ動作するものである。作られ方をみるかぎり，まだまだ人間に近いとはいえない。

　このように考えると法律の枠組みとして，AI やロボットに対して人間と同じ「自然人」の扱いをすることは難しい。いろいろな国の憲法の理念に掲げられている人格（個人）の尊厳は付与されないだろう。また AI・ロボットに対して倫理的責任を問うことはお門違いだ（西垣・河島 2019）。動作の根本的な原理が内発的に生じてはいないからである。もし問題が生じたら，それは開発者や運営者，利用者等といった AI・ロボットを取り囲む人間もしくは人間社会のせいである。

　もちろん人間と同じ自然人でなくとも，法人という考え方を使って AI・ロボットを「人」として扱うことがすぐさま思い浮かべられる。しかし法人は，その構成員に自然人がいることを暗黙に前提としている。それゆえ AI・ロボットだけで法人を形成することは現行では難しく，「AI・ロボット＋人間」という枠組みで考えなければ成立しない。そもそももし事故が起きたときの金銭的補償を目的とするならば，ロボットの製造者らで財産を拠出して財団法人を形成することによって同様の目的が果たせ，AI・ロボットを法人として扱うという奇をてらった制度を作る必要はない（栗田 2018）。

　扱いが難しいのは擬人化である。「幽霊の正体見たり枯れ尾花」という言葉があるように，人はさまざまなものを擬人化する。自動車の正面は人間の顔に見えることがあるし，人型ロボットが下を向いて停止している姿を見ると悲しい気持ちになる。ロボットを蹴る人には「ひどい！」という感情を抱く。それらが生き物でないとたとえ分かっていたとしても，その動きや姿に不可避的に感情移入してしまうことがある。AI やロボット自体が人格的な尊厳をもたずとも，あるいは権利義務をもたずとも，広く擬人化を引き起こす場合は単なるモノを超えた配慮が要される可能性があるだろう。もちろん AI・ロボットは製作・運営している人がいるのでありそうした人への敬意も忘れてはならないが，動物愛護法と同じく生き物や人間を模した AI・ロボットを大切に扱うことで生命を尊重する考えを養うことにつながることが期待される。擬人化することによって，AI やロボットへの親しみも湧き，製品・サービスへの抵抗感をなくすことにも一役買うだろう。

　とはいえ，人型ロボットへの感情移入を悪用し詐欺に使うケースが出ることも想定され，また戦場で人型ロボットを投入して相手が撃つのをためらった隙に攻撃を加えることも考えうる。擬人化して AI・ロボットに愛着を抱いてしまう人をいかに手助けしていくか，その愛着を卑怯な手で利用する人たちにどのように立ち向かうのか。あるいは人間よりもロボットを優先的に助けるケースが生じた場合，私たちはいかにそのケースを考えていったらよいのだろうか。擬人化をめぐる問題は複雑な様相を示していくに違いない。

⑤　山積する重要課題

　本章では，AI 等をめぐるスコア社会や格差問題，サイボーグ倫理，倫理的責任などについて考えてきた。しかし，加速度的に高度化する技術にともなって生じるであろう社会的重要課題はこれらに限ったことではない。ごく一部ではあるが，補足として下記の点について簡略的に述べる。

　まず責任問題である。AI を含めたコンピューター・システムが相互に作用してデータを交換し社会的なメリットを増やすことが目指されている一方，多種多様なコンピューター・システムの間の複雑なやりとりにより人間の監視・制御が行き届かず潜在的なリスクが増すことも予想される。たとえリスクが表面化したとしても，リスクをもたらした人間や組織が分からず被害者が救済されない事態を招かないために，どのような社会制度を作っていけばよいだろうか。再発防止につながる仕組みをいかに作っていけるだろうか。内部監査や外部監査，保険，無過失補償制度の適用をいかに組み合わせていくかも議論する必要がある。

　責任の問題は，完全自動運転車についても当てはまる。誰もが耳にしたことがあるように，完全自動運転車の実現が現実味を帯びつつありその事故の責任問題がしばしば話題にあがる。責任をとるのは利用者か，それとも保有者か，それとも製造者か。完全自動運転車の場合，利用者は単なる「乗客」になるため，法的責任を問われる可能性は低い。この点がこれまでの自動車との違いである。保有者と製造者の責任分担は，事故が起きた個々のケースで事後的に決まっていくと思われるが，衝突が避けられないときにどのような動作をとるのか，どのように保険制度を作っていくのか等，事前に話し合わなければならないことは多い。また完全自動運転車の場合，事故の原因が分からなくても，欠陥があったとして製造者へのバッシングが激しく巻き起こることが想定される。いかにエンジニアを社会的に守っていくかも合わせて考えていく必要がある。

　次に，LAWS（lethal autonomous weapons systems）である。LAWS は，自律

型致死兵器システムと訳され，AI 等によって標的を特定して攻撃を加える兵器のことである。多くの国で開発が進む一方，規制や禁止の議論も活発化している。自分や仲間を危険にさらすことなく離れた場所から攻撃が可能になることから戦場の無人化・ロボット化が急激に進みつつあるが，人の生死の決定を機械に委ねることは避けるべきという方針は社会的理解も得つつある。無人ドローンによる誤爆の多さも知れ渡っており，大きな国際問題となっている。

　最後に AI の創作物の隆盛にともなう問題について触れておきたい。AI 等による音楽やイラスト，文書作成などが話題にあがっている。既存のデータを読み込ませてその特徴を AI によって自動であらかじめ抽出しモデルを作り上げておく。その後，追加された新たなデータに応じてコンテンツを生成する。自動生成されたコンテンツは，まだまだ人間の手直しが必要なものも多いが，それでも強力なコンテンツ生成ツールになりうる。アニメ業界など過酷な制作現場の作業をサポートする一方で，大量に瞬時にコンテンツが作られることでクリエイターの仕事が奪われ単価も下がっていくことも否定できない。AI が生成したコンテンツの著作権管理や，故人のデータを読み込んで新たな作品を作ることへの是非等が社会的関心を集めている。

　最初に述べたように，技術は社会のなかで形成されて利活用されていき，そのあり方が社会の媒介作用にかかわっていく。これからの技術社会の倫理は，私たちが作っていくものだという矜持をもって臨んでいくことが求められている。

付記

⑴　本章第 3 節は，『未来技術の倫理』（河島 2020）の一部を加筆・修正したものである。

⑵　図 14.2 のデータは，筆者と河井大介との共同調査にもとづく。中央調査社のマスターサンプルに対して，2019年の 1 ～ 2 月にかけて郵送調査（督促はがき 1 回）を行った。調査について詳しくは『未来技術の倫理』（河島 2020: 127）を参照。また，図 14.3 に示したデータは，翌2020年の 1 月から 2 月にかけて同様の方式で筆者と河井大介が実施した共同調査にもとづく。調査について詳しくは

『未来技術の倫理』（河島 2020：19）を参照。

参考文献

Cary Funk, Brian Kennedy and Elizabeth Sciupac, 2016, "U. S. Public Wary of Biomedical Technologies to 'Enhance' Human Abilities," Washington, DC：Pew Research Center, (2022年8月19日取得, https://www.pewresearch.org/science/2016/07/26/u-s-public-wary-of-biomedical-technologies-to-enhance-human-abilities/).

Kurzweil, Ray, 2005, *The Singularity is Near：When Humans Transcend Biology*, Viking（＝2007, 小野木明恵・野中香方子・福田実訳『ポスト・ヒューマン誕生──コンピュータが人類の知性を超えるとき』日本放送出版協会。）

Smith, Aaron, 2014, "U.S. Views of Technology and the Future," Pew Research Center, (2022年8月19日取得, https://www.pewresearch.org/internet/2014/04/17/us-views-of-technology-and-the-future/).

Underwood, Emily, 2015, "Brain Implant Trials Raise Ethical Concerns," *Science*, 348 (6240)：1186-7.

河島茂生, 2020, 『未来技術の倫理──人工知能・ロボット・サイボーグ』勁草書房。

河島茂生・久保田裕, 2019, 『AI×クリエイティビティ──情報と生命とテクノロジーと。』高陵社書店。

河島茂生編, 2019, 『AI時代の「自律性」──未来の礎となる概念を再構築する』勁草書房。

栗田昌裕, 2018, 「AIと人格」山本龍彦編『AIと憲法』日本経済新聞出版社。

西垣通・河島茂生, 2019, 『AI倫理──人工知能は「責任」をとれるのか』中央公論新社。

三浦雅士, 1994, 『身体の零度──何が近代を成立させたか』講談社。

和辻哲郎, 2007, 『人間の学としての倫理学』岩波書店。

おわりに

　本書の企画が始まったのは2018年半ばである。コンセプト，構成を固め，2020年度内刊行を目指していた。その計画・準備の過程では，2020年，パンデミックにより人類社会が翻弄されることになるとはもちろん予期できるはずもなかった。

　2020年2〜3月，世界的に新型コロナが拡大し始め，4月には日本にも第一波となる感染の波が押し寄せた。各大学は，授業開始を延期し，オンライン授業の展開など，新型コロナ禍への対応に忙殺される。その後も，2年以上の長きにわたり，収束と拡大の波が繰り返され，教育，研究ともに大変な中，第一線で活動されている先生方にはいろいろとご無理をお願いせざるをえなかった。また，編集のミネルヴァ書房水野安奈さんには，足掛け5年以上にわたる長期戦となり，粘り強く伴走し，叱咤激励いただくこととなった。こうして，新型コロナ禍に翻弄されつつも，多くの苦労が実り，充実した各章からなる本書を刊行できることは，編者としてこの上ない喜びである。ここに改めて，執筆者各位，ミネルヴァ書房の皆さまに，心よりお礼を申し上げたい。

　「メディア社会学」というと，特殊で限定的な領域のように思っていた読者もいるかもしれない。しかし，各章の議論から分かるように，「メディア」の社会学と「メディア社会」の学という側面を持つ「メディア社会学」は，私たちの過去・現在・未来を「メディア」という観点から捉えなおし，多種多様な社会的制度・現象・価値・意識・行動を対象とする広大な知的沃野である。

　とくに，21世紀に入り，デジタルネットワークという新たなメディアが，私たちの生活に深く浸透し，スマートフォン，SNS，IoT などの普及とともに，ネットワークの一部に私たちが埋め込まれるような状況も現出しつつある。拡張現実やディープフェイクなど，アナログ現実世界とデジタル仮想世界との融

合が進み，私たちの生活世界全体がメディアを介して構成される社会が到来している。

　ここで重要なのは，技術の新規性・革新性に目を奪われ，これまでの人類社会の経験に学ばないリスクである。例えば，2016年アメリカ大統領選挙を機に，「フェイクニュース」「ポスト真実」といった言葉が注目を集め，「世論操作」への懸念が高まった。しかし，本書でも明らかなように，こうした現象はインターネット，SNS で初めて出現したわけではない。プロパガンダ（特定の価値観（教義）を広める目的で組織化された情報活動）は，メディアとともにあり，政治権力を巡るコミュニケーションでは，「フェイクニュース」「世論操作」は，つねに時代の先端的メディア（新聞，ラジオ，映画，テレビなど）を利用しようとしてきた。フィクション（虚構）は，人類にとって創造性の基盤であり，「フェイク」と「真実」とは明確に区別できるわけではない。「インスタグラマー」「ステルスマーケティング」などもインターネットで初めて出現したわけではなく，「インフルエンサー」「サクラ」「なりすまし」は社会につねに存在するものである。

　したがって，人工知能やドローンなども含め，デジタルネットワークの技術革新がこれからの社会でさらに進展し，私たちの社会が大きく変化していく中で，これまでのメディアと社会との関係について理解を深め，今後の社会のあり方を模索していくことが重要であり，メディア社会学の役割は一層高まっている。

　本書が，メディアと社会，私たちとの関係について，読者に新たな発見，気付きをもたらし，メディア社会学への積極的な関心につながることを願っている。

2022年 8 月

　　　　　　　　　　　　　　編者として　木村忠正

索　引

執筆者紹介

＊井川充雄 <small>（い かわ みつ お）</small>（編著者紹介欄参照，はじめに，第1章）

土屋礼子 <small>（つち や れい こ）</small>（早稲田大学政治経済学術院教授，第2章）

小林聡明 <small>（こ ばやし そう めい）</small>（日本大学法学部教授，第3章）

竇雪 <small>（とう ゆき）</small>（立命館大学総合心理学部准教授，第4章）

＊木村忠正 <small>（き むら ただ まさ）</small>（編著者紹介欄参照，第5章，おわりに）

髙橋利枝 <small>（たか はし とし え）</small>（早稲田大学文学学術院教授，第6章）

是永論 <small>（これ なが ろん）</small>（立教大学社会学部教授，第7章）

三谷文栄 <small>（み たに ふみ え）</small>（日本大学法学部准教授，第8章）

池上賢 <small>（いけ がみ さとる）</small>（拓殖大学政経学部准教授，第9章）

井手口彰典 <small>（い で ぐち あき のり）</small>（立教大学社会学部教授，第10章）

藤田結子 <small>（ふじ た ゆい こ）</small>（東京大学大学院情報学環准教授，第11章）

和田伸一郎 <small>（わ だ しんいちろう）</small>（立教大学社会学部教授，第12章）

庄司昌彦 <small>（しょう じ まさ ひこ）</small>（武蔵大学社会学部教授，第13章）

河島茂生 <small>（かわ しま しげ お）</small>（青山学院大学総合文化政策学部准教授，第14章）

《編著者紹介》

井川充雄（いかわ・みつお）

　　1989年，一橋大学社会学部卒業。1991年，同大学大学院社会学研究科修士課程修
　了。1995年，同大学大学院社会学研究科博士課程単位修得退学。博士（社会学）。現
　在，立教大学社会学部メディア社会学科教授。

木村忠正（きむら・ただまさ）

　　1987年，東京大学教養学部卒業。1989年，同大学大学院総合文化研究科修士課程
　修了。1992年，ニューヨーク州立大学バッファロー校大学院文化人類学部にて学術
　修士号取得。1995年，東京大学大学院総合文化研究科博士課程単位取得退学。2010
　年，ニューヨーク州立大学バッファロー校大学院文化人類学部にて Ph.D 取得。現在，
　立教大学社会学部メディア社会学科教授。

入門メディア社会学

| 2022年10月20日　初版第1刷発行 | 〈検印省略〉 |
| 2023年12月10日　初版第2刷発行 | |

定価はカバーに
表示しています

編 著 者	井 　 川 　 充 　 雄
	木 　 村 　 忠 　 正
発 行 者	杉 　 田 　 啓 　 三
印 刷 者	坂 　 本 　 喜 　 杏

発行所　株式会社　ミネルヴァ書房

607-8494　京都市山科区日ノ岡堤谷町1
電話代表　(075)581-5191
振替口座　01020-0-8076

© 井川・木村ほか，2022　　冨山房インターナショナル・坂井製本

ISBN 978-4-623-09427-1

Printed in Japan

近代日本メディア人物誌　ジャーナリスト編　　土屋礼子
井川充雄　編著　　本体二五〇〇円　A5判三三八頁

よくわかるメディア・スタディーズ [第2版]　　伊藤　守　編著　　本体二四〇八円　B5判二五〇頁

よくわかるメディア法 [第2版]　　鈴木秀美
山田健太　編著　　本体二八〇〇円　B5判二六〇頁

帝国をつなぐ〈声〉　　井川充雄　著　　本体七〇〇〇円　A5判二六〇頁

─────── ミネルヴァ書房 ───────
https://www.minervashobo.co.jp/